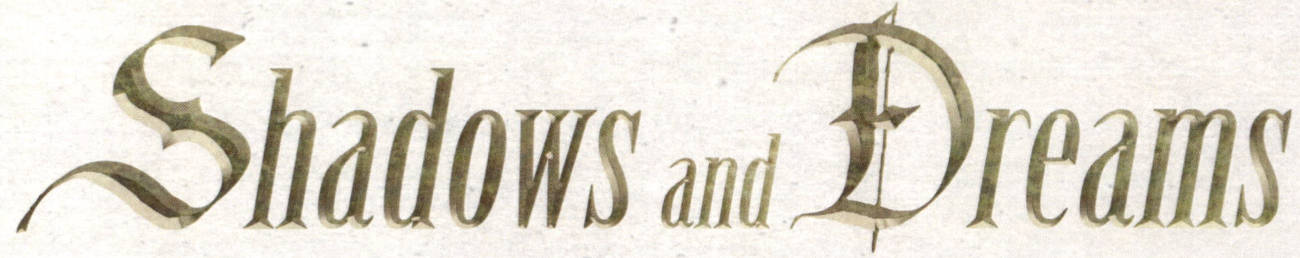

The Art of

CHRISTOPHE VACHER

Vol. 1

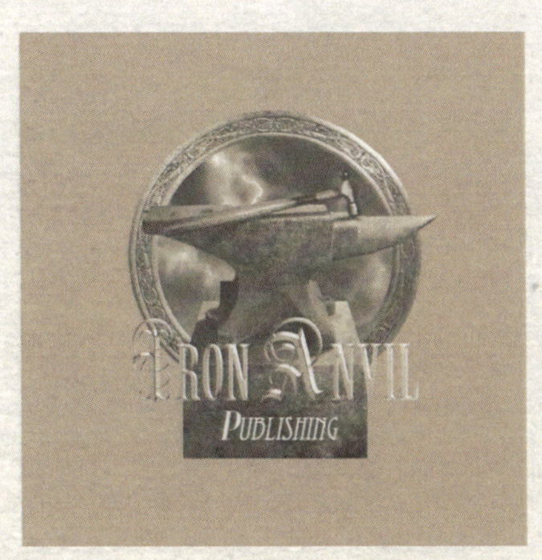

Published by Iron Anvil Publishing

FIRST EDITION HARDBOUND

2013

Book Design and Art Direction: Christophe Vacher
French translation: Christophe Vacher
Chinese translation: Helena Wen
Copy editing: Carl Quesnel

铁砧出版社出版

2013年第一版精装

图书设计和装帧法文版：克里斯托•瓦谢（Christophe Vacher）
法文版翻译：克里斯托•瓦谢（Christophe Vacher）
中文版翻译：闻宇华 （Helena Wen）

Contents

Acknowledgments / Dedication

I'd like to dedicate this book to my family, for the love they brought me, and particularly to my parents, for the education, the sense of work ethics, the moral and spiritual values they gave me, without which my life journey would have been impossible, and for never having tried to convince me to follow a different path than my artistic itinerary, as precarious and uncertain as it may have been.

I'd like to thank my teachers, mentors, and artist and writer friends who helped me develop my own artistic path all along these years, find success, and love the life I enjoy today.

Finally, many thanks to my aunt Marie-Noëlle for opening, indirectly, the door to my animation career.

Remerciements / Hommage

Je voudrais dédier ce livre à ma famille, pour l'amour qu'ils m'ont apporté, et tout particulièrement mes parents, pour l'éducation, le sens éthique du travail, les valeurs morales et spirituelles qu'ils m'ont donné, sans lesquels ce voyage qu'est ma vie aurait été impossible, et pour n'avoir jamais essayé de me convaincre de suivre un chemin différent de mon itinéraire artistique, aussi précaire et incertain fût-il.

Je voudrais remercier mes professeurs, mentors, amis artistes et écrivains qui m'aidèrent à développer ma voie artistique tout au long de ces années, à trouver le succès, et à aimer la vie dont je jouis aujourd'hui.

Enfin, un grand merci à ma tante Marie-Noëlle pour m'avoir ouvert, de manière indirecte, la porte vers ma carrière dans le film d'animation.

鸣谢/题献

我想把此书献给我的家人，谢谢他们给我的爱，尤其是我的父母。如果没有他们对我的职业道德，思想品德和精神价值的教育，就不可能有今天的我。谢谢他们从不因艺术生涯的不稳定性和不确定性而劝我改行。

我要谢谢我的老师、导师和艺术家及作家朋友们这么多年来对我的帮助，谢谢他们对我艺术道路发展事业成功的帮助，谢谢他们帮我找到今天我所热爱的生活。

最后，我还要非常感谢我的姨妈玛丽•诺伊尔（Marie-Noëlle），谢谢她间接帮我打开我的动画事业之门。

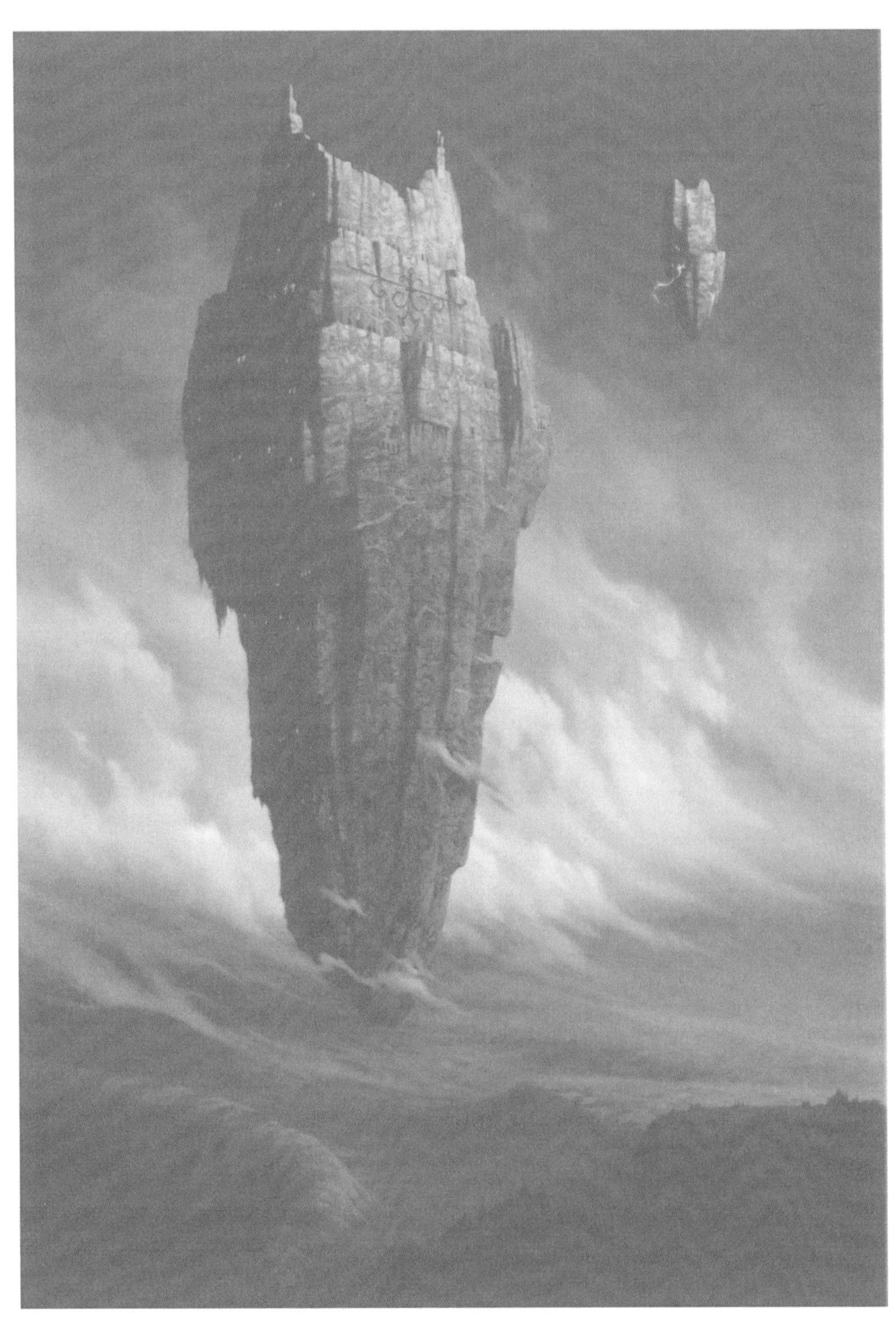

About the Author

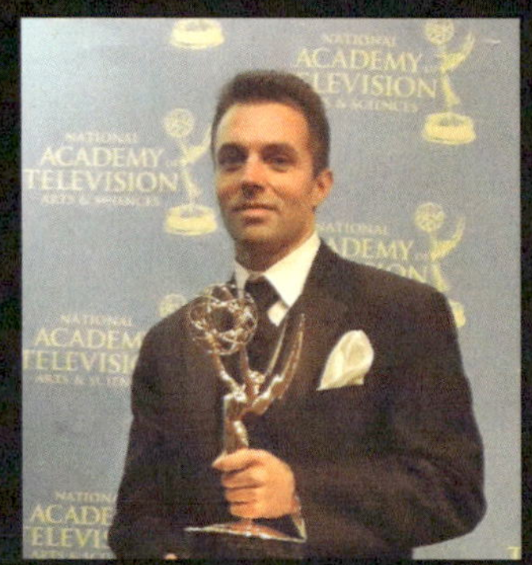

Christophe Vacher is a two-time Emmy Award Winner (2011 and 2012) and 2010 Annie Award Nominee Art Director who, since 1989, has created artwork for the animation industry and most major Hollywood studios.
Originally from France, he relocated to California in 1996, where he has worked for Walt Disney Pictures, DreamWorks SKG, Universal Studios, Focus Features, and Hasbro, among others. His credits as a background painter and concept artist include "The Hunchback of Notre Dame," "Runaway Brain," "Hercules," "Tarzan," "Fantasia 2000," "Dinosaur," "Treasure Planet," and "Shark Tale."
He was the animation Art Director on the movie "Enchanted," and as the Art Director for "9" he was nominated for an Annie Award in 2010. He won two Daytime Emmy Awards (2011 and 2012) for his work on the TV series "Transformers Prime."
Vacher started to develop his personal work for art galleries in the early '90s. His works can be seen permanently in several galleries and various collections in Europe and the United States.
The style of Christophe Vacher's personal imagery has multiple influences, from old painting schools like the Hudson River School, the American Realists, the great American illustrators, the Romantics, and the European Symbolists, for their grandiose, theatrical scenery, to more contemporary artists like Sandorfi, Beksinski, Ugarte, and the Visionaries (Les Visionnaires) in France.
Travel and music also are a large part of his inspiration.

Christophe Vacher, lauréat de deux Emmy Awards (2011 et 2012) et d'une nomination aux Annie Awards en 2010, a contribué au monde de l'animation et des studios Hollywoodiens depuis 1989.
Français d'origine, il s'installa en Californie en 1996, où il travailla, entre autres, pour Walt Disney Pictures, Dreamworks, Universal Studios, Focus Features et Hasbro. Son palmarès en tant que décorateur et concepteur artistique comprend "Le Bossu de Notre-Dame", "Runaway Brain", "Hercule", "Tarzan", "Fantasia 2000", "Dinosaur", "La planète au trésor", et "Gang de Requins".
Il était Directeur artistique sur les films "Il était une fois" et "Numéro 9", pour lequel il fût nominé aux Annie Awards en 2010. Il gagna 2 Emmy Awards (2011 et 2012) pour son travail sur la série TV "Transformers Prime".

Christophe Vacher commença de développer son travail personnel pour galeries au début des années 90. Il peut être vu de manière permanente dans plusieurs galeries ainsi que dans des collections variées en Europe et aux US.

Le style de l'imagerie de Christophe Vacher a des influences multiples; depuis l'école de la Hudson River, les Réalistes Américains, les Grands Illustrateurs Américains, les Romantiques, et les Symbolistes Européens pour leurs scènes grandioses et théâtrales, jusqu'a des artistes plus contemporains comme Sandorfi, Beksinsky, Ugarte et les Visionaires en France.

Le voyage et la musique jouent également une large part dans son inspiration.

克里斯托•瓦谢（Christophe Vacher）从1989年开始，为动漫产业和大多数好莱坞主流电影公司创作艺术作品。他是2011和2012两届艾美奖得主，另外,他还获得2010安妮奖最佳艺术指导提名。

祖籍法国，1996年迁居加利福尼亚，在那里，他为华特迪斯尼影业，梦工厂，环球电影公司，焦点电影公司和孩之宝等公司工作。他作为背景画家和概念设计师的作品包括《巴黎圣母院》、《暴走脑》、《大力士》、《人猿泰山》、《幻想曲2000》、《恐龙》、《星银岛》和《鲨鱼故事》。

他是动画电影《魔法奇缘》和《9》的艺术指导，他因《9》被提名为2010年安妮奖最佳艺术指导。他因电视剧《变形金刚：领袖》获得了2011年和2012年两届日间艾美奖。

九十年代早期，克里斯托•瓦谢（Christophe Vacher）开始为画廊创作作品。他的作品被广泛收藏在欧洲和美国，部分作品被一些画廊永久收藏展出。

克里斯托•瓦谢(Christophe Vacher)的个人画风受多方影响，从旧的学院派气势恢宏的戏剧场景如：哈得逊河画派，美国现实主义绘画，美国插画大师，浪漫主义画派，欧洲象征主义绘画，到更多当代艺术家如：桑多菲（Sandorfi），贝克辛斯基（Beksinski），乌加特（Ugarte），法国远见派。旅行和音乐也是灵感来源的一大部分。

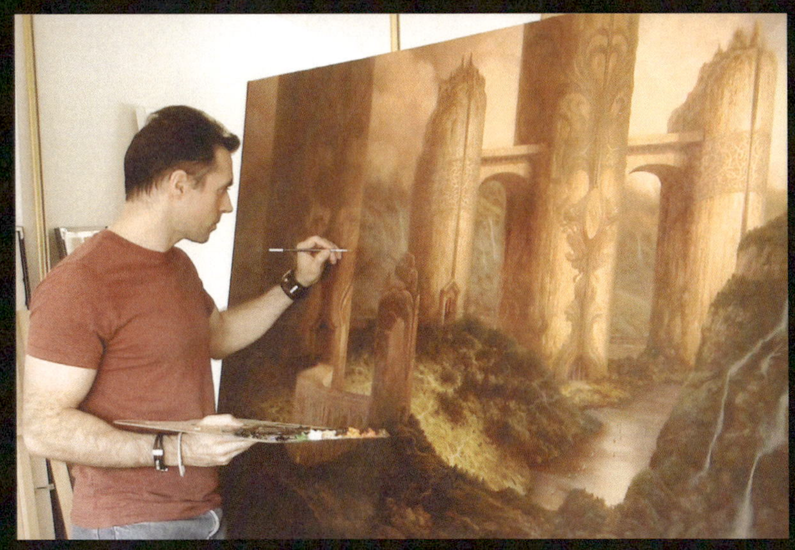

To see more of Christophe's artwork, visit: www.vacher.com

Christophe Vacher can be reached at: cvacher@gmx.com

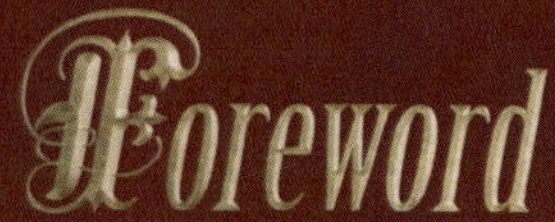

Foreword

The director's dilemma.

The director's "vision," an idiomatic term so often bandied about in Hollywood that it's become cliché. A term that seems concrete and so sure of itself, yet it defies a simple definition. If you were to crack open the director's mind (a scary concept in itself) and try to excavate that "vision," you would find that it's in fact a fragmented thing. It's a nebulous cloud of bits and pieces of ideas—action-based set pieces, half-formed scenes and emotional moments between characters—in fact, just little vignettes of what the film could be. Like a dream that feels so profound when experienced, yet when it's retold, it loses its emotional weight. No longer set in the context of dream logic, it feels clumsy and hollow and doesn't resonate with the power and believability of the one who experienced it. In fact, the director's vision is a very ephemeral thing. It's a wellspring, an instinct, a concept made of fuzzy ideas, but it has energy and direction and compels the director to wrestle with it until it's made whole and complete. In a sense, it's the engine that drives a process, a process of trial and error and investigation. And herein lies the problem, for often the director cannot create this vision alone.

This is where true visionaries come in, visionaries like Christophe Vacher. Artists who can take these fragmented ideas and notions, and render them in a concrete way. Artists whose connection from mind to hand is so sure that they can distill these ephemeral "visions" into meaningful and emotionally charged images—images that come from their own mind yet resonate with the intangible instinct of the director.

When I look back on Christophe's work from 9, I am struck by how acutely he was able to distill the vision for the film. The dolls wake in a world completely foreign to them, and like children they are innocent to this world. To the viewer, it is a horrifying landscape, but to them it's the only world they know. In fact, they are part of it, they are made of pieces from it. Without the context of history, the things we find tragic in this world are meaningless to them. So the innocence of their spirit becomes a light in this darkness. And this is a balance Christophe strikes in the rendering of this world, a world haunted with the tragedy of the humans but not without hope of a new beginning. The warmth of the life the dolls carry with them penetrates this darkness, revealing the world—a world at its end, yet teeming with new possibility. There is still beauty here. Both the natural world and the human world are devastated, but in their destruction they have merged. The mechanical has become organic, and the inanimate has been infused with life.

Christophe's success with creating this world should be no surprise when one looks upon his larger body of work. Here we can find these same concepts resonating in his own paintings. Often we sense we are witness to the beginnings of a new world or to the sublime on the brink of some violent upheaval—a beauty tinged with the horror of what's to come. Here, too, the inanimate has been brought to life. By magic or some strange science, rock cathedrals—the heaviest of all edifices—float with delicate grace, yet remain charged with the potential of massive destruction. There are traces of mankind, carved into the landscape at the scale of the mountains, inhabiting hollows dug into the rocks, but one gets the sense it's a society at its beginning or its end—overshadowed by greater forces at work in the natural world—the eternal is scarred, albeit temporarily, by the fleeting lives of humanity. Are these women that haunt these landscapes ghosts from a long past society, or are they super humans that do battle with the forces of nature? Whatever the case may be, one senses there is a tension roiling beneath the calmness and the solitude of the vast landscapes.

To be able to create images charged with such emotion is the envy of many a director, directors who must struggle with their own visions—amorphous, fragmented and trapped in their heads. That's why we thank our lucky stars there are great artists like Christophe to help us bring them into the world.

Shane Acker, director of the movie "9"

March 3, 2013

Le dilemme du réalisateur.

La "vision" du réalisateur, un terme idiomatique si souvent galvaudé par Hollywood qu'il en est devenu cliché. Un terme qui semble si concret et sûr de soi, et qui cependant brave une simple définition. Si on devait ouvrir le cerveau du réalisateur (concept effrayant en soi) et essayer d'excaver cette "vision," on découvrirait que c'est en réalité une entité fragmentée. C'est un nuage nébuleux fait de bric et de broc, de bouts d'idées—de morceaux d'action assemblés, de scènes à moitié formées et de moments d'émotion entre personnages—en fait, seulement de petites vignettes de ce que le film pourrait être. Comme un rêve qui touche si profondément lorsqu'il est vécu, mais qui perd sa valeur émotionnelle lorsqu'il est raconté. Une fois sorti du contexte de la logique du rêve, il apparaît gauche et vide et ne résonne plus avec la puissance et la crédibilité de celui qui l'a ressenti. En vérité, la vision du réalisateur est une chose très éphémère. C'est une source, un instinct, un concept fait d'idées floues, mais qui a énergie et direction et qui contraint le réalisateur à lutter jusqu'à ce que ce concept soit entièrement achevé et abouti. D'une certaine manière, c'est le moteur qui conduit un processus, un processus d'essais et erreurs et d'exploration. Et en cela réside le problème, car le réalisateur souvent ne peut créer cette vision seul.

C'est à ce moment que les vrais visionnaires entrent en jeu, des visionnaires comme Christophe Vacher. Des artistes qui peuvent prendre ces idées et notions fragmentées, et les interpréter de manière concrète. Des artistes pour qui la connexion entre l'esprit et la main est si sûre qu'ils peuvent traduire ces "visions" éphémères en images chargées de sens et d'émotion—des images venant de leur esprit propre et qui pourtant résonnent avec l'instinct intangible du réalisateur.

Quand je regarde en arrière le travail de Christophe sur "Numéro 9," je suis frappé de voir avec quel sens aigu il a pu distiller la vision du film. Les poupées s'éveillent dans un univers qui leur est totalement étranger, et comme des enfants, elles sont innocentes dans ce monde. Pour le spectateur, c'est un paysage terrifiant, mais pour elles, c'est le seul monde qu'elles connaissent. En fait, elles en font partie, elles sont faites de fragments de ce monde. Sans le contexte de l'histoire, les choses que nous trouvons tragiques dans ce monde n'ont pour elles aucun sens. Ainsi, l'innocence de leur esprit devient une lumière dans cette obscurité. Et c'est un équilibre que Christophe atteint dans l'interprétation de ce monde, un monde hanté par la tragédie des humains mais pas sans l'espoir d'un nouveau commencement. La chaleur de la vie que portent les poupées pénètre cette obscurité, révélant le monde—un monde qui touche à sa fin, mais néanmoins abonde de nouvelles possibilités. La beauté existe encore ici. Le monde naturel et le monde humain sont dévastés, mais dans leur destruction, ils ont fusionné. Le mécanique est devenu organique, et l'inanimé a été infusé par la vie.

Le succès de Christophe dans la création de ce monde n'est pas surprenant lorsque l'on considère son plus large corps de travail. Là, on retrouve les mêmes concepts résonnant à travers ses peintures personnelles. Souvent, on se sent témoin du commencement d'un nouveau monde, ou du Sublime sur le point de succomber à quelque violent bouleversement—une beauté tintée de l'horreur des évènements à venir. Ici encore, l'inanimé a été amené à la vie. Par magie ou par quelque étrange science, des cathédrales de pierre—les édifices les plus lourds, si il en est—flottent d'une grâce délicate, et cependant demeurent chargées d'un potentiel de destruction massive. Il existe des traces de présence humaine, gravées dans les paysages à l'échelle de montagnes, habitant des cavités creusées dans la roche, mais on perçoit qu'il s'agit d'une société à son début ou à sa fin—éclipsée par de plus grandes forces à l'oeuvre dans le monde naturel—l'éternel est balafré, bien que temporairement, par les vies transitoires de l'Humanité. Les femmes qui hantent ces paysages sont-elles les fantômes d'une société jadis éteinte, ou sont-elles des entités surhumaines bataillant les forces de la nature? Quel que soit le cas, on peut sentir la tension enflammée sous le calme et la solitude des vastes paysages.

Pouvoir créer des images chargées d'une telle émotion est l'envie de bien des réalisateurs, réalisateurs qui doivent se battre avec leurs propres visions—amorphes, fragmentées et piégées dans leur têtes. C'est pourquoi nous remercions notre bonne étoile qu'il y ait des artistes comme Christophe pour nous aider à les mettre au monde.

Shane Acker, réalisateur du film "Numéro 9" 3 March 2013

前言

导演的两难

导演的“愿景”是好莱坞的常用词，常用到已经被用滥了。而这个词本身似乎太具体，对自己太有信心，以至于它违反了一个最简单的道理。如果你把导演的脑袋劈开来（这个主意本身就很恐怖），试着去把“愿景”挖出来，你会发现实际上它是东一片西一片零零散散的，就像星云一样，一些是动作片段，一些是搭了一半的景，一些是角色之间的动情瞬间，事实上，只是一部电影有可能会成为的样子的模糊的影子。这就像梦一样，在梦中一切感觉如此真实，印象深刻，当你复述梦境时，一切都黯然失色了。因为它脱离了梦的逻辑和情境，感觉上如此荒诞空洞，不真实，无法激起梦者的共鸣。实际上，导演的“愿景”是非常短暂的瞬间，它是源泉，是本能，是一堆模糊的想法组成的概念，但它是如此强有力，如此方向明确，不断驱使着导演去为之奋斗，直到它成形。从某种意义上说，它是推动过程产生，以及整个过程中不断试错和改正的引擎。于是问题就来了，通常导演自己一个人无法创造这种愿景。

这就是真正的像克里斯托弗•瓦谢(Christophe Vacher)这样的梦想家聚集的地方。艺术家们可以把零星的点子和想法，哪怕是只言片语，以具体的方式落实到实处。那些既动脑又动手的艺术家们可以确保把转瞬即逝的和导演心灵共鸣的“愿景”从他们自己脑海中提取出来，把它变成富有感情和意义的图像。

当我回望克里斯托弗(Christophe)在《9》的工作，我着实惊讶于他准确把握提取电影愿景的能力。玩偶们在一个完全陌生的世界中醒来，就像孩子一样天真无邪。对看的人来说，这是一个很恐怖的景象，但对于玩偶来说这是他们唯一知道的世界。事实上，他们是它的一部分，他们是它的碎片组成的。在没有历史的背景下，我们觉得这世界上悲惨的事情对他们来说是毫无意义的。所以他们的天真无邪成了黑暗中的光明。这是克里斯托弗(Christophe)着重渲染的，一个被人类悲剧缠绕的世界，但并没有失去重新开始的希望。玩偶身上所带有的那种温暖穿透了黑暗，揭示出在一个世界快要结束的时候，仍充满了新的可能性。这里仍然有美。自然世界和人类世界都行将就木，但在毁灭前他们合并了。机器变得有灵了，无生命的变成有生命的了。

当我看到他更庞大的作品时，我对克里斯托弗(Christophe)成功创造出这个世界一点也不惊讶。在这里我们能找到跟他画作产生共鸣的理念。通常我们感觉我们正在见证一个新世界的开始或者一个濒临破灭的旧世界，恐怖中带有一丝美感。同样，在这里通过魔法或其他科技，没有生命的玩偶们被赋予了生气，所有建筑中最大的建筑——岩石大教堂身上虽然流淌着柔和优雅，但仍带着潜在的巨大的毁灭性力量。人类活动的迹象被镶嵌到巍峨的群山里，那里有人类挖凿的，用来居住的山洞。从这些场景里一个人可以感受到这要么是一个社会刚刚开始形成，要么是在末世。这一切都被笼罩在正在酝酿中的大自然的力量之下，在永恒面前，人类是如此的渺小，人类社会相对于永恒只是一瞬间。飘荡在画中的这些女子是从远古来的幽灵还是来对抗自然的超人？不管是哪种情况，你都可以感觉到在这番平静寂寥的画面下涌动着的不安。

能创造出蕴含这种情感力量的作品是让很多导演艳羡的事。导演们必须和他们自己头脑中无形的零星的愿景作斗争。这就是为什么我们要感谢我们的幸运星们——那些像克里斯托弗(Christophe)一样的艺术家们，把我们的愿景带到现实世界中来。

申•阿克（Shane Acker）《9》的导演　　2013年3月3日

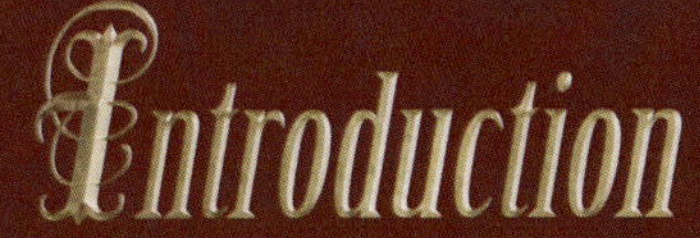

Over the course of about twenty years, the face of Visual Arts has changed irrevocably.

The revolution of the digital era has penetrated deeply into all the physical and intellectual layers of contemporary society. From the most fundamental means of expression and communication to the most advanced building methods, it has become almost impossible to escape the digital. Entering the world of animation in 1989, I couldn't have predicted that such a massive alteration was about to happen in such a short time period.

I had grown up in France, in a small provincial town, with limited access to high-level classical artistic training, and digital art was nonexistent—no Photoshop, Maya, Cinema 4D, or ZBrush. Video games and Internet were in an embryonic state.

My sources of inspiration were films, books, comic books, and music. My favorite tools were far from the Cintiq tablet: a simple pencil and a sheet of paper. Painting came later. The surrounding countryside provided me with the necessary environment to imagine and reenact with my brothers my stories of epic adventures, which often ended with a few unexpected bruises.

By the time I reached my teenage years, I had decided I wanted to be a comic book artist. It seemed to me it was the medium that would allow me to best express my artistic drive, as much regarding my need to tell stories as to realize them visually.

I was interested in cinema, but it was such a hermetic and unknown world to me that I had no clue about how to approach it, or even about the place I could have in it, not to mention the prohibitive production costs. Furthermore, cinema was a team endeavor, and I had always been more or less a loner.

Producing comic books cost me nothing more than the price of ink and paper, and the time necessary to create my stories (or to work with a professional writer).

My plans, however, found themselves a little compromised when I got the opportunity to enter the animation field and deepen my painting and designing skills. At the same time, a digital wave was building that would shake the worlds of art and cinema.

Almost 25 years later, in an ever-evolving social context, in which technological advances call into question even those artistic tools that are most profoundly anchored in art history, and in which the young new generations of artists cut their teeth on Photoshop and artists who still use "traditional" tools have become the exception, I have often wondered about the future of classical visual arts.

Nonetheless, this transformation in the tools of creation, to which I had, of course, to readapt, did nothing to hinder my artistic evolution. Much to the contrary, it allowed me to understand that an artist's creativity—what gives him his unique reason for being—doesn't rest specifically on his tools, but, rather, on his capacity to readapt to a changing environment, and to keep giving free rein to the expression of his ultimate source of creation: his imagination.

From the cradle to the grave, the artist lives in a strange world of shadows and dreams, of motionless journeys and unspeakable visions, suspended between order and chaos, consumed by the fire of his creative energy.

Introverted and solitary by necessity more than by choice, he is the only one able to give birth to his dreams, guided like a blind man by the voices of a creative inspiration he strives in vain to understand.

This book is thus the first testimony to the inspiration that enlightened my road all along those learning years, through painting, cinema, illustration, and concept art, forcing me to readjust my tools over time, with changing industries and trends, constantly remodeling my vision of the world, offering me a window ajar to parallel universes that I hope you will enjoy contemplating as much as I did conceiving them.

Christophe Vacher

En une vingtaine d'années, le visage des Arts Visuels a été retourné de manière irréversible.

La révolution de l'ère numérique a pénétré en profondeur toutes les couches matérielles et intellectuelles de la société contemporaine. Depuis les moyens les plus fondamentaux d'expression et de communication jusqu'aux méthodes de construction les plus avancées, il est devenu quasiment impossible d'échapper au digital.

En entrant dans le monde l'animation en 1989, rien n'aurait pu me laisser penser qu'un tel retournement massif allait se produire en un laps de temps si court.

J'avais grandi en France, dans une petite ville de province, avec peu d'accès à une éducation artistique classique vraiment poussée, et l'art digital était inexistant. Pas de Photoshop, Maya, Cinéma 4D ou ZBrush. Les jeux vidéo et Internet étaient à l'état embryonnaire.

Mes sources d'inspiration étaient les films, les livres, les bandes dessinées, et la musique. Mes outils de prédilection étaient bien loin de la tablette Cintiq : un simple crayon et une feuille de papier. La peinture vint plus tard. La campagne proche me procurait l'environnement nécessaire pour imaginer et reconstituer avec mes frères mes histoires d'aventures épiques qui se terminaient souvent par quelques bleus imprévus.

Alors que j'atteignai mes années d'adolescence, j'avais décidé que je voulais être dessinateur de bandes dessinées. C'était, me semblait-il, le médium qui me permettrait le mieux d'exprimer mes pulsions artistiques, tant au niveau du besoin de raconter des histoires, que de celui de les matérialiser visuellement.

J'étais intéressé par le Cinéma, mais c'était pour moi un monde si hermétique et inconnu que je n'avais aucune idée de la façon de l'approcher, ou même de la place que je pouvais y avoir; sans parler des coûts prohibitifs du matériel de production. De plus, le cinéma était, par nature, un travail d'équipe, et j'avais toujours plus ou moins été un solitaire.

Faire de la bande dessinée ne me coûtait rien de plus que le prix de l'encre et du papier, et le temps nécessaire pour créer mes histoires (ou travailler avec un écrivain professionnel).

Mes projets, cependant, se trouvèrent quelque peu compromis lorsque j'eus l'opportunité d'entrer dans le milieu du film d'animation et d'approfondir mes capacités de peintre et de designer, au moment même où la vague du digital allait bouleverser le monde de l'Art et du Cinéma.

Presque 25 ans plus tard, dans un contexte social en évolution constante, où les avances technologiques remettent en question même les outils artistiques les plus profondément ancrés dans l'Histoire de l'Art, où les nouvelles générations d'artistes font leurs premières armes sur Photoshop, et où ceux utilisant encore des outils « traditionnels » sont devenus l'exception à la règle, je me suis souvent interrogé quant à l'avenir des Arts Visuels classiques.

Pourtant, cette transformation des outils de création, à laquelle j'ai dû, bien sûr, me réadapter, n'a en rien gêné mon évolution artistique. Bien au contraire, elle m'a permis de comprendre que la créativité d'un artiste—ce qui lui donne sa raison unique d'être—ne repose pas spécifiquement sur ses outils, mais plutôt sur sa capacité de réadaptation à un environnement changeant, et de continuer à donner libre cours à l'expression de sa source ultime de création : son imagination.

Du berceau à la tombe, l'artiste vit dans un monde étrange d'ombres et de rêves, de voyages immobiles et d'ineffables visions, suspendu entre l'ordre et le chaos, dévoré par le feu de son énergie créatrice.

Introverti et solitaire par nécessité plus que par choix, il est le seul à pouvoir donner naissance à ses songes, guidé comme un aveugle par les voix d'une inspiration créatrice qu'il s'efforce en vain de comprendre.

Ce livre est donc le premier témoignage de l'inspiration qui a éclairé ma route tout au long de ces années d'apprentissage, à travers la peinture, le cinéma, l'illustration et le concept artistique, me forçant à réadapter mes outils au fil du temps, des industries et courants changeants, remodelant sans cesse ma vision du monde, m'offrant une fenêtre entrouverte sur des univers parallèles qui, je l'espère, vous donneront autant de plaisir à contempler que j'ai eu de plaisir à les concevoir.

Christophe Vacher

简介

在过去近二十年里，视觉艺术不断改变。数字化时代的革命已经深入到现代社会所有体力和智力层面。从最基本的表达交流到最上层建筑都几乎无法逃脱数字化。当我在1989年进入动画这行时，我不可能预计到在这么短的时间内会发生这么巨大的改变。

我在一个法国小城镇长大，没有什么机会接触高等的经典美术训练。那个时候，数字艺术更本就不存在，没有Photoshop软件，没有玛雅三维动画软件，没有CINEMA　4D绘图软件，没有ZBrush绘画软件。电子游戏还处于萌芽状态。我的灵感来源于电影，书籍，漫画和音乐。我最喜欢的工具是简单的一支铅笔和一张纸，后来是油画，而非新帝平板电脑。周围的乡村为我的想象力提供了必要的环境。我经常和我的兄弟一起演绎史诗中的冒险故事，往往以一身想不到的瘀伤结尾。

到我十几岁的时候，我就决定要成为一个漫画家。在我看来，漫画是最能表达我的艺术冲动，以及尽可能多的让我以视觉形式,来释放我讲故事的激情的媒介。

我对电影很感兴趣，但它对我来说是一个高深莫测的未知世界，我根本不知道如何去接近它。我甚至鲜有机会去电影院，更不用提拍摄高昂制作成本的电影了。此外，电影是一个团队工作，而我则一直单枪匹马。

创作漫画的成本无非是花我一些墨水和纸张的钱，以及构思我的故事（或与一位职业作家合作构思故事）所需的时间成本。

然而，当我有机会进入动画领域，提高我的绘画技巧和设计技能时，我的计划不得不跟现实妥协。与此同时，数字化浪潮正在悄然兴起，撼摇着艺术和电影的世界。

约25年后，在一个不断发展的社会背景下，技术进步到让人不禁质疑，即便是那些曾经在艺术史上烙上深深烙印的工具，现在还有多少人在用？年轻一代的艺术家纷纷使用Photoshop。如果谁还在用老式“传统”艺术工具，就不幸成为了特例。我经常在思考经典视觉艺术的未来。

然而，这种创作工具的变化，对于我来说，当然要重新适应，但它并不妨碍我艺术生涯的前进。与此恰恰相反，它让我明白，什么是使一个艺术家成为艺术家的真正原因，并非他所依赖的工具，而是他重新适应不断变化的环境的能力，以及让他始终保持自由发挥，带给他无限创作的源泉——想象力。

从摇篮到坟墓，艺术家一生都生活在一个陌生世界的阴影和梦幻中，在静止的旅途和难以言表的景象中，被夹在秩序和混乱中，被创作能量之火消耗殆尽。

内向和孤僻更多是艺术需要而非选择。他自己是唯一一个能孕育出他梦中世界的人，就像一个瞎子在创作灵感之音的引导下，徒劳而奋力地去理解感受一样。

因此，这本书是我多年来受灵感启发的见证。通过绘画，电影，插画，概念艺术，迫使我不断适应我的工具。随着时间的推移，行业和潮流的不断变化，我眼中的世界不断地被重塑，这为我提供了一个半开半掩的平行宇宙的窗口，我希望你能尽情享受我所孕育的这个世界。

Christophe Vacher

"Our truest life is when we are in dreams awake."

"Notre vie la plus véritable est lorsque nous rêvons éveillés."

"我们最真实的生活是当我们清醒地活在自己的梦中。
亨利· 大卫· 梭罗"

Henry David Thoreau

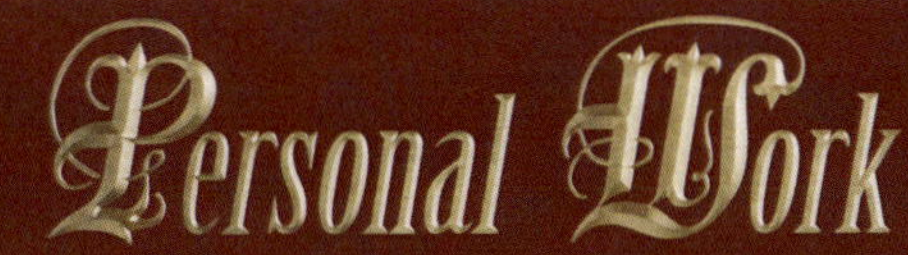

Personal Work

It's not very easy, when one gathers a first collection of personal images, to determine with objectivity which works have been chronologically most representative of the beginning of one's own artistic style.
I had, of course, tried to develop my artistic abilities since my early childhood, but the appearance of an actual personal style only appeared much later. When I talk about "style," I'm not talking only about a purely visual or technical aspect, but also about a thematic concept or, at least, elements common to all these images—in particular, the use of light in a dramatic manner yet relatively realistic in a rather fantastical context, or at the borderline of surrealism and fantasy.
Given this perspective, I chose to start this book's content with works that, if not as technically mature as more recent paintings, nonetheless already outlined the first visions of the inner universe I wanted to express.
Here, then, is a sample of these works.

Il n'est pas vraiment facile, lorsque l'on rassemble un premier recueil d'images personnelles, de déterminer avec objectivité quels travaux ont été chronologiquement les plus représentatifs du début de son style artistique propre.
J'avais, bien sûr, cherché à développer mes capacités artistiques depuis ma plus jeune enfance, mais l'apparition d'un style personnel proprement dit n'est apparue que beaucoup plus tard. Lorsque je parle de «style», je ne parle pas seulement d'un aspect purement visuel et technique, mais également d'une thématique, ou, tout au moins, d'éléments communs à ces images—en particulier, l'utilisation de la lumière de manière dramatique mais relativement réaliste dans un contexte plutôt fantastique, ou aux frontières du Surréalisme et de la Fantasy.
Dans cette optique, j'ai donc choisi de commencer le contenu de ce livre par des travaux qui, si ils n'avaient pas encore la maturité technique d'oeuvres plus récentes, esquissaient déjà néanmoins les premières visions de l'univers intérieur que je voulais exprimer.
Voici donc un échantillon de ces travaux.

个人作品

当一个人收集了自己的第一批作品时,要客观地以时间先后顺序决定哪些画作最能代表自己的早期艺术风格,这不是件容易的事。

我当然从儿童时期就曾试图发展我的艺术潜能，但真正的个人风格要到很久以后才形成。当我讲“风格”的时候，我不是仅仅指纯视觉或技术层面，而是还包括主题性的。至少在以下这些场景中对灯光的运用有共同的元素：现实主义而非幻想性的戏剧，超现实主义和幻想的边缘。

从这个角度，我筛选出本书的内容，既不是近期的技法娴熟的作品，也不是已经能阐述我想表达的内心世界的。

这就是他们，以下就是一些样品。

Monolith:

Despite the rather crude technique, this is probably the very first attempt I made at trying to define some kind of theme, or let's say some kind of thematic direction, in my personal artwork.
I had started to work in animation just a couple of years prior to this, and I was feeling more and more the urge to express myself through painting.
This first exploration of style reflects fairly well the interest I was starting to develop for dramatic lighting, natural environment, and monolithic structures, all inherited from the region of France where I had grown up, Auvergne, with its rich Celtic, Roman, and Gothic patrimony.
Evidently, this painting also shows the fascination I had for the movie "2001: A Space Odyssey" and its visionary and mystical background.
The image was later used as the cover for a German novel.
The original painting unfortunately was stolen right out of my portfolio while I was traveling when moving from Europe to the U.S. in 1996.

Malgré la technique relativement crue, ceci fût probablement ma toute première tentative de définition d'une sorte de thème, ou disons une sorte de direction thématique dans mon travail personnel.
J'avais commencé de travailler dans l'animation à peine deux ans auparavant, et je sentais vraiment de plus en plus le besoin ardent de m'exprimer à travers la peinture.
Je crois que cette première recherche de style reflète assez bien l'intérêt que je commençais de développer pour la lumière dramatique, les environnements naturels et les structures monolithiques, tout cela hérité de la région où j'avais grandi, l'Auvergne, au riche patrimoine Celte, Roman et Gothique.
De toute évidence, cette peinture montre également la fascination que j'avais pour le film "2001: L'Odyssée de l'Espace", et son fond à la fois visionnaire et mystique.
Plus tard, l'image fût utilisée comme couverture pour un roman Allemand.
La peinture originale fût malheureusement volée directement de mon portfolio lors de mon voyage de déménagement de l'Europe vers les US en 1996.

庞然大物

尽管技法比较拙劣,但这幅画恐怕是我最早尝试以某个特定主题,或至少是朝着某个主题方向发展的个人作品。

在这幅作品诞生前几年，我已经开始从事动画这行。想通过绘画来表达自己的冲动与日俱增。

从这第一次的风格探索里可以清晰地反映出我对戏剧性的灯光，自然环境，以及巨石结构的兴趣。这些都继承自我成长的地方——法国奥弗涅地区，那里有丰富的凯尔特，罗马和哥特文化遗产。

显然，这幅画也说明我对电影《2001：太空漫游》及其富有远见性和神秘感的背景的迷恋。

这幅画后来被用作一部德国小说的封面。

不幸的是，在1996年我从欧洲搬家到美国的旅途中，原画被从我的公文包里偷走了。

Monolith, 1991
Acrylic on paper, 18 x 26 inches
(45.7 x 66 cm)

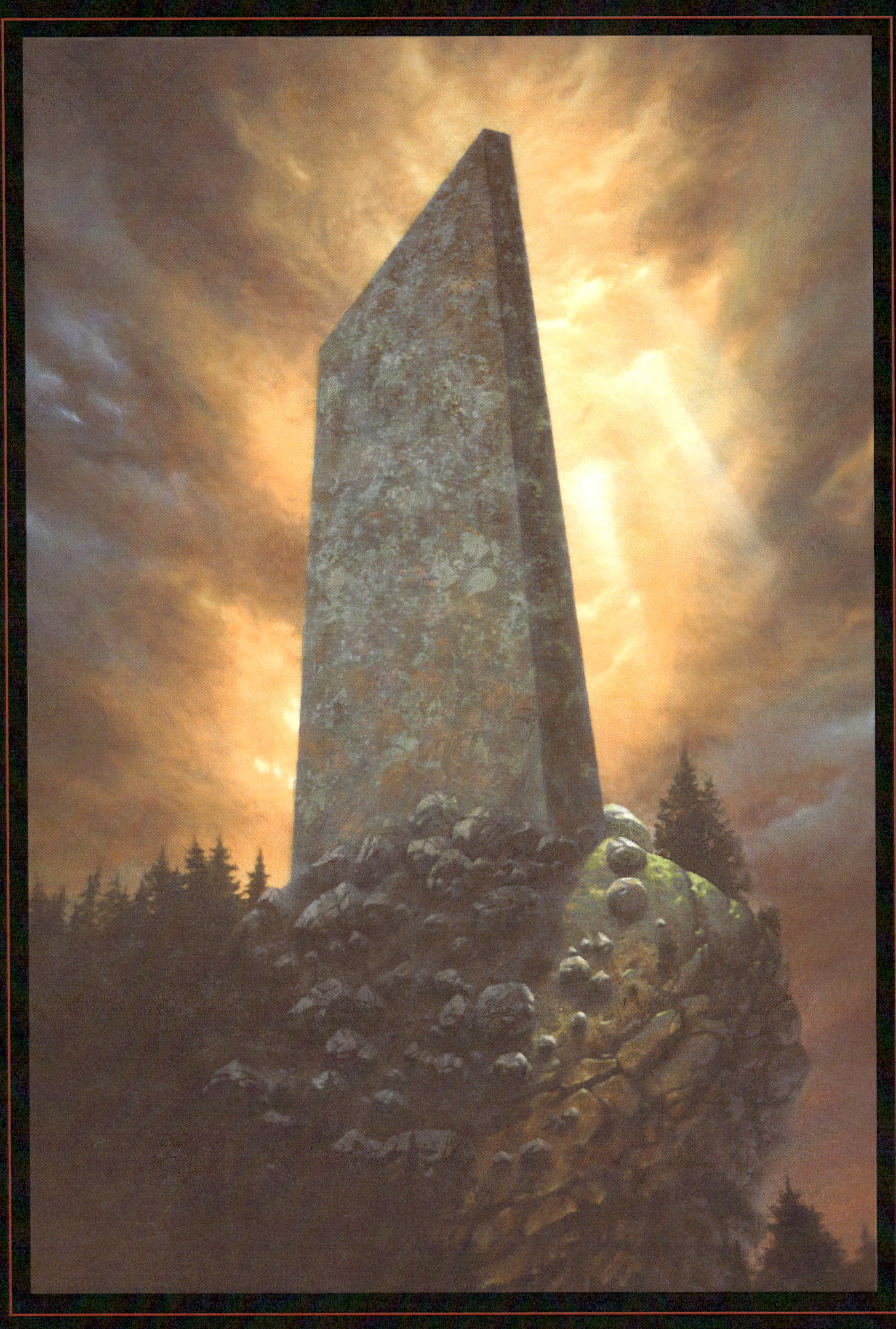

The Frontier:

About two years after painting "Monolith," when I had moved to Paris and worked for one animation studio to the next, I discovered the Parisian art galleries, particularly Galerie Râ, which, at that time, permanently exhibited works by the "Visionaries." In many aspects, their works reminded me of the European Symbolists' movement that had flourished at the beginning of the twentieth century. All these artworks had in common a quality that resonated inside me in a familiar manner: developing an artistic technique displaying great realism, revolving around the use of light, imagination, surrealism, and symbolism, supporting the image's emotional content.
Unfortunately, Galerie Râ, isolated by the capricious flows of contemporary art, eventually had to close its doors in 1995.
Nonetheless, the concept had been planted in my mind, and it's around that concept that my personal work was going to evolve.
"The Frontier" was my first attempt to embody that concept.

Environ deux années après avoir peint «Monolith», alors que j'avais déménagé à Paris et travaillais d'un studio d'animation à l'autre, je découvrais les galeries d'Art parisiennes, et en particulier la Galerie Râ, qui exposait à l'époque en permanence le groupe des «Visionnaires». Par bien des aspects, leurs travaux me rappelaient le mouvement des Symbolistes Européens qui avait fleuri au début du 20ème siècle. Toutes ces oeuvres avaient en commun une qualité qui résonnait en moi de manière familière: le développement d'une technique artistique très réaliste, axée sur l'utilisation de la lumière, de l'Imaginaire, du Surréalisme et du Symbolisme, mis au service du contenu émotionnel de l'image.
Malheureusement, la Galerie Râ, isolée par les courants capricieux de l'Art contemporain, dût finalement fermer ses portes en 1995.
Le concept était pour moi cependant planté, et c'est autour de ce concept que mon travail personnel allait évoluer.
«The Frontier» était ma première tentative dans la concrétisation de ce concept.

边缘

大约在我完成《庞然大物》两年后，那时我已经移居巴黎，当我为一家动画工作室到下一家工作室工作时，我发现了巴黎的艺术画廊，尤其是Râ画廊，那时正永久展出远见派的作品。在很多方面，他们的作品让我想起了欧洲的象征主义运动在二十世纪初的蓬勃发展。所有这些作品都有一个共同的特点，他们以一种熟悉的方式在我内心激起共鸣，那就是运用艺术手法，围绕着光的运用，以想象力，超现实主义和象征主义来展现伟大的现实主义，以此来支撑图像的情感内容。

不幸的是，Râ画廊被反复无常的当代艺术潮流所孤立，最终不得不在1995年关门大吉。

尽管如此，这个概念已经被植入我的大脑，并且围绕这个概念，我逐步开始发展我的个人作品风格。

《边缘》是我第一次尝试表现这一概念的作品。

The Frontier, 1993
Oil on canvas, 30 x 40 inches
(76 x 101 cm)

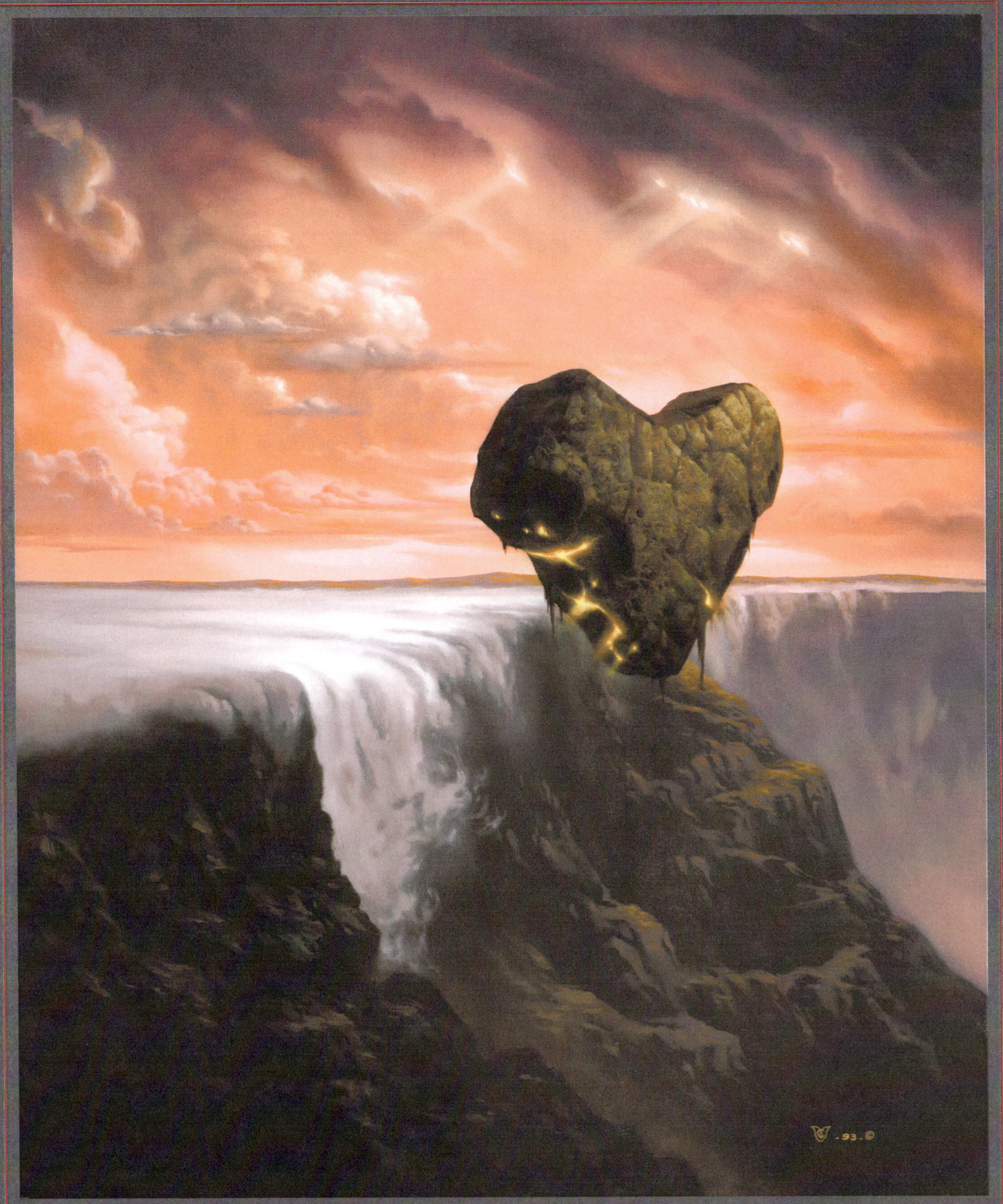

Dark Lands:

In continuity with previous works, “Dark Lands” was deepening my exploration of subject matter fantastical, symbolic, and mystical. I had just entered the Disney studios, and although my technique was improving, it was still lacking a lot of maturity on many levels.
This image, too, later was used as the cover for a German novel.

Dans la continuité de travaux précédents, “Dark lands” approfondissait mon exploration de sujets à la fois fantastiques, symboliques et mystiques. Je venais d’entrer aux studios Disney, et bien que ma technique s’améliorait, elle manquait encore beaucoup de maturité à bien des niveaux.
Cette image également fût plus tard utilisée comme couverture pour un roman Allemand.

黑暗之地

承接以前的作品，《黑暗之地》是深化我探索幻想性，象征性和神秘性题材的作品。那时我刚进入迪斯尼工作，尽管我的技法已经有所提高，但在很多方面还欠成熟 。

这幅作品后来也被用作一部德国小说的封面。

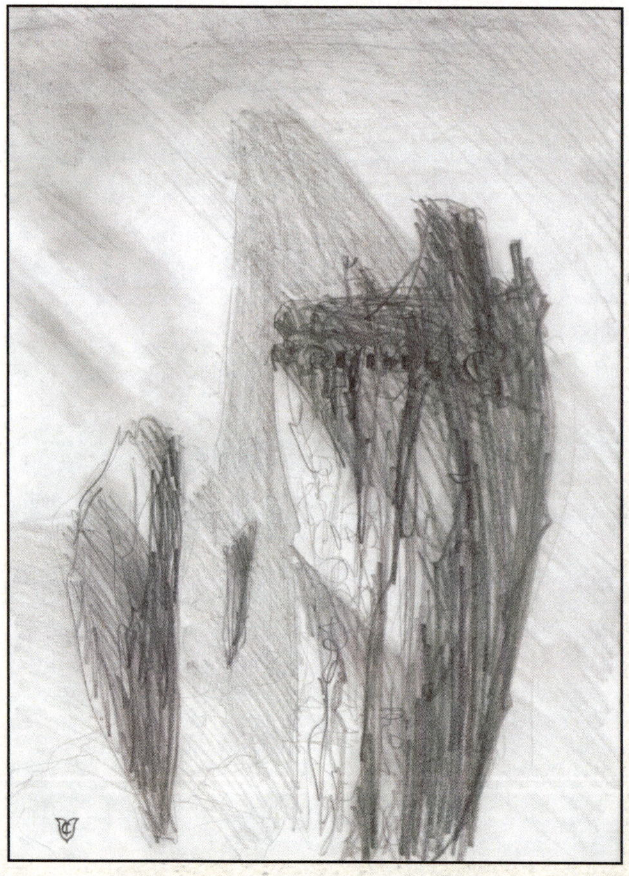

Dark Lands, Preliminary sketch

Dark Lands, 1994
Oil on canvas, 30 x 40 inches
(76 x 101 cm)

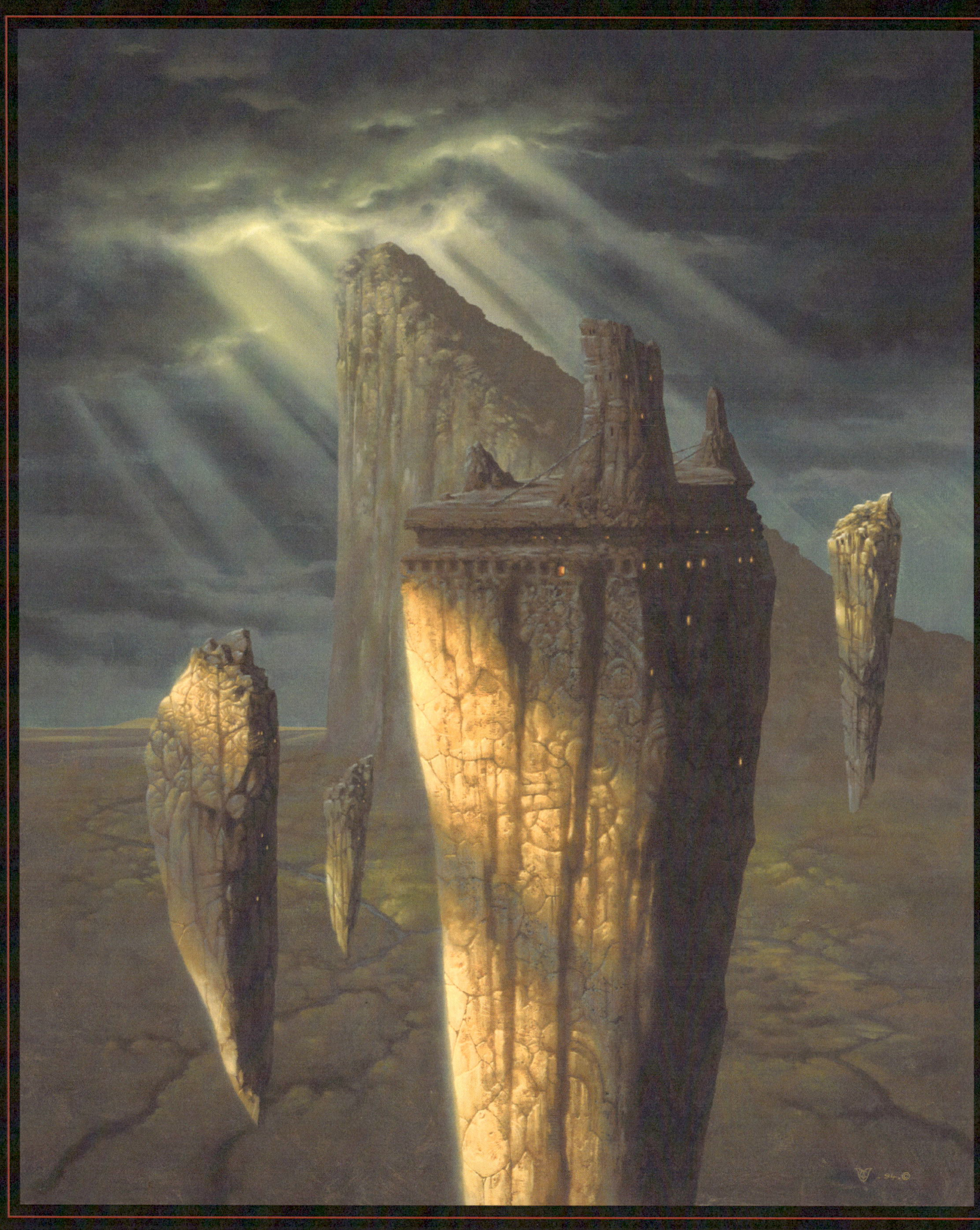

The Rebirth:

"The Rebirth" is the last painting on canvas I did before leaving Paris.
The structure breaking through the rocky surface represents the transformation of the individual through the painful process of rupture (symbolized here by volcanic activity). The cloud vortex represents the unknown.
I was experimenting again with different visual ideas, and, in this painting, marrying natural elements like vapor clouds, fire, rock, and volcanic activity; the juxtaposition of antagonistic light sources (warm and cool); as well as the bas-relief of Viking inspiration that would give the rocky environment both a human and a mythical touch.
This image was later used as the cover for another German novel.

«The Rebirth» est la dernière peinture sur toile que je fis avant de quitter Paris.
La structure brisant la surface rocheuse représente la transformation de l'individu à travers le processus douloureux de la rupture (représenté ici par l'activité volcanique). La tornade nuageuse représente l'inconnu.
J'expérimentais de nouveau avec différentes idées visuelles, et dans le cas présent, le mariage d'éléments naturels comme les nuées de vapeur, le feu, la pierre, la juxtaposition de sources de lumière antagonistes (chaude et froide), ainsi que des bas-reliefs d'inspiration Viking qui donnaient à l'environnement rocheux une touche à la fois humaine et mythique.
Cette image fût plus tard utilisée comme couverture pour un autre roman Allemand.

浴火重生

《浴火重生》是我离开巴黎前最后一幅油画作品。

冲破岩石表面这种造型，代表着个人与过往痛苦经历决裂这种转变（此处由火山活动所象征）。云涡代表未知。

我再次尝试不同的视觉元素。在这幅画中，结合了诸如蒸气云，火，岩石和火山活动等自然元素。我把冷热两种对立的光源并列。雕刻着维京人神灵的浮雕，给整个岩石环境营造了一种人与神秘世界的亲密接触。

此画后来被用作另一本德国小说的封面。

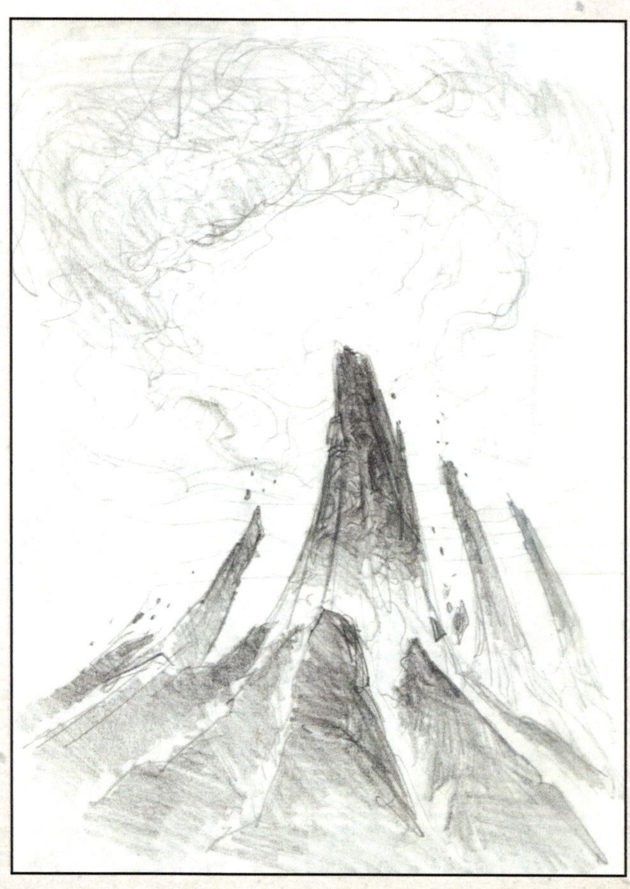

The Rebirth, Preliminary sketch

The Rebirth, 1995
Acrylic on canvas, 30 x 40 inches
(76 x 101 cm)

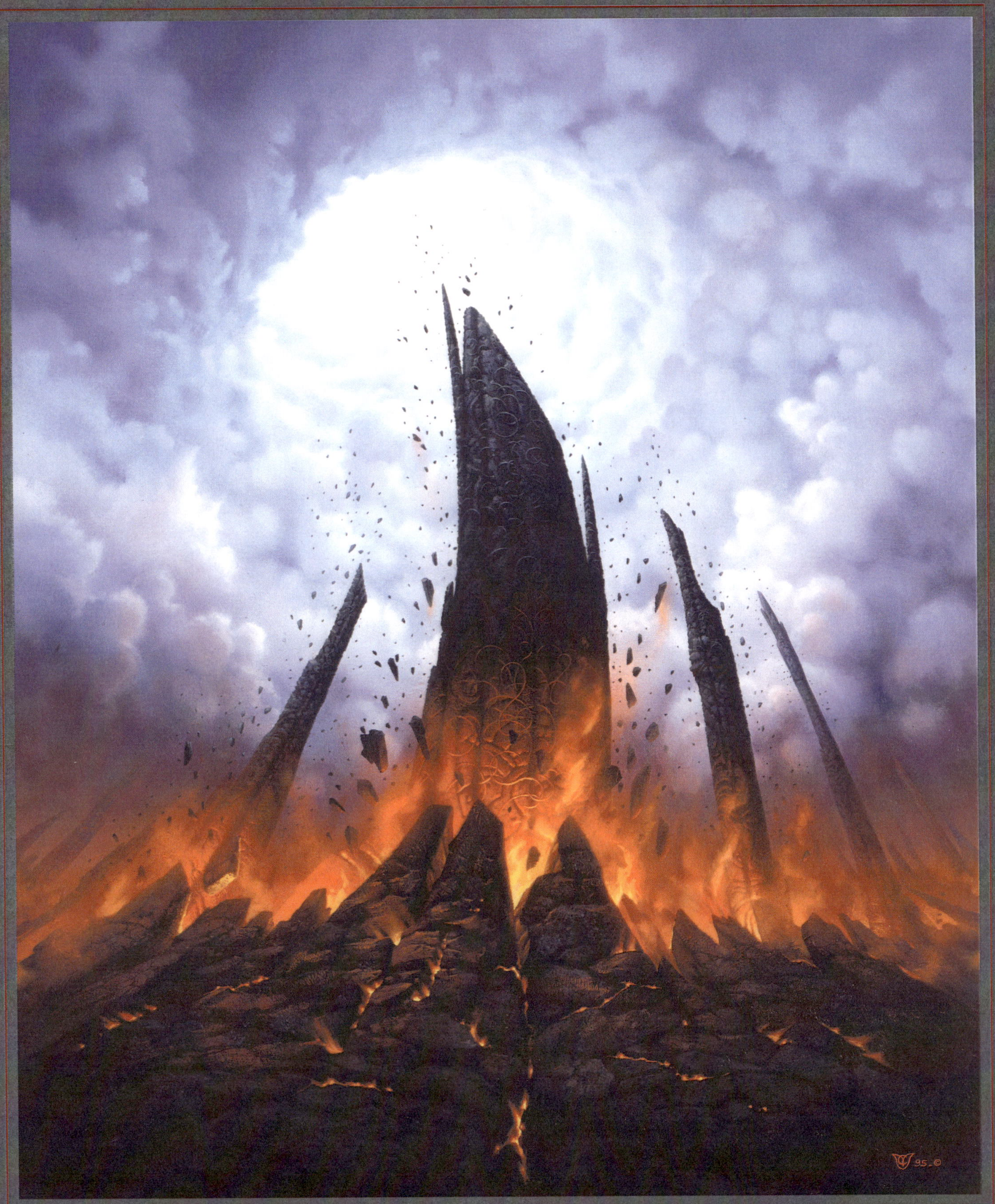

The Legacy:

As I was meeting more classically trained artists (particularly at places like the Disney studios) who were helping me refine my artistic skills, I was trying different palettes of colors and more symbolic subject matter.
Here, I wanted to deal with human spirituality. The great engraved flat stone represents the human legacy of the world's religions. The woman, like in several of my paintings, represents the human soul.

Alors que je rencontrais plus d'artistes formés de manière classique (en particulier dans des endroits comme les Studios Disney) qui m'aidaient à affiner mes compétences artistiques, j'essayais différentes palettes de couleurs et d'avantage de sujets symboliques.
Ici, je voulais traiter de spiritualité humaine. La grande pierre plate engravée représente l'héritage humain des religions du monde. La femme, comme dans plusieurs de mes peintures, représente l'âme humaine.

遗产

当我尤其在像迪斯尼这种级别的工作室里，见识过更多接受过古典绘画训练的艺术家们，他们帮我不断完善我的绘画技巧，我试着运用更多的调色板颜色和象征性主题。
这幅画我想探讨人的精神世界。这块巨大的铭文石牌代表着人类世界的宗教遗产。这个女人，像我其他的画作里的女人一样，代表着人类的灵魂。

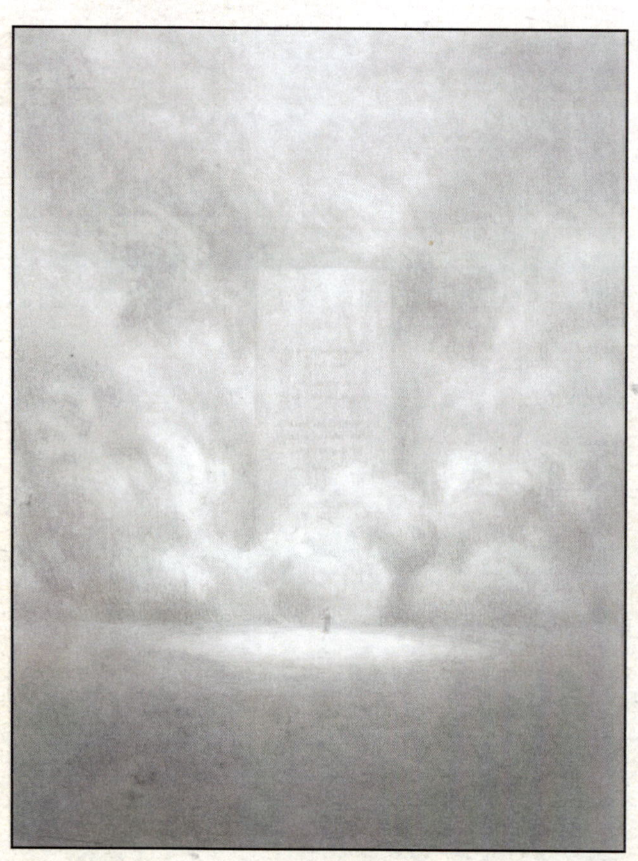

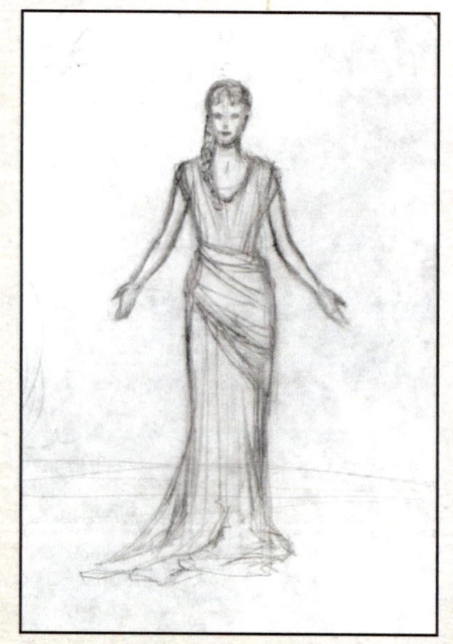

The Legacy, Preliminary sketches

The Legacy, 1997
Oil on canvas, 30 x 40 inches
(76 x 101 cm)

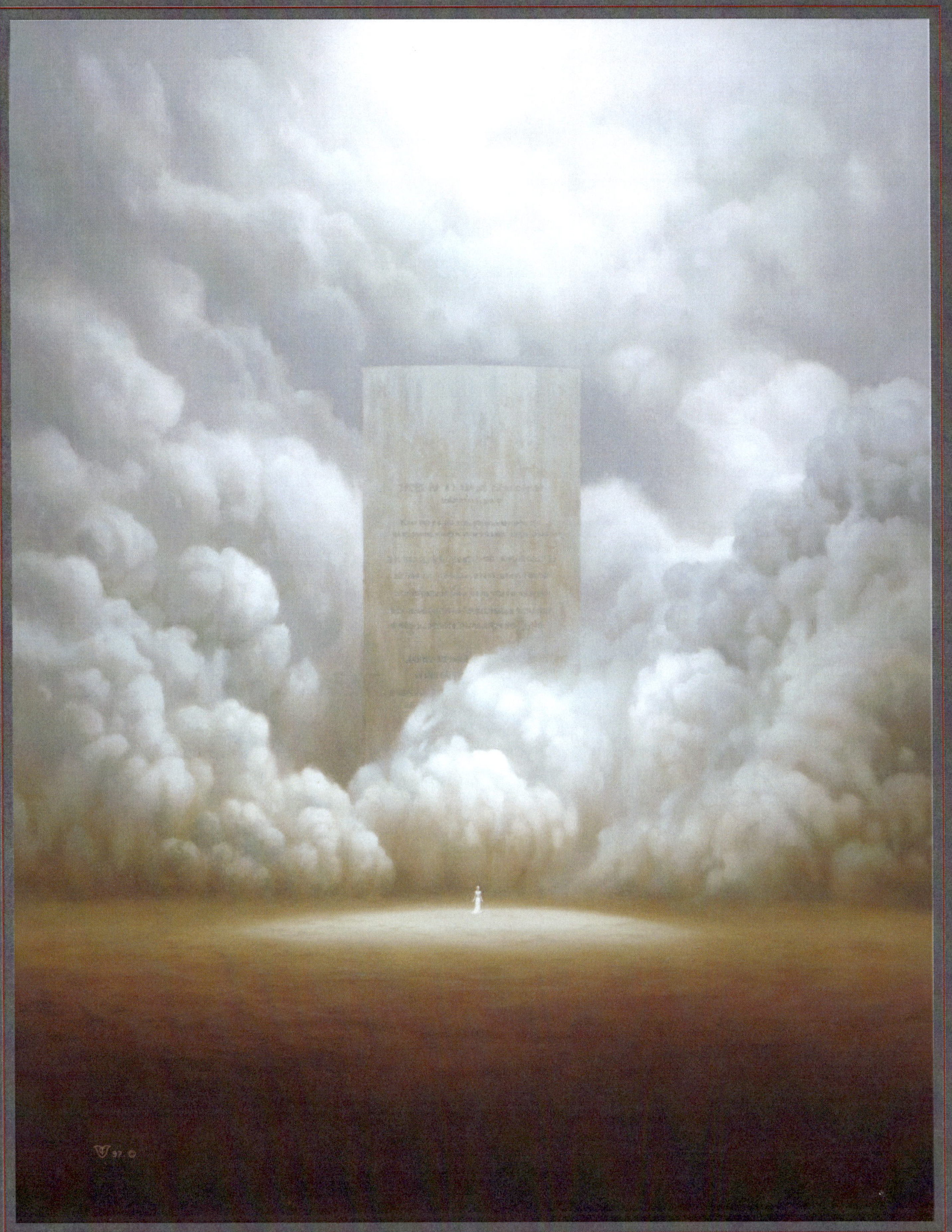

The Oracle:

With "The Oracle," I was starting to get interested—still through a very symbolic scene—in the human figure, and particularly in draped clothing and how light affected it.
I also wanted to use a very limited palette; in this case, black, white, burnt umber, and cadmium orange. This was forcing me to understand how, by juxtaposing warm colors (burnt umber and orange) with totally neutral colors (the large range of grays stemming from the black and white mixing), the neutral colors are not neutral anymore but become, in reality, cool colors.
Consequently, this allowed me to study how colors that, in an "isolated" state, are by nature warm or cool can change their temperature (at least in appearance) depending on the temperature of the colors with which they are juxtaposed on the canvas.

Avec "The Oracle", je commençais de m'intéresser—toujours à travers une scène très symbolique—à la figure humaine, et particulièrement aux vêtements drapés et à la façon dont la lumière les affectait. Je voulais aussi utiliser une palette très limitée; dans ce cas-là, Noir, Blanc, Terre d'Ombre Brûlée et Orange de Cadmium. Cela me forçait à comprendre comment, en juxtaposant des couleurs chaudes (Terre d'Ombre et Orange) à des couleurs totalement neutres (le large éventail de gris issus du mélange Noir/Blanc), les couleurs neutres ne sont plus neutres mais deviennent en réalité des couleurs froides.
En conséquence, cela me permit d'étudier comment des couleurs qui, à l'état «isolé», sont par nature chaudes ou froides, peuvent changer de température (tout au moins en apparence) en fonction de la température des couleurs auxquelles elles sont juxtaposées sur la toile.

女先知

由于《女先知》我开始并且现在仍然对非常具有象征意义的人物形象感兴趣，尤其对披着外衣的形象以及光线如何影响它感兴趣。

我也想用一个非常有限的调色板，在这种情况下，只有黑色，白色，焦赭和镉橙。这使我明白把暖色调（焦赭和橙色）与完全中性的颜色（由黑色和白色混合出来的大片灰色）并列是怎么回事。中性色调不再是中立的了，事实上，它变成了冷色调。

结果是，这让我学到"独立"的颜色，如：自然的暖色调和冷色调，把两者同时并列在一幅油画上，至少看上去它们的色调是可以改变的。

The Oracle, 1997
Oil on canvas, 24 x 30 inches
(61 x 76 cm)

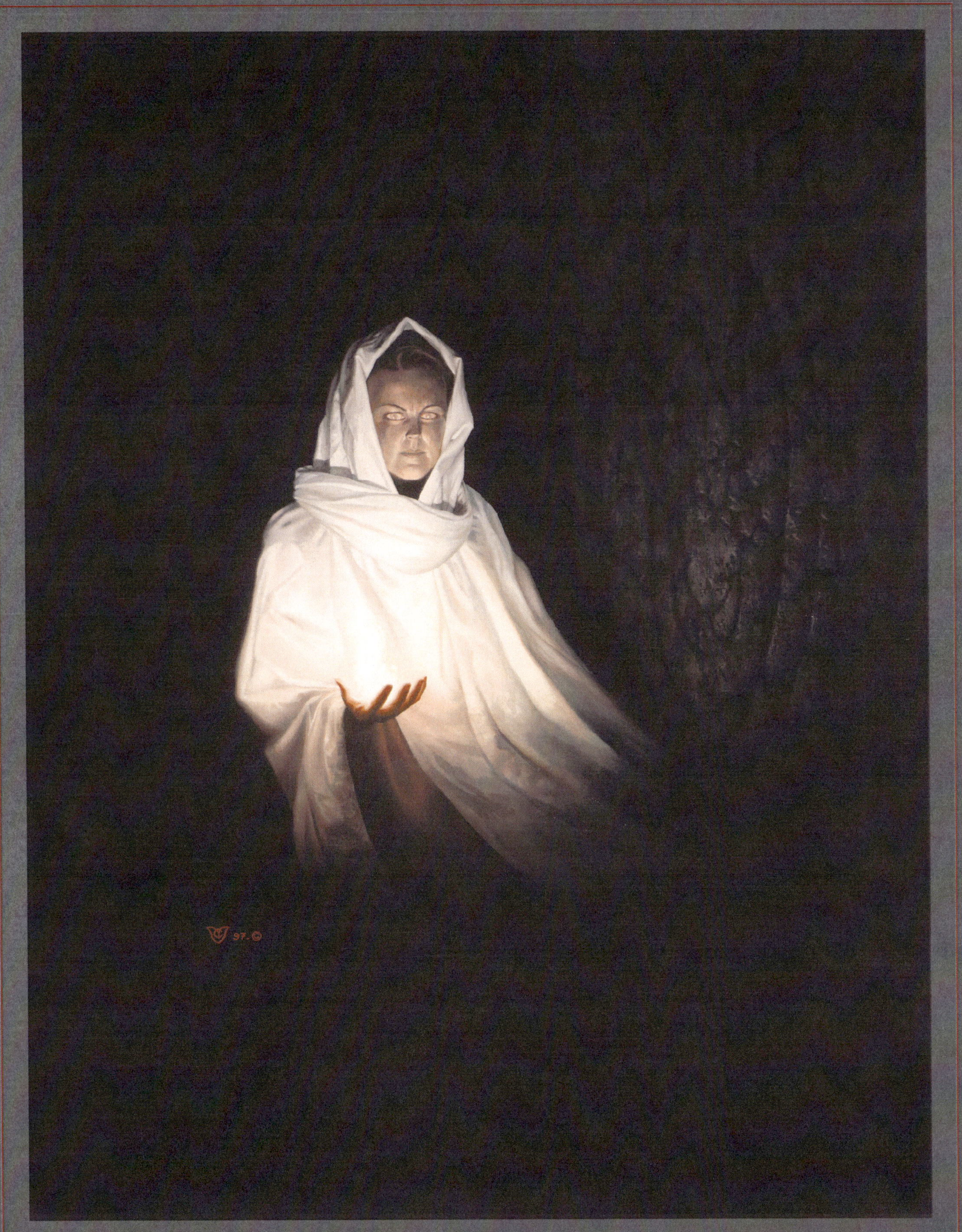

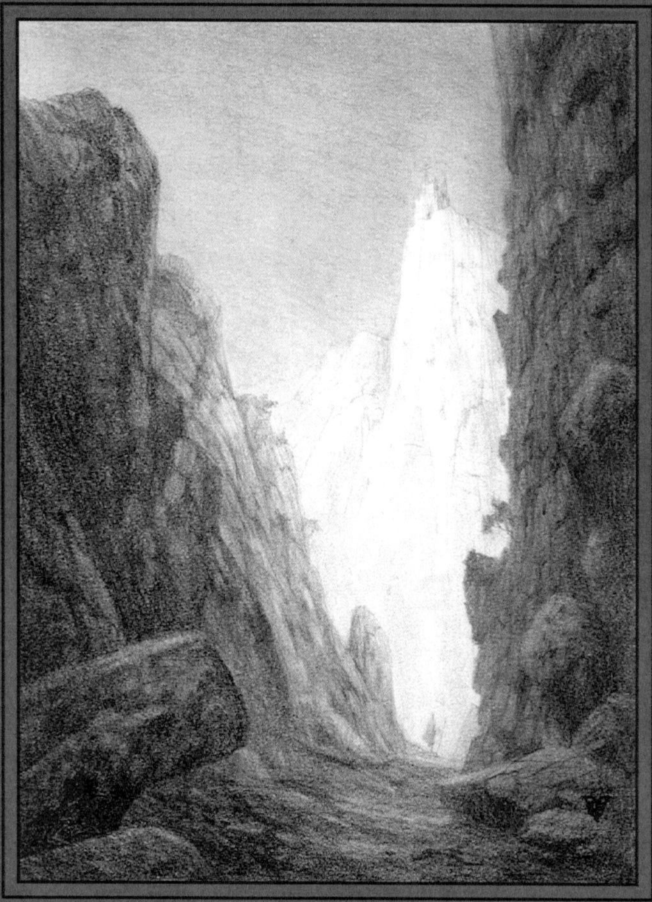

The Monastery
Graphite on paper

Entering the Highlands, 1998
Graphite on paper, 8.2 x 11.6 inches
(21 x 29.5 cm)

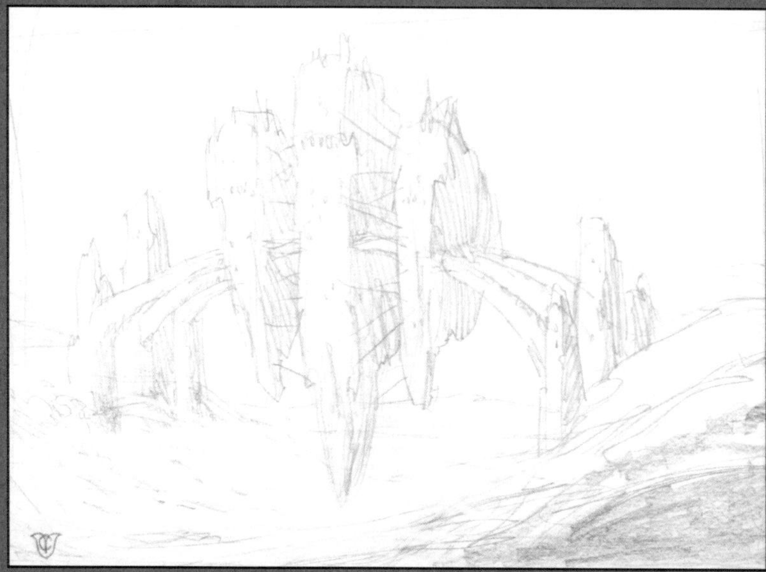

Entering the Highlands
Preliminary sketch

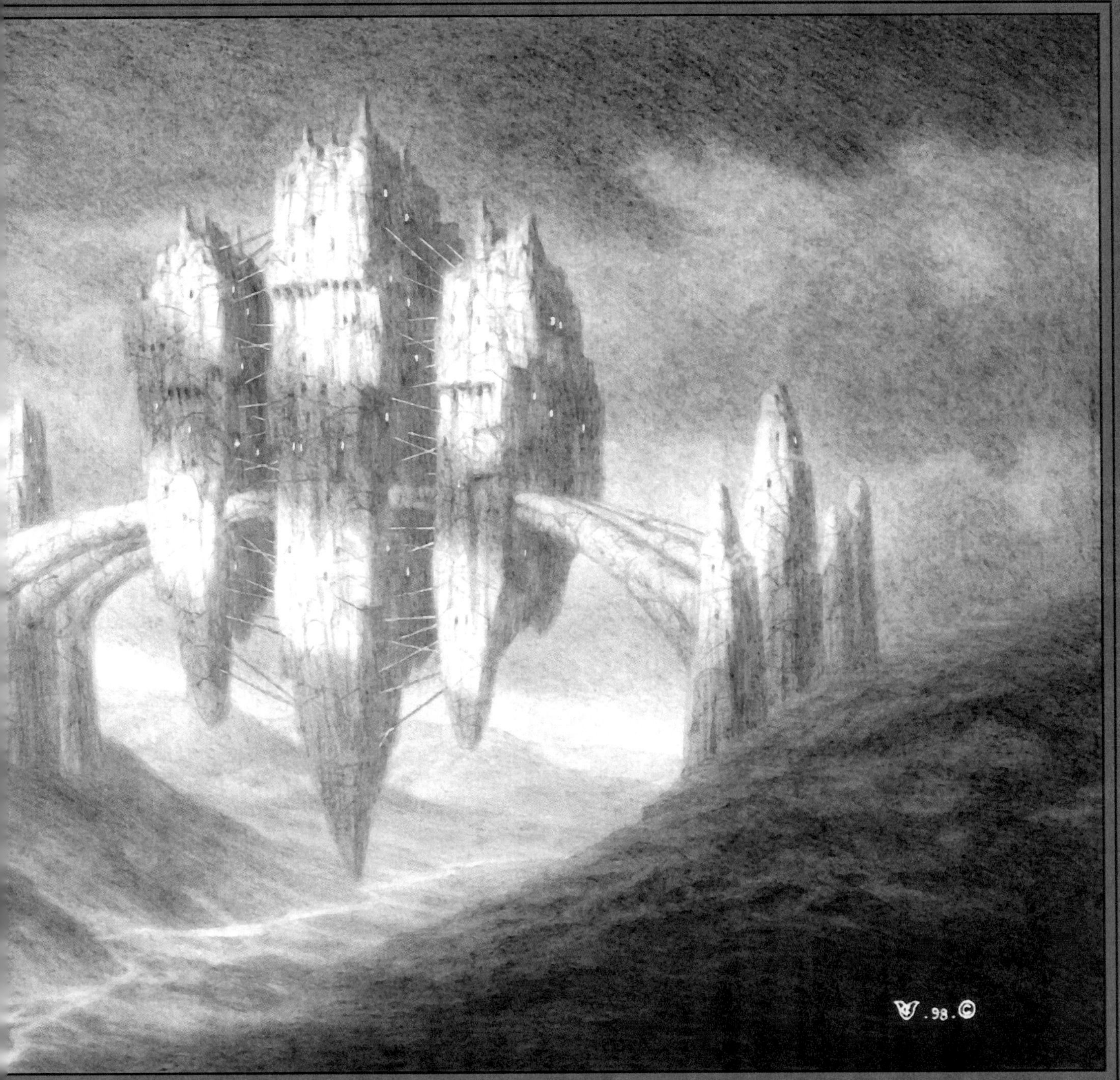

Entering the Highlands:

"Entering the Highlands" is one of the research sketches I did in parallel with the actual painting. Besides the fact that I like pencil texture, this kind of work also allows me to experiment with different fantastical ideas and focus more on lighting and composition without worrying about color.

"Entering the Highlands" est un des sketches de recherche que je fis en parallèle à mon travail de peinture proprement dit. En dehors du fait que j'aime la texture du crayon, ce genre de travail me permet aussi d'expérimenter avec différentes idées fantastiques, et de me focaliser d'avantage sur la lumière et la composition sans me soucier de la couleur.

进入高原
《进入高地》是我真正着手创作作品前的众多草图之一。虽然是草图，但我喜欢铅笔的质感，这样的工作能让我尝试不同的梦幻般的想法，并更加专注于光线和构图，而无需担心颜色。

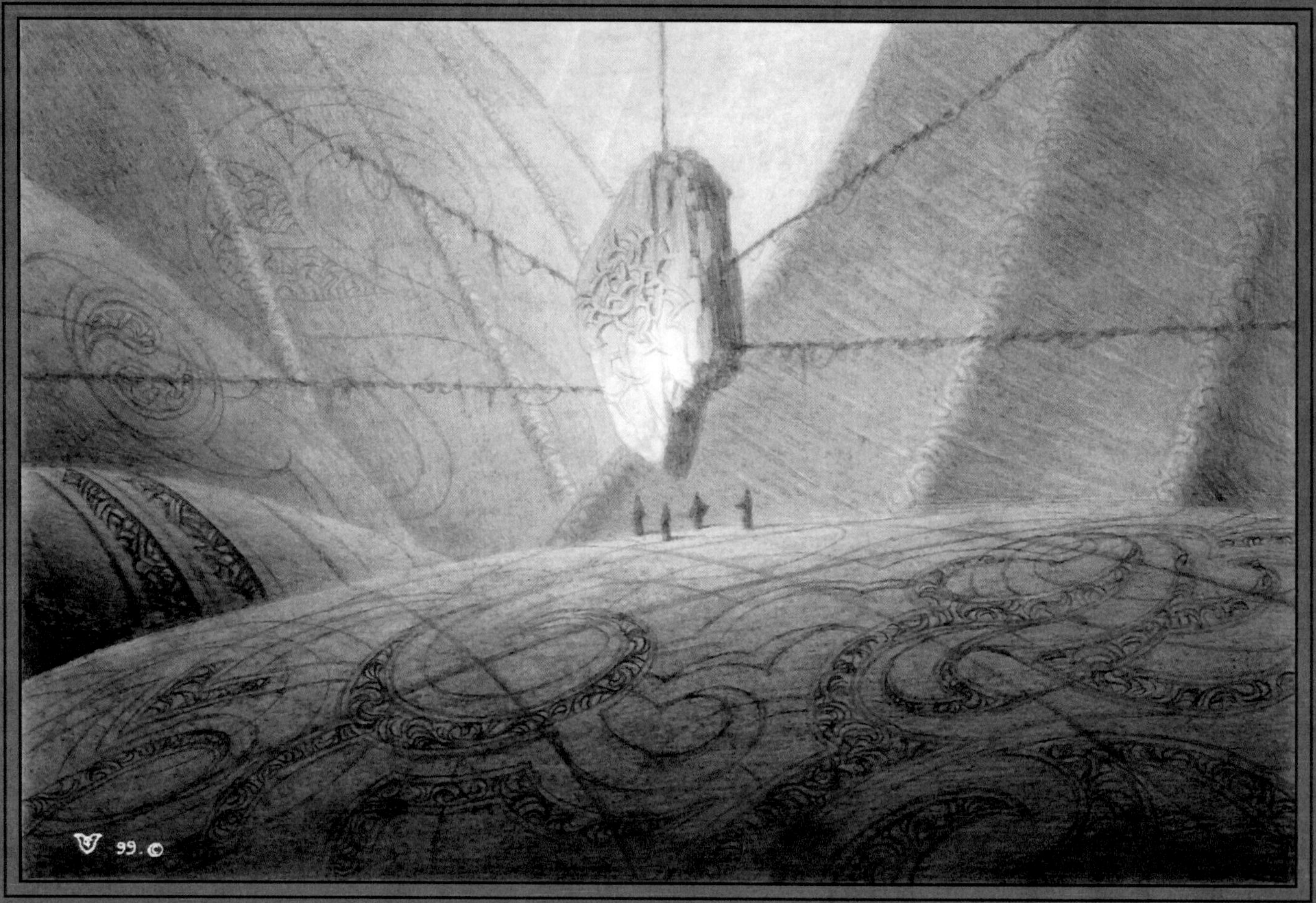

The Preparation, 1999
Graphite on paper, 8.2 x 11.6 inches
(21 x 29.5 cm)

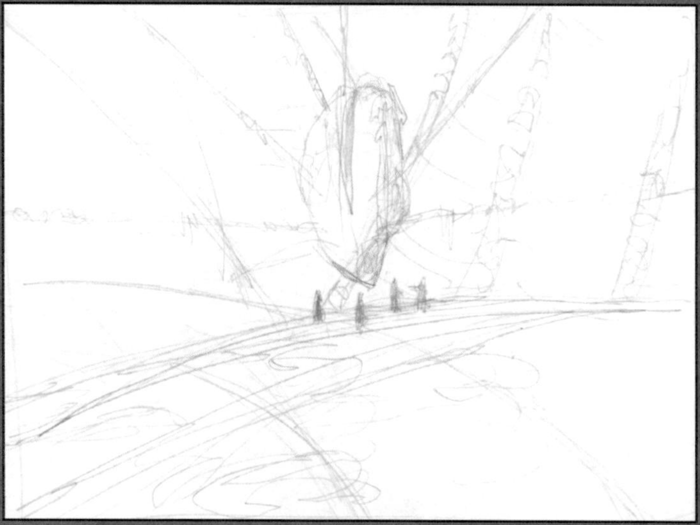

The Preparation
Preliminary sketch

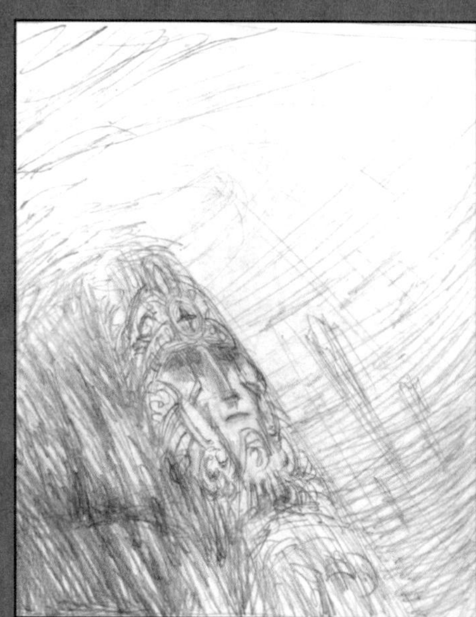

The Prisoner
Preliminary sketch

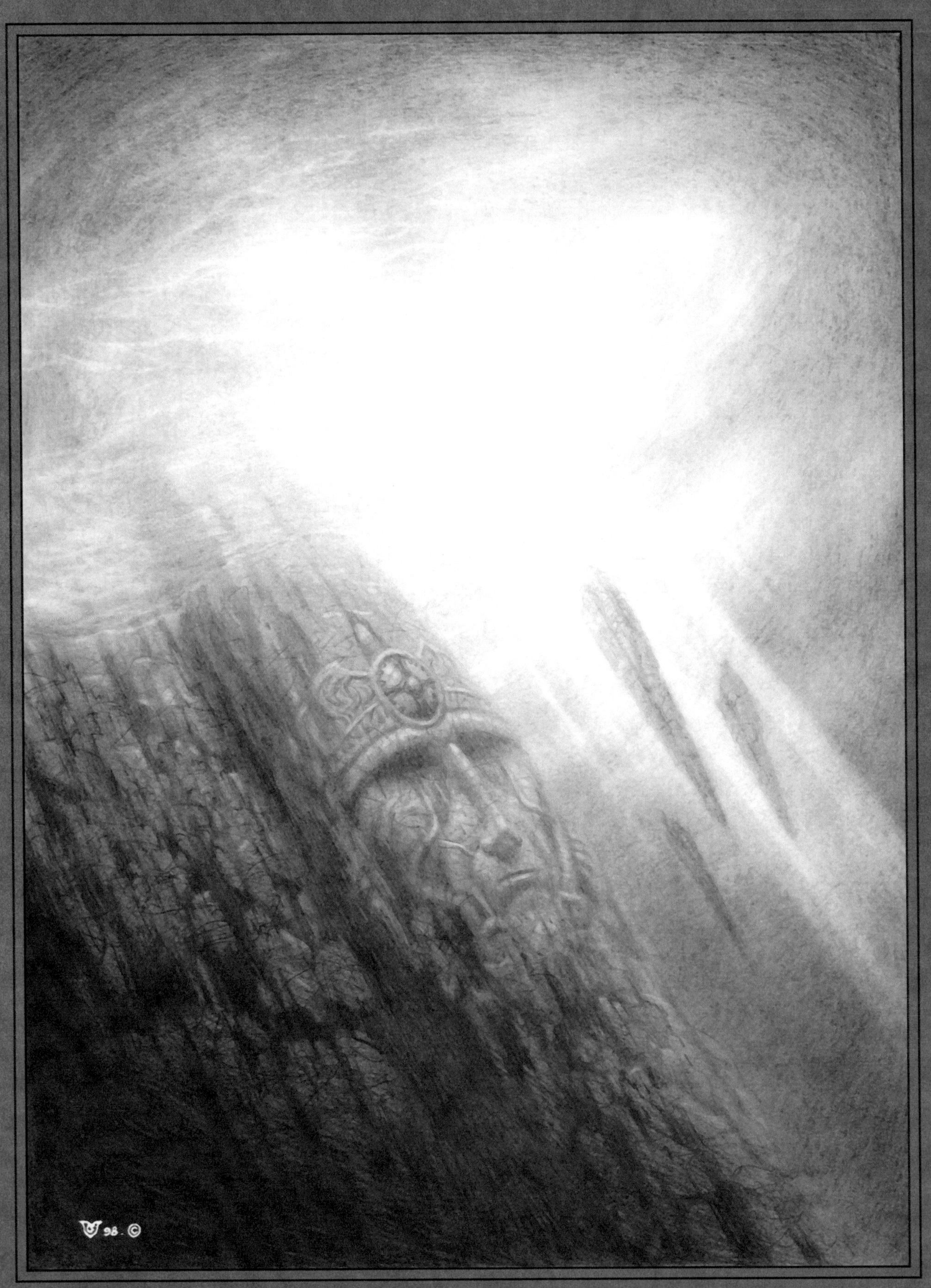

The Prisoner, 1998
Graphite on paper, 8.2 x 11.6 inches
(21 x 29.5 cm)

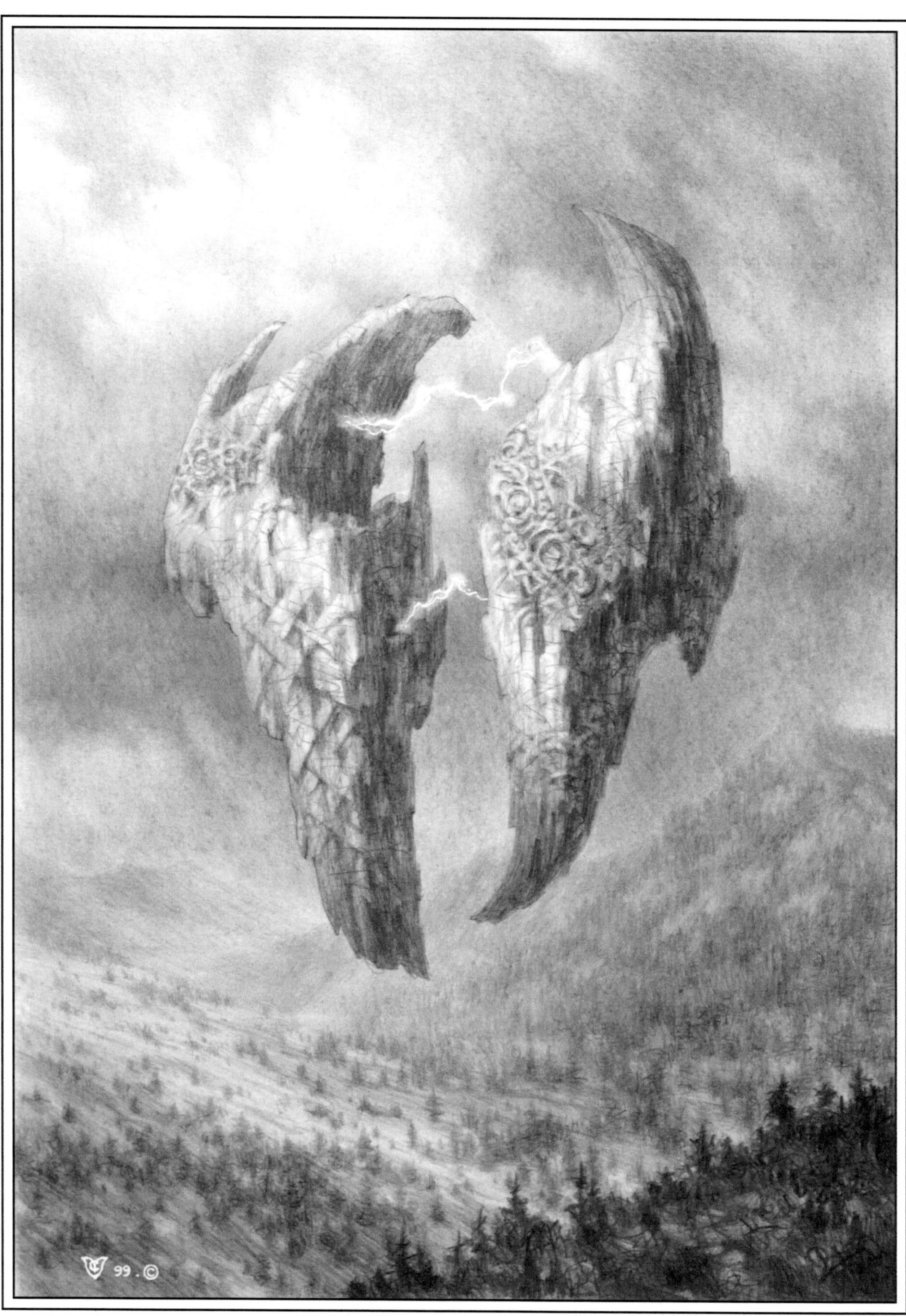

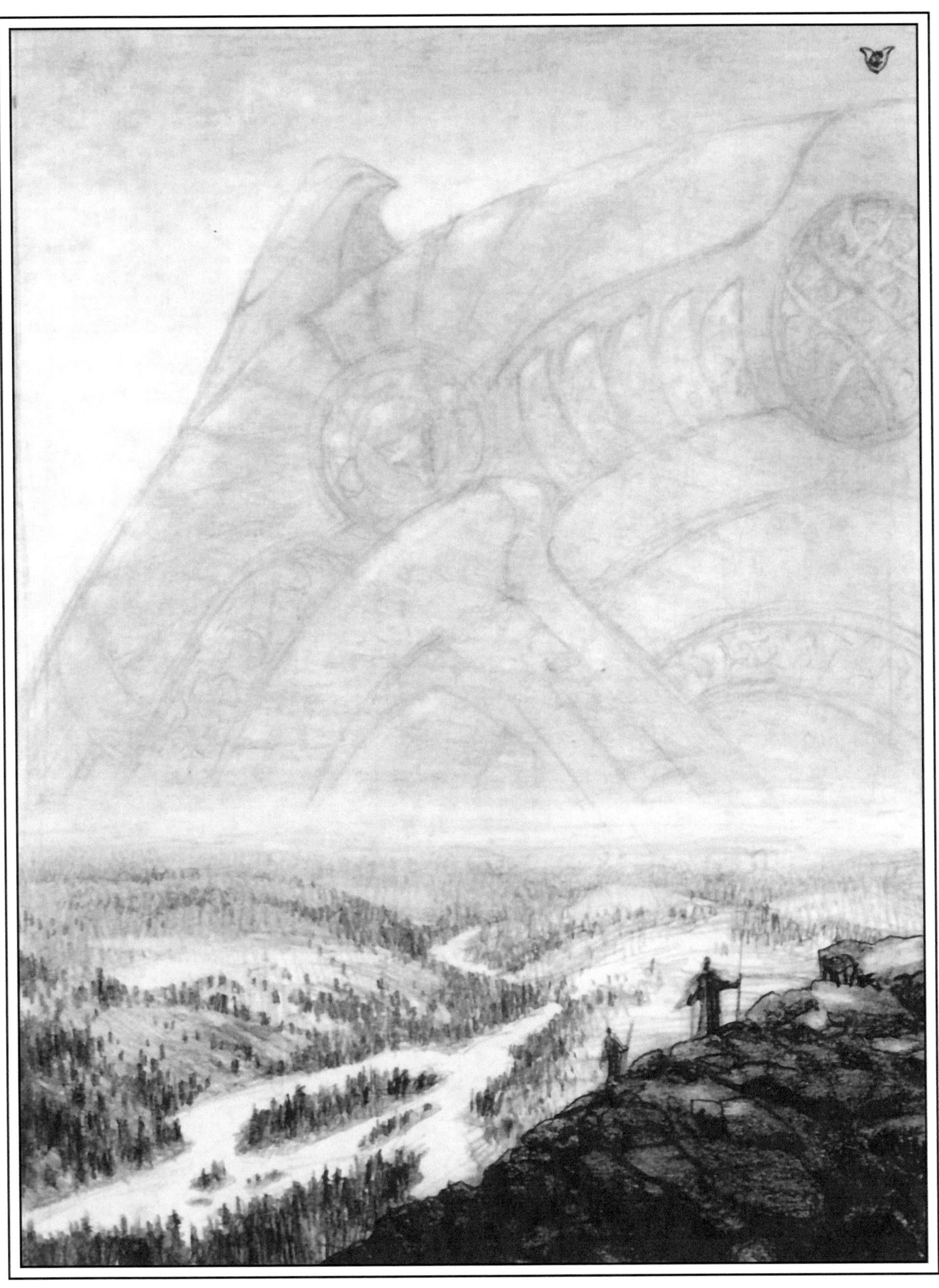

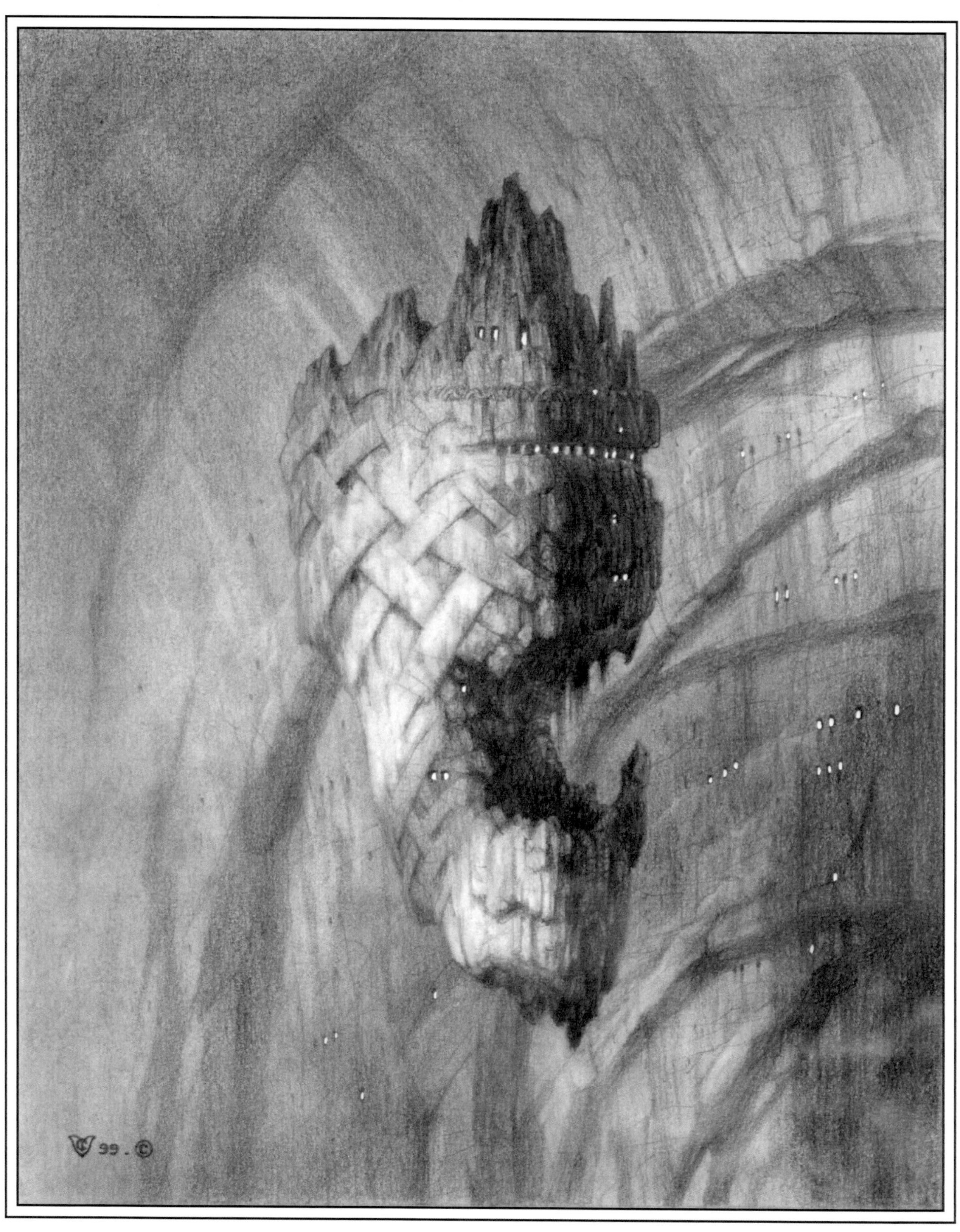

The Missing Piece, 1999
Graphite on paper, 7.1 x 9.1 inches
(18 x 23.1 cm)

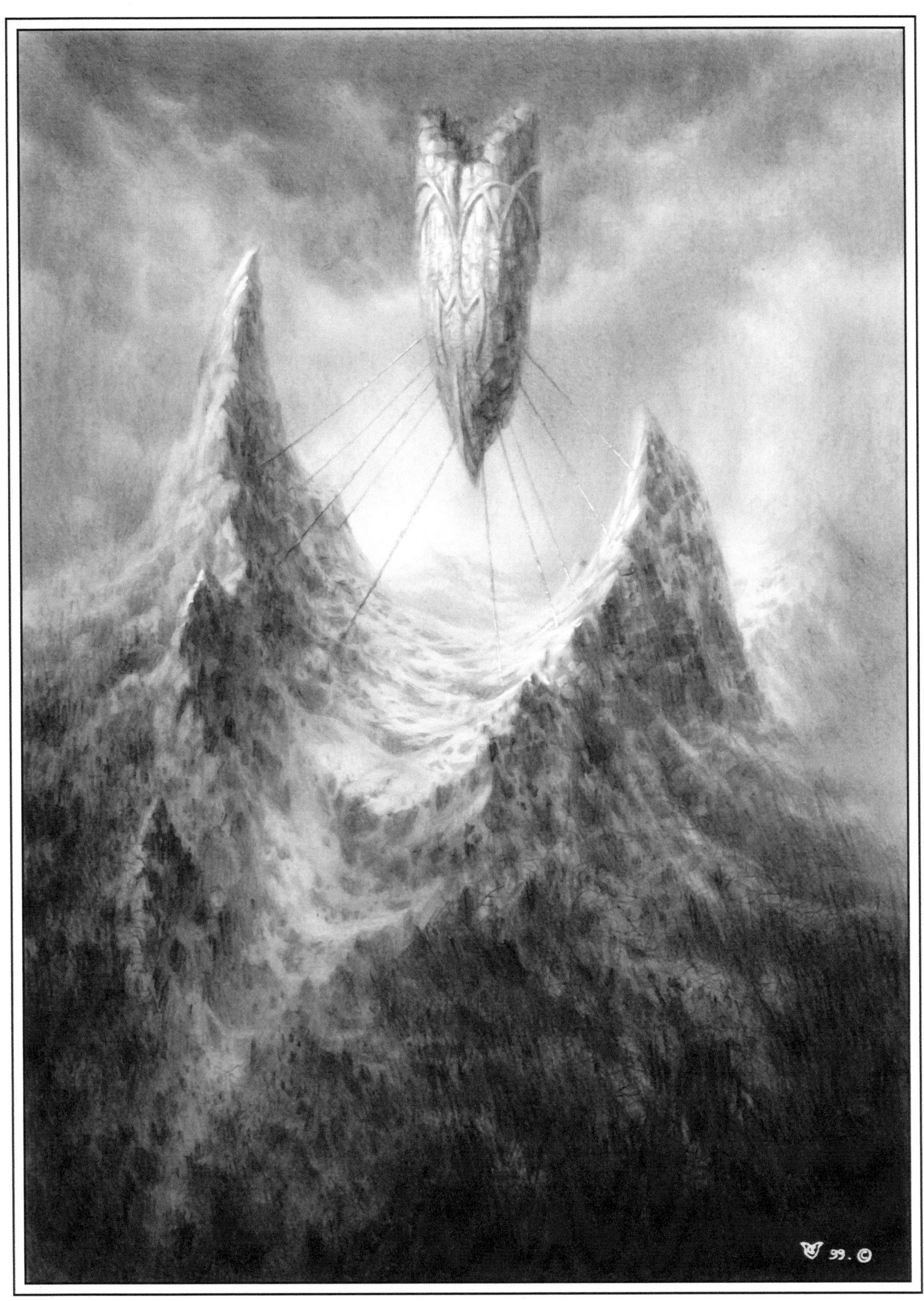

Remains of the Past, 1999 Graphite on paper, 6.5 x 9.3 inches (16.6 x 23.7 cm)

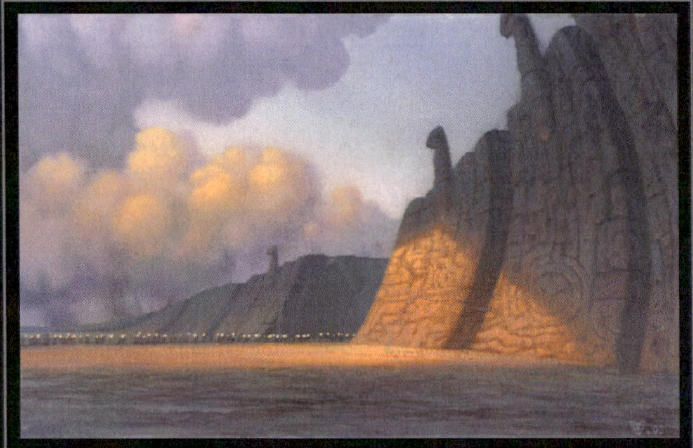

Procession, Acrylic color study

The Stand:

"The Stand" (right) is another example of those paintings revolving around the theme of strange floating monoliths, in an ancient and primitive environment, but evidently keeping traces of human interaction.
The image, too, later was used as the cover for a German novel.

«The Stand» (à droite) est un autre exemple de ces peintures faites autour du thème d'étranges monolithes flottants, dans un environnement ancien et primitif, mais qui garde de toute évidence des traces d'interaction humaine.
L'image fût également plus tard utilisée pour la couverture d'un roman Allemand.

立

《立》这幅作品（右图）是另一个关于奇怪漂浮的巨石这一主题的例子。在古代和原始社会里，它们显然保有着人的形象。

此画后来被用作一本德国小说的封面。

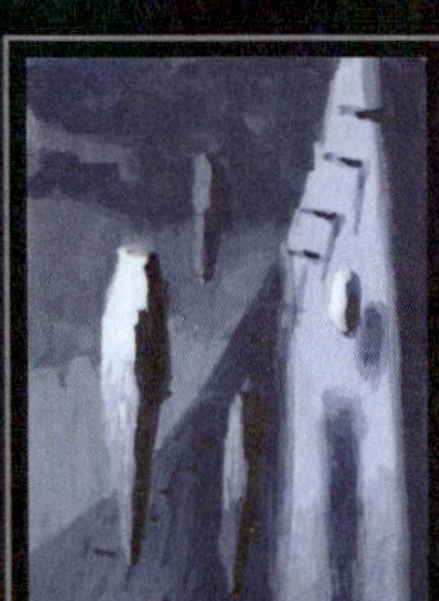

The Stand
Thumbnail color study

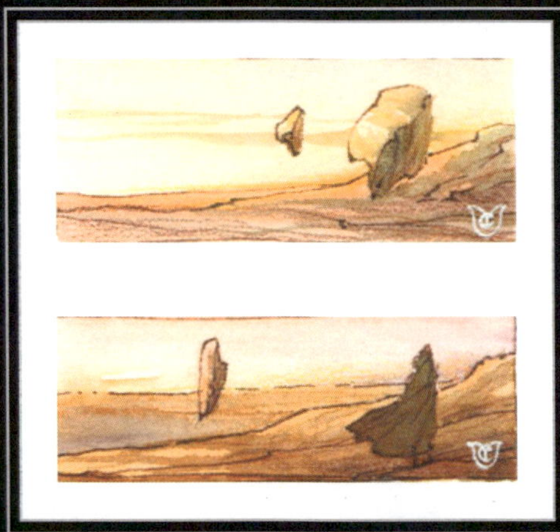

Mini-color studies

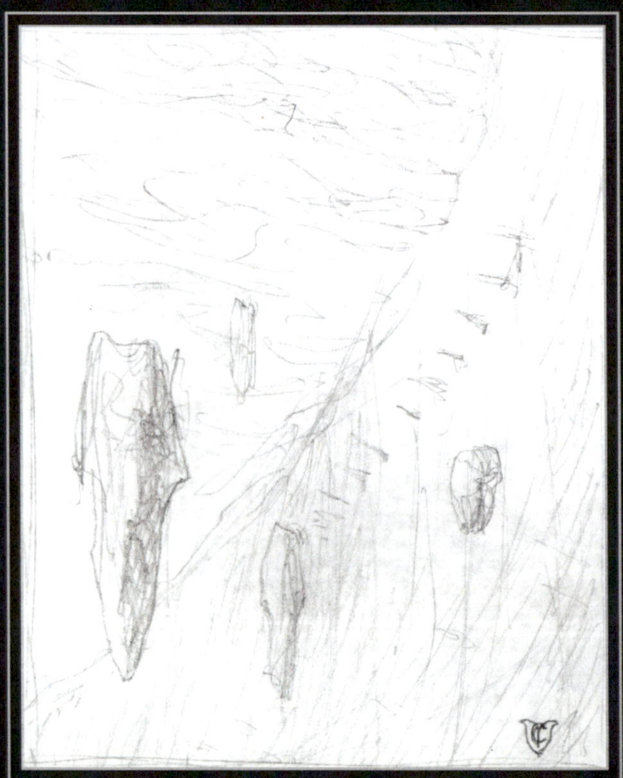

The Stand
Preliminary sketch

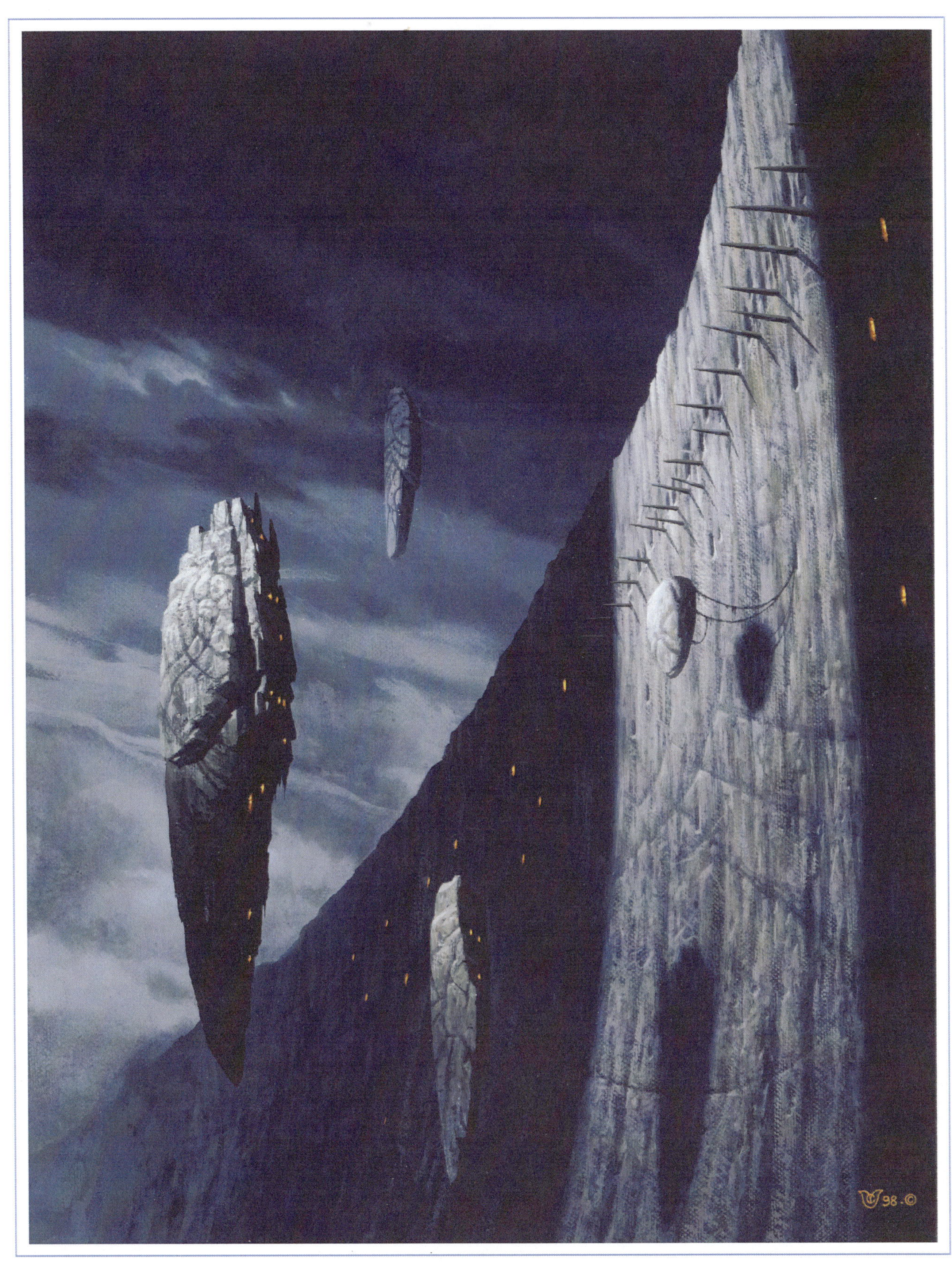

The Stand, 1998
Acrylic on canvas, 11 x 16 inches
(28 x 40.5 cm)

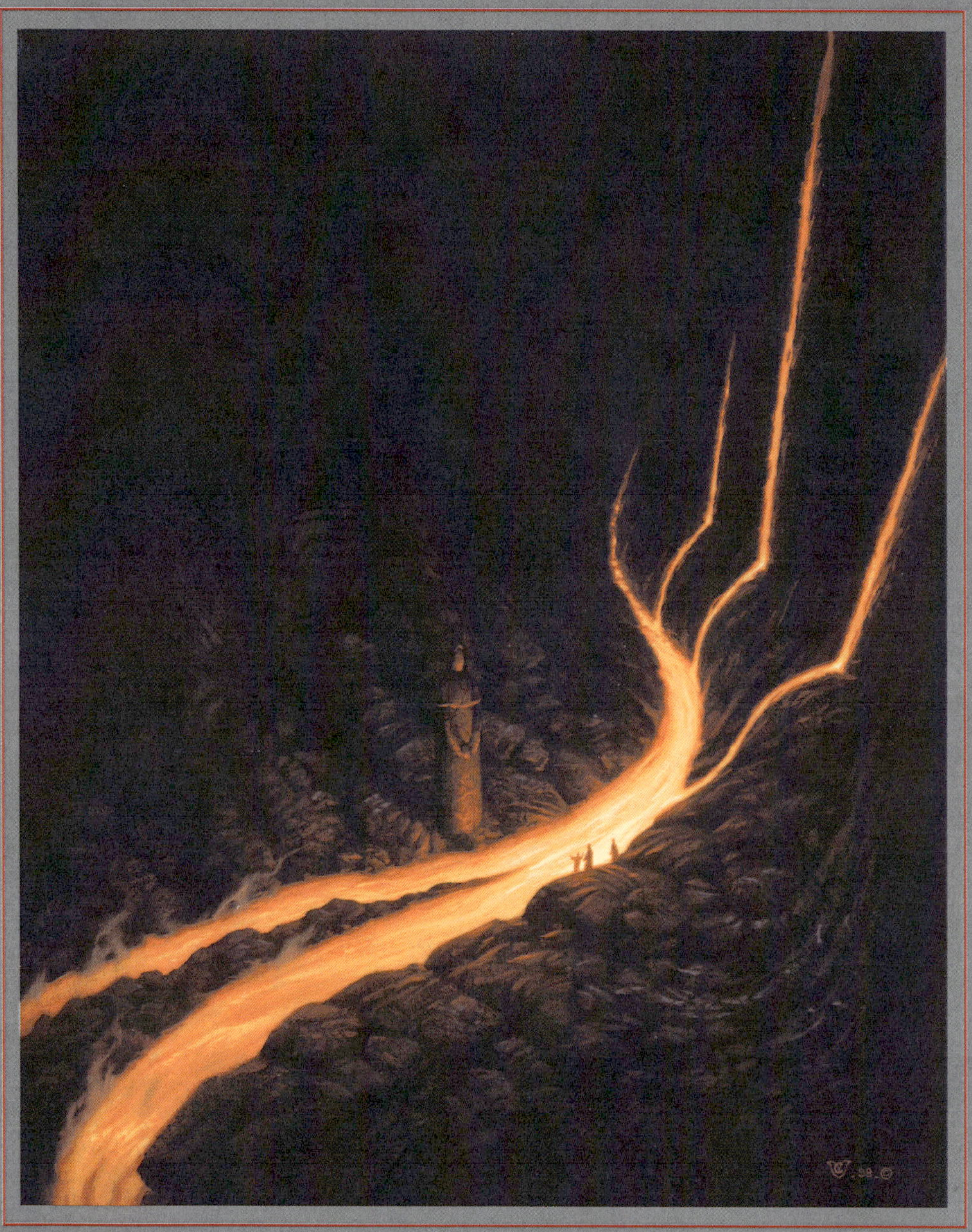

The Descent, 1998, Acrylic on canvas, 11 x 14 inches (28 x 35.5 cm)

We all carry our own scars, the prominent traumas of our life, that often only can be resolved internally. Sometimes, art is a good outlet to express this more concealed aspect of ourselves.

Nous portons tous nos propres cicatrices, les traumatismes marquants de notre vie, qui ne peuvent souvent être résolus que de manière interne. Parfois, l'Art est un bon exutoire pour exprimer cet aspect plus dérobé de nous-mêmes.

我们每个人都烙印着属于自己的伤痕。这种生活带来的显眼的外伤往往只能由内在的我们去默默消化。有时候，艺术是一种表达这种隐痛的良好途径。

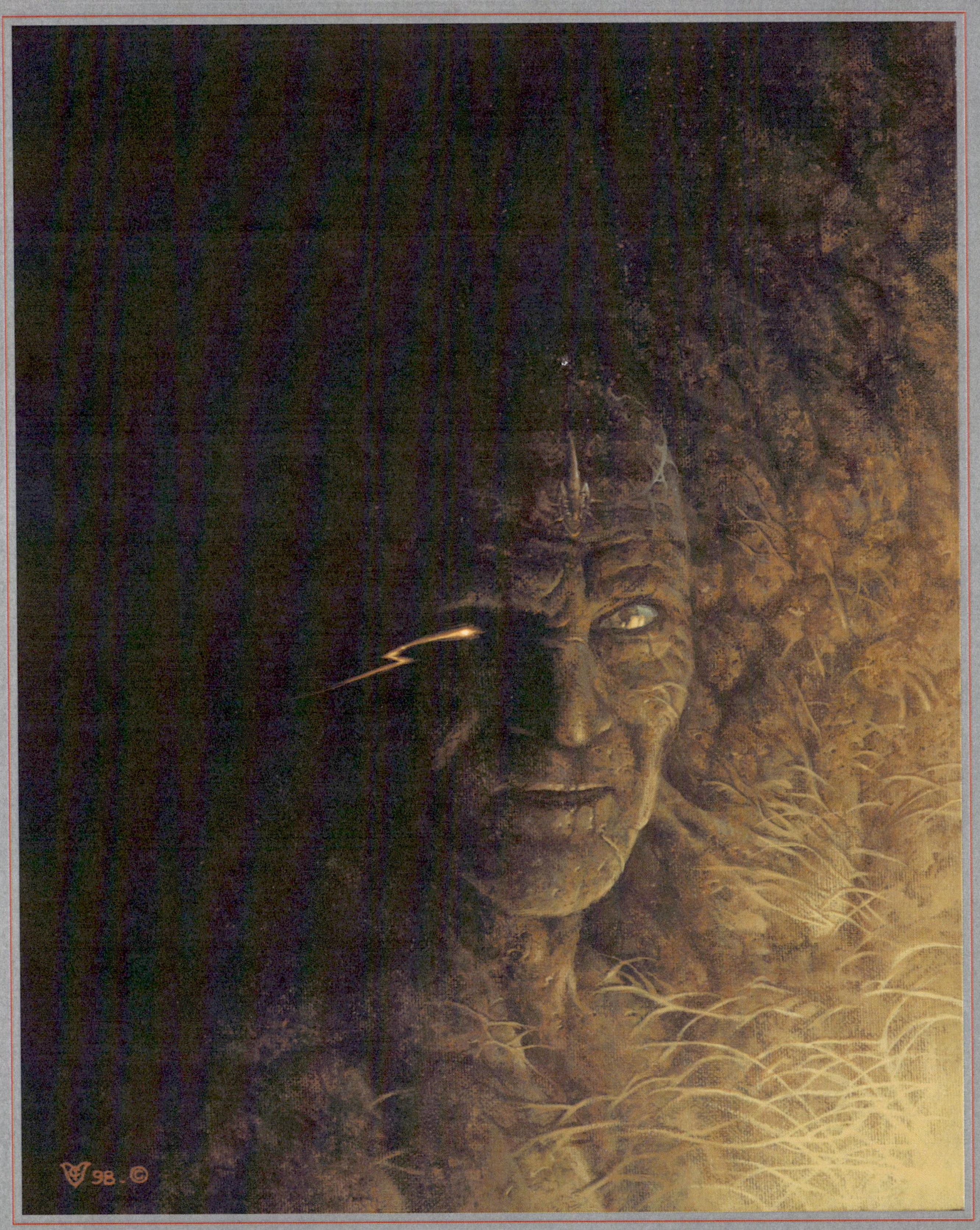

Scars, 1998, Acrylic on canvas, 11 x 14 inches (28 x 35.5 cm)

Creative inspiration can arise anywhere, anytime. The best way for me to retain an idea is to do a quick rough sketch on a piece of paper. In this way, I keep numerous ideas I have accumulated over the years. Later, I search in those sketches for which ones I'm going to develop and to what extent (simply refine the sketch or realize as a complete painting).

L'inspiration créatrice peut surgir n'importe où et à n'importe quel moment. Le meilleur moyen de retenir une idée est pour moi de faire un rapide brouillon sur un bout de papier. Je garde ainsi de nombreuses idées que j'ai accumulées au fil des années. Plus tard, je cherche dans ces croquis lesquels je vais développer et jusqu'à quel point (simplement affiner le sketch ou le faire aboutir jusqu'à une peinture complète).

创作的灵感随时随地都会出现。对我来说最好的保留这种灵感的方法是在纸上快速画个草图。这样，年复一年，我积累了大量的灵感。在以后我要创作的时候，我就去我的草图上搜寻，找一个我可以加工的，只要简单完善草图就能变成一幅真正的作品。

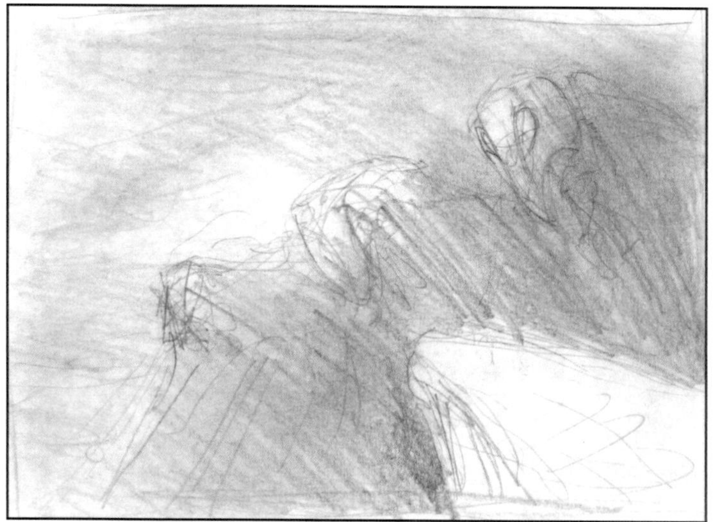

Mount of the Immortals
1998
Graphite on paper
8.2 x 11.6 inches
(21 x 29.5 cm)

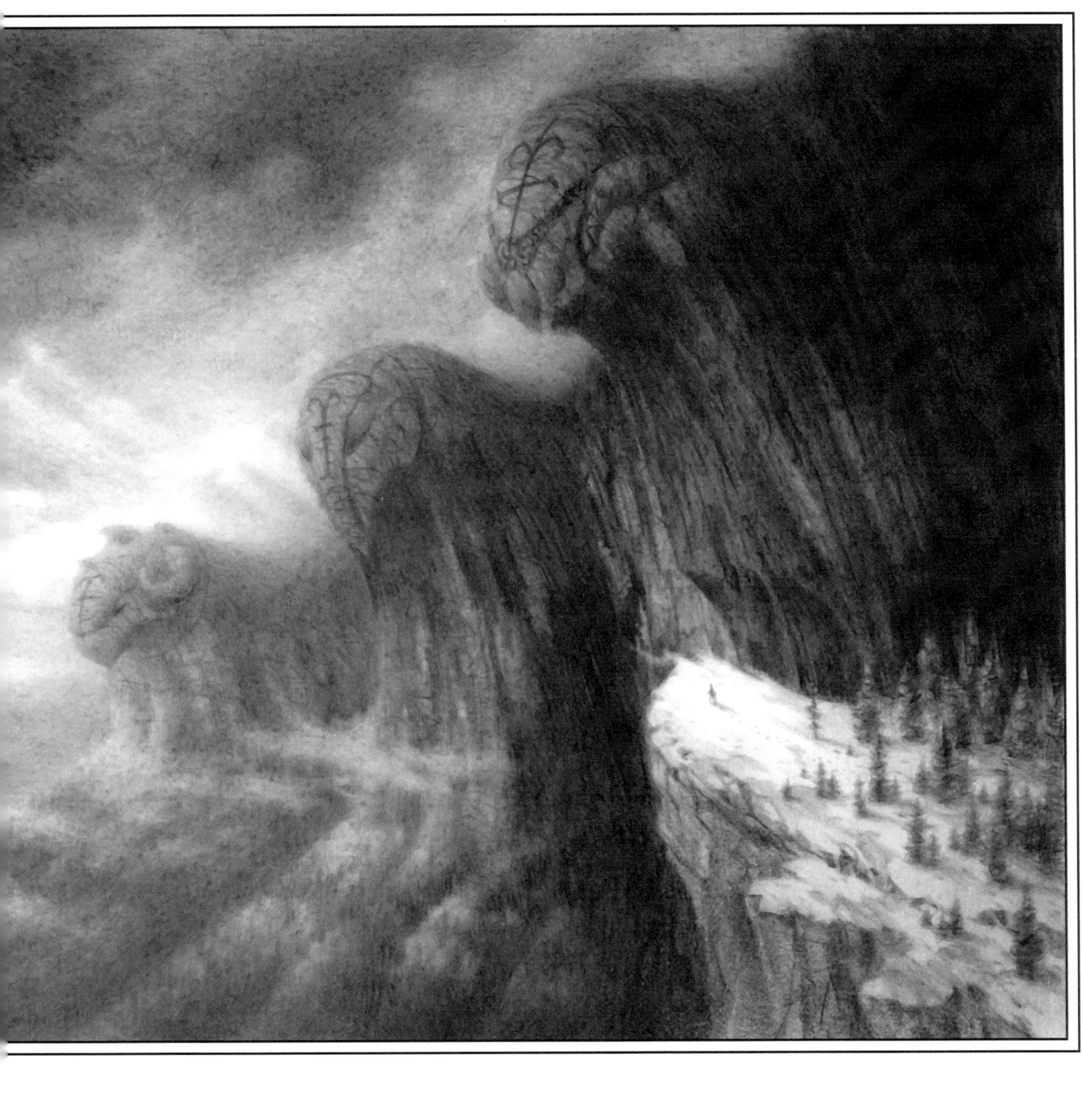

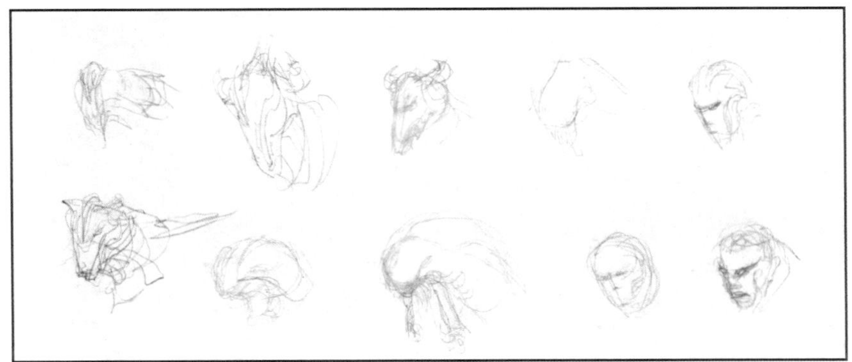

Mount of the Immortals:

"Mount of the Immortals," like several of the paintings on the following pages ("The Messengers," "The Giants," "Stormbreakers," "The Guardians," and "Norova"), is an image I created around a personal story project of fantastical adventures for adults and teenagers, which, I hope, will see daylight in the form of an illustrated book within the next few years.

«Mount of the Immortals», ainsi que plusieurs des peintures sur les pages suivantes («The Messengers», «The Giants», «Stormbreakers», «The Guardians» et «Norova») est une image que j'ai créée autour d'un projet personnel d'histoire d'aventures fantastiques pour adultes et adolescents, qui, je l'espère, verra le jour sous forme de livre illustré dans les quelques années à venir.

不朽之山

《不朽之山》像接下来的几幅画《信使》、《巨人》、《暴风突击者》、《守护者》、《诺罗欧》一样，是我为青少年和成人创作的一系列根据个人亲生经历的冒险故事。我希望，在未来几年，它们能以插图书的形式得见天日。

Mount of the Immortals, 1998
Acrylic on canvas,
18 x 24 inches
(45.5 x 61 cm)

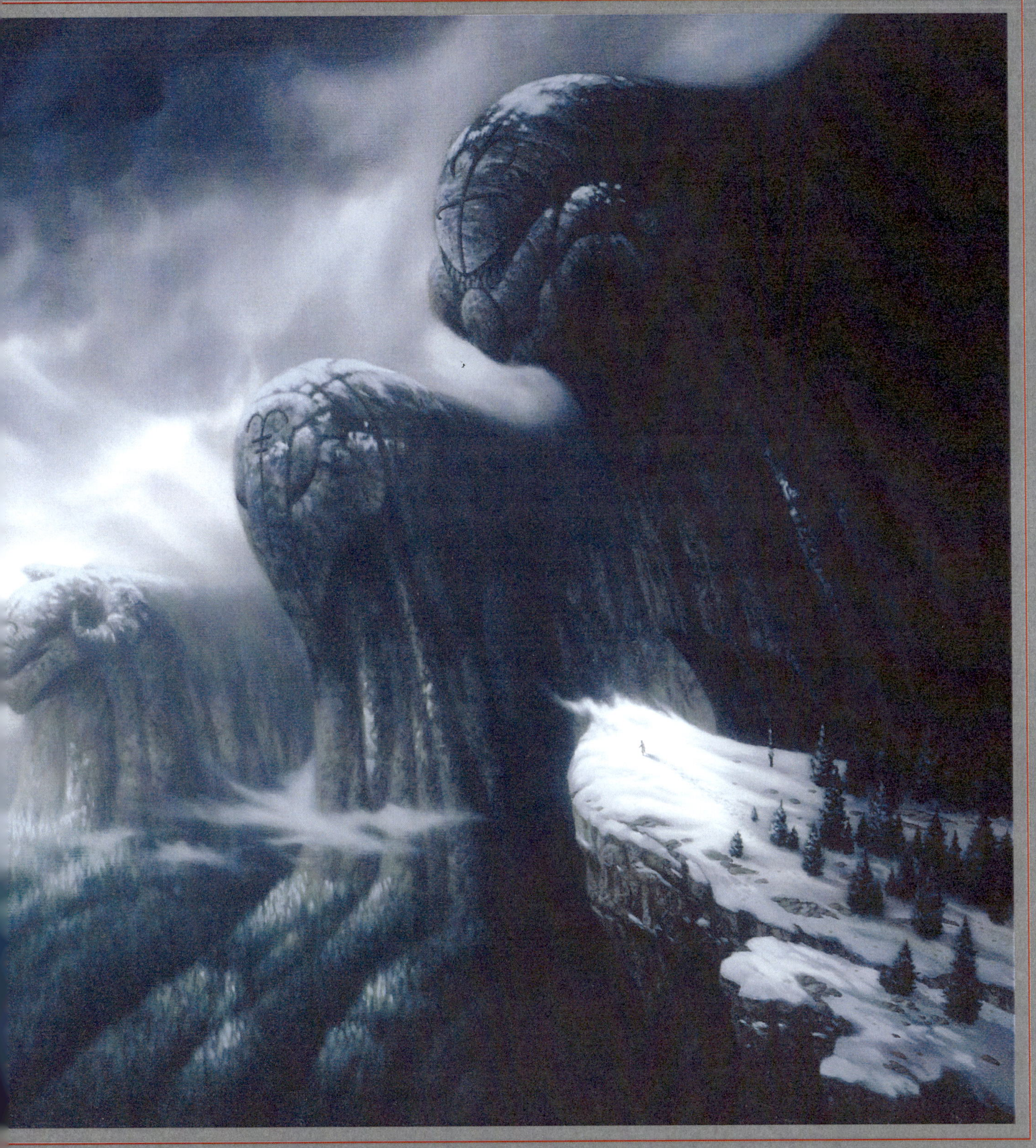

The Messengers:

My trip to the magnificent and enchanting Irish countryside in 1995 was very useful for me to gather all the photo reference images I needed to develop in this painting an atmosphere as close as possible to the one in Celtic countries from medieval Northern Europe.
This was also the first painting I sold in an art gallery in the U.S. (San Francisco).

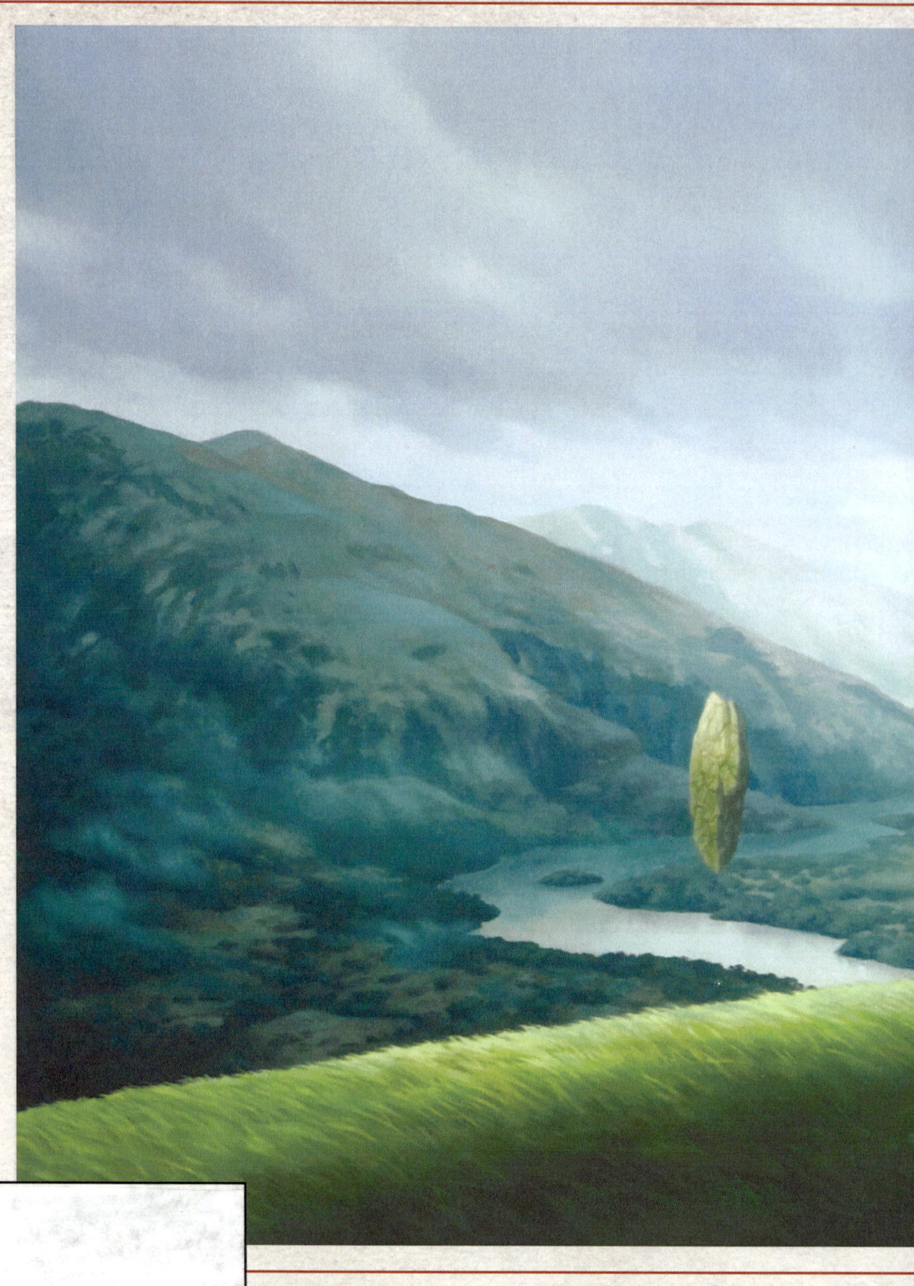

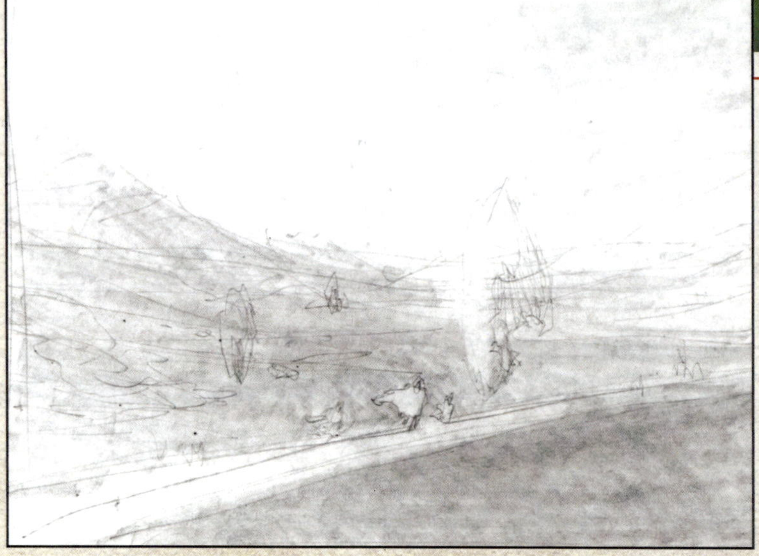

The Messengers
Preliminary sketch

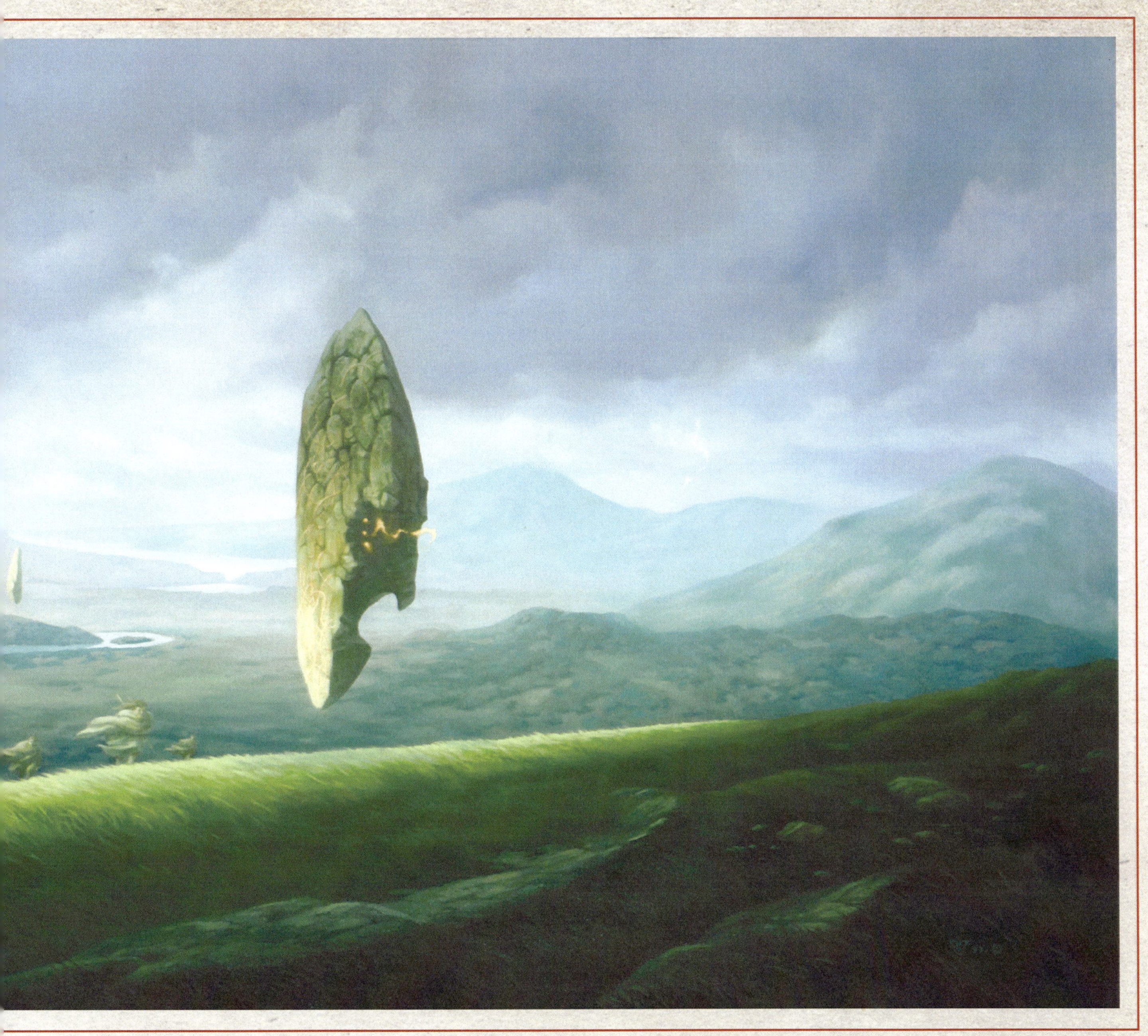

The Messengers, 1997, Oil on canvas, 24 x 50 inches (61 x 127 cm)

Mon voyage dans la magnifique et envoûtante campagne Irlandaise en 1995 me fût très utile pour rassembler toutes les références photo dont j'avais besoin pour développer dans cette peinture une atmosphère aussi proche que possible de celle des pays Celtes de l'Europe médiévale du Nord.
Cette image fût aussi la première peinture que je vendis dans une galerie d'Art aux US (à San Francisco).

信使

1995年我去壮丽迷人的爱尔兰乡村旅行,收集了所有相关的素材，这对我尽可能逼真地描绘这幅作品的中世纪北欧凯尔特人氛围非常有用。
这也是我在美国旧金山卖出的第一幅画。

The Giants:

Many people have asked me if I worked on the movie trilogy of "The Lord of the Rings," which is not the case (I sure wish I had). I had never read the books, and this painting was completed more than one year before the first of the three movies came out.

Beaucoup de gens m'ont demandé en voyant cette image si j'avais travaillé sur la trilogie des films du «Seigneur des Anneaux», ce qui n'est pas le cas (j'aurais bien sûr voulu le faire). Je n'avais jamais lu les livres en question, et cette peinture fût réalisée plus d'une année avant la sortie du premier des trois films.

巨人

很多人问我有没有参与《魔戒》三部曲的工作，我当然希望我有，但事实是没有。我从来都没有读过原著。这幅画是在《魔戒》电影第一部问世前一年多就已经完成了的。

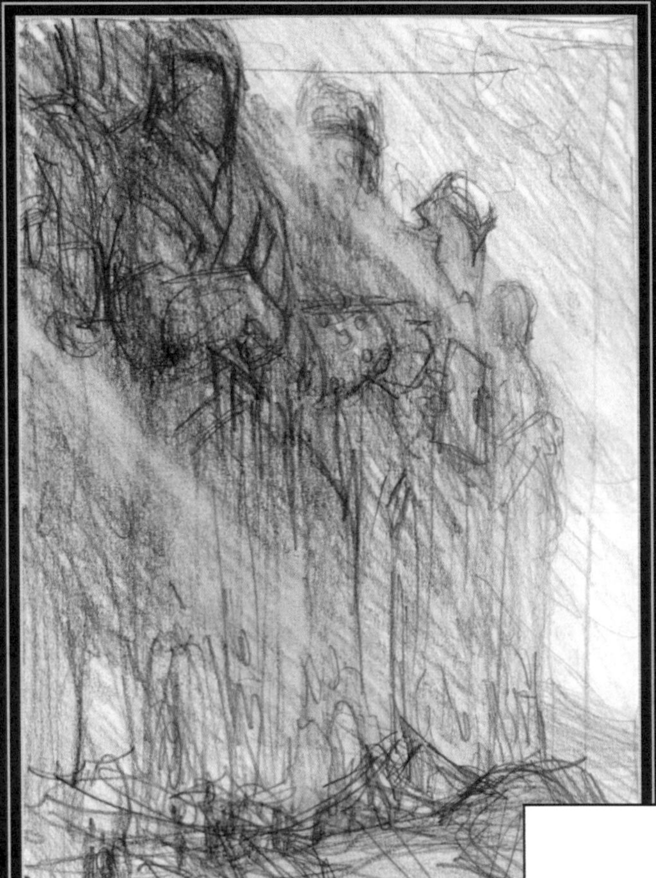

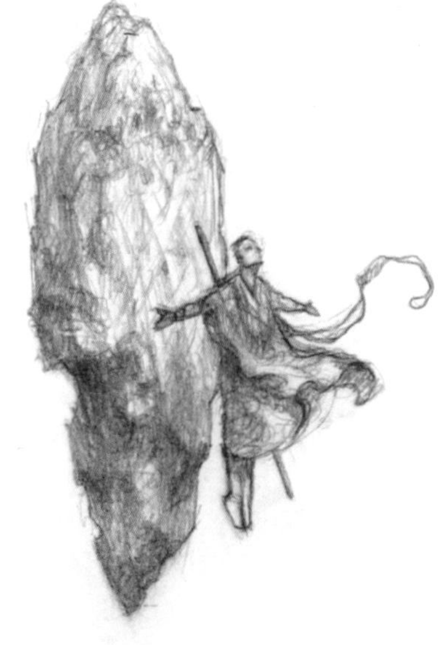

The Giants
Preliminary sketches

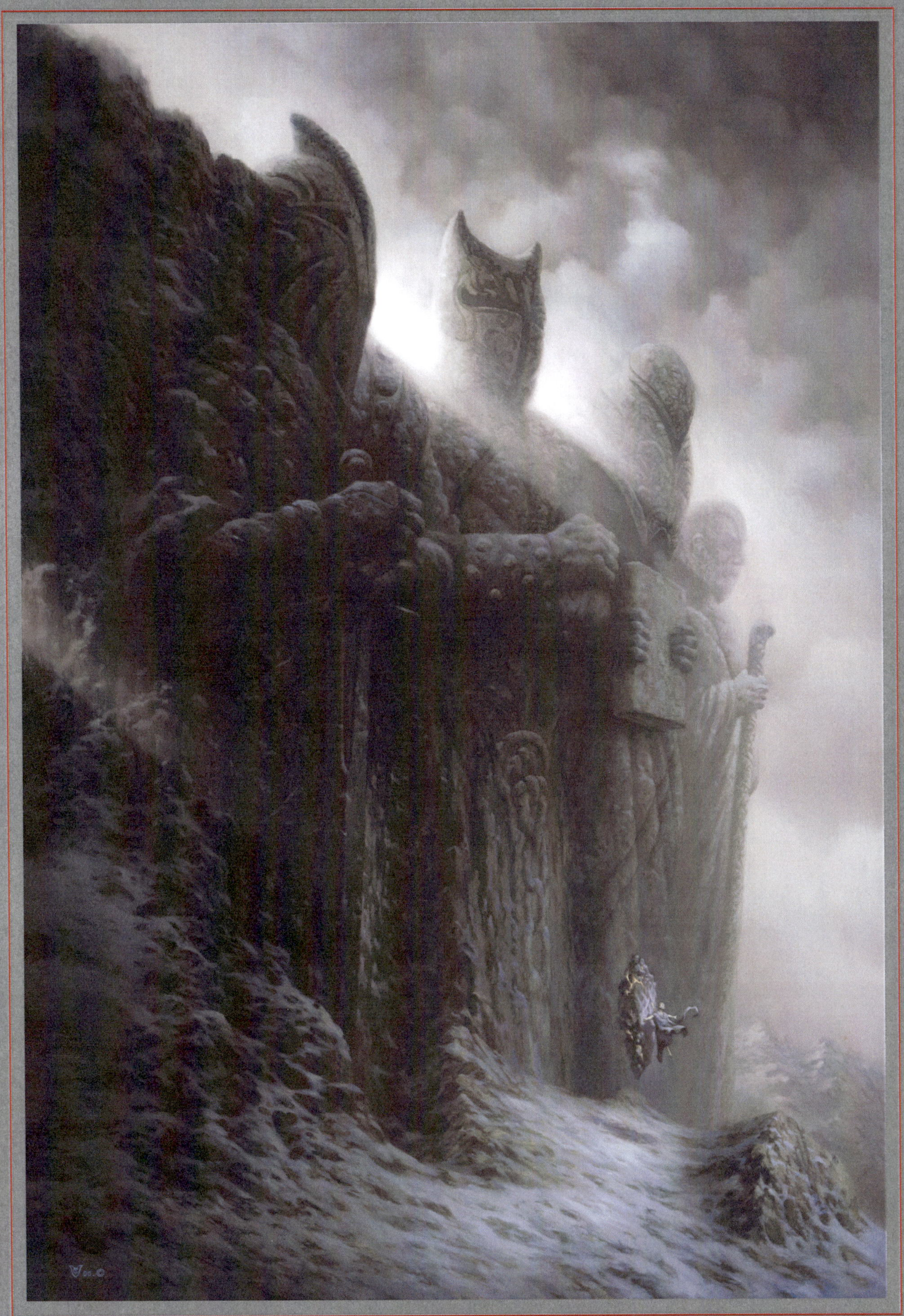

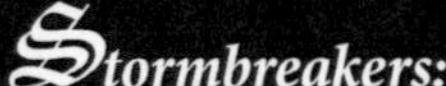

Having grown up in a region with fairly marked seasons, I developed a certain fascination for clouds—the way they reflect light; their mysterious appearance, massive and light, threatening and majestic; the way they can, on their own, create an entire landscape, change its nature and depth because of their texture, both solid and ethereal.
They are not easy to paint, and I keep trying to refine and simplify my approach.
This image was later used as the cover for several books in France and Germany.

Ayant grandi dans une région aux saisons assez marquées, je développai une certaine fascination pour les nuages—la façon dont ils reflètent la lumière, leur mystérieuse apparence, massive et légère, menaçante et majestueuse, la façon dont ils peuvent créer à eux seuls un paysage entier, en changer la nature et la profondeur grâce à leur texture à la fois solide et volatile.
Ils ne sont pas facile à peindre et je ne cesse d'essayer d'affiner et de simplifier mon approche.
Cette image fût plus tard utilisée comme couverture pour plusieurs livres en France et en Allemagne.

暴风突击者

我在四季分明的地区长大。我养成了一种对云的迷恋，我对他们反射光线的方式，对他们神秘莫测的形状，对云卷云舒，对带来好天气的云和带来坏天气的云，对他们只靠自己就能创造出整片美景，仅仅是因为他们既柔软又坚固的质地可以随意改变大小和纵深，对这一切着迷。

他们并不好画，但我一直在尝试改善和简化我的技法。

这幅画后来被用作几本德国和法国图书的封面。

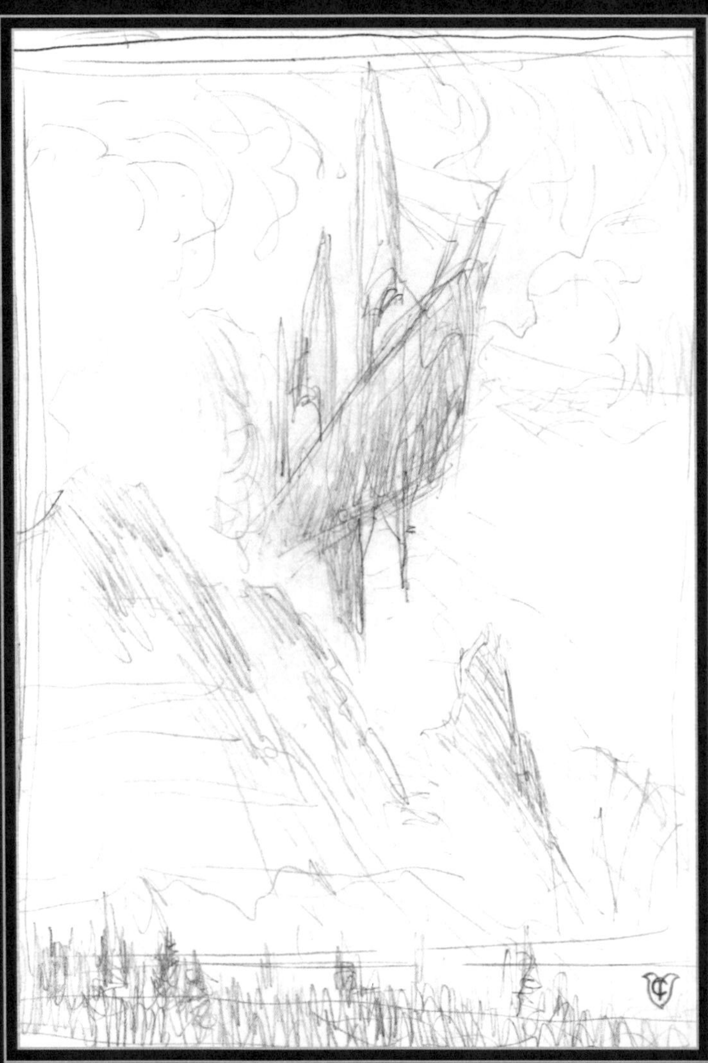

Stormbreakers, Preliminary sketch

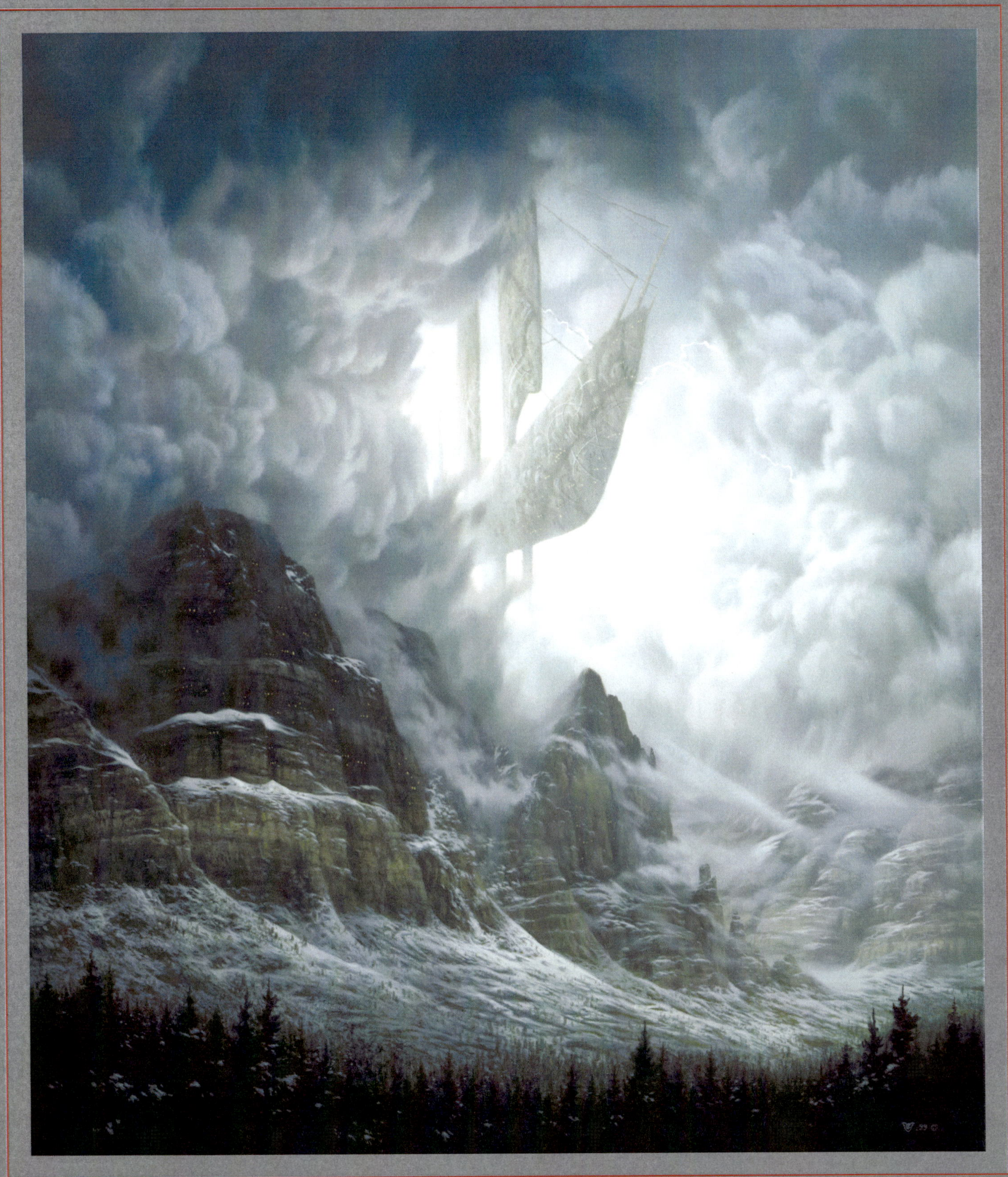

Stormbreakers, 1999, Acrylic on canvas,
20 x 24 inches (51 x 61 cm)

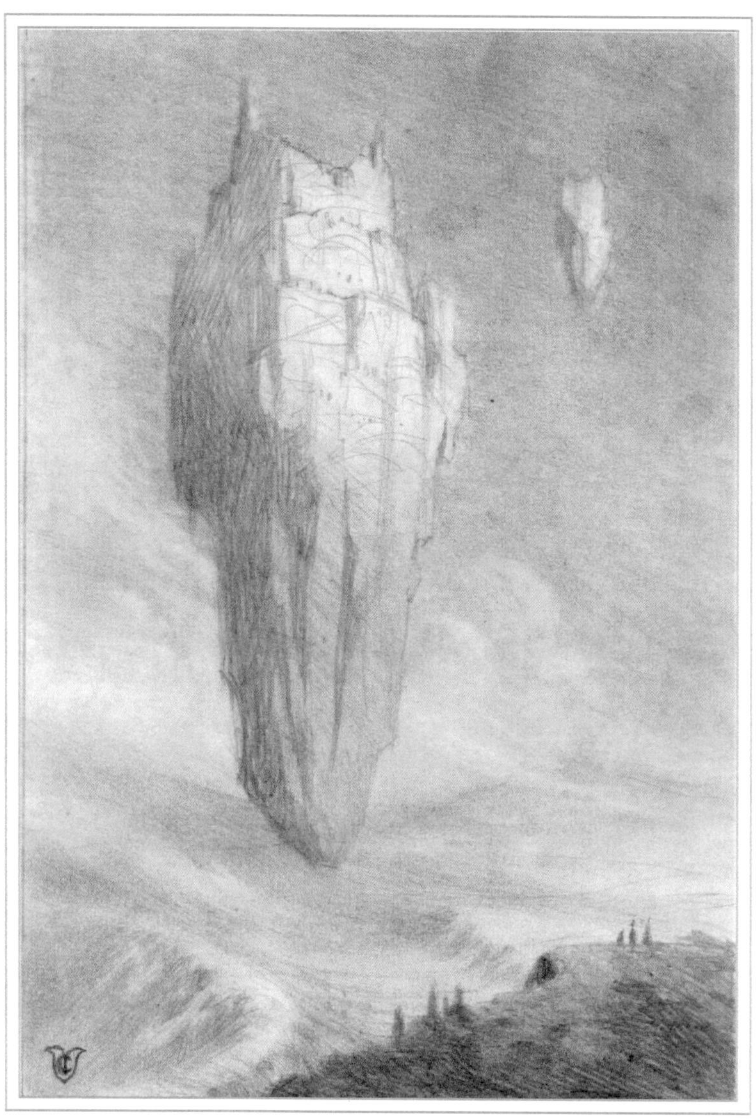

The Guardians
Preliminary sketch

The Guardians:

"The Guardians" is another image that is part of this illustrated story personal project I talk about on page 40.
Here, besides the fantastical nature of the rock defying terrestrial gravity, I wanted to integrate semi-architectural elements from the Middle Ages with a naturally formed structure.
Little by little, I was starting to take advantage of my few years of training in medieval and antique architecture.
This image was later used as an illustration for different books in Europe and the U.S.

«The Guardians» est une autre image qui fait partie de ce projet personnel d'histoire illustrée dont je parle page 40.
Ici, outre la nature fantastique du rocher défiant la gravité terrestre, je voulais intégrer des éléments moyenâgeux semi-architecturaux à une structure formée de manière naturelle.
Peu à peu, je commençais de mettre à profit mes quelques années de formation en architecture médiévale et antique.
Cette image fût plus tard utilisée comme illustration pour différents livres en Europe et aux US.

守护者

《守护者》是我在本书第40页提到过的以个人亲生经历为蓝本的插图书项目中的另一幅作品。

在这幅作品里除了对岩石违反地心引力的不切实际的幻想外，我还想融入从中世纪以来自然形成的对称建筑结构元素。

渐渐地，我开始得益于我曾经在中世纪和古典建筑领域受到的训练。

这幅作品后来分别被欧洲和美国不同的图书用作插图。

The Guardians, 1998
Acrylic on canvas,
24 x 36 inches
(61 x 91.5 cm)

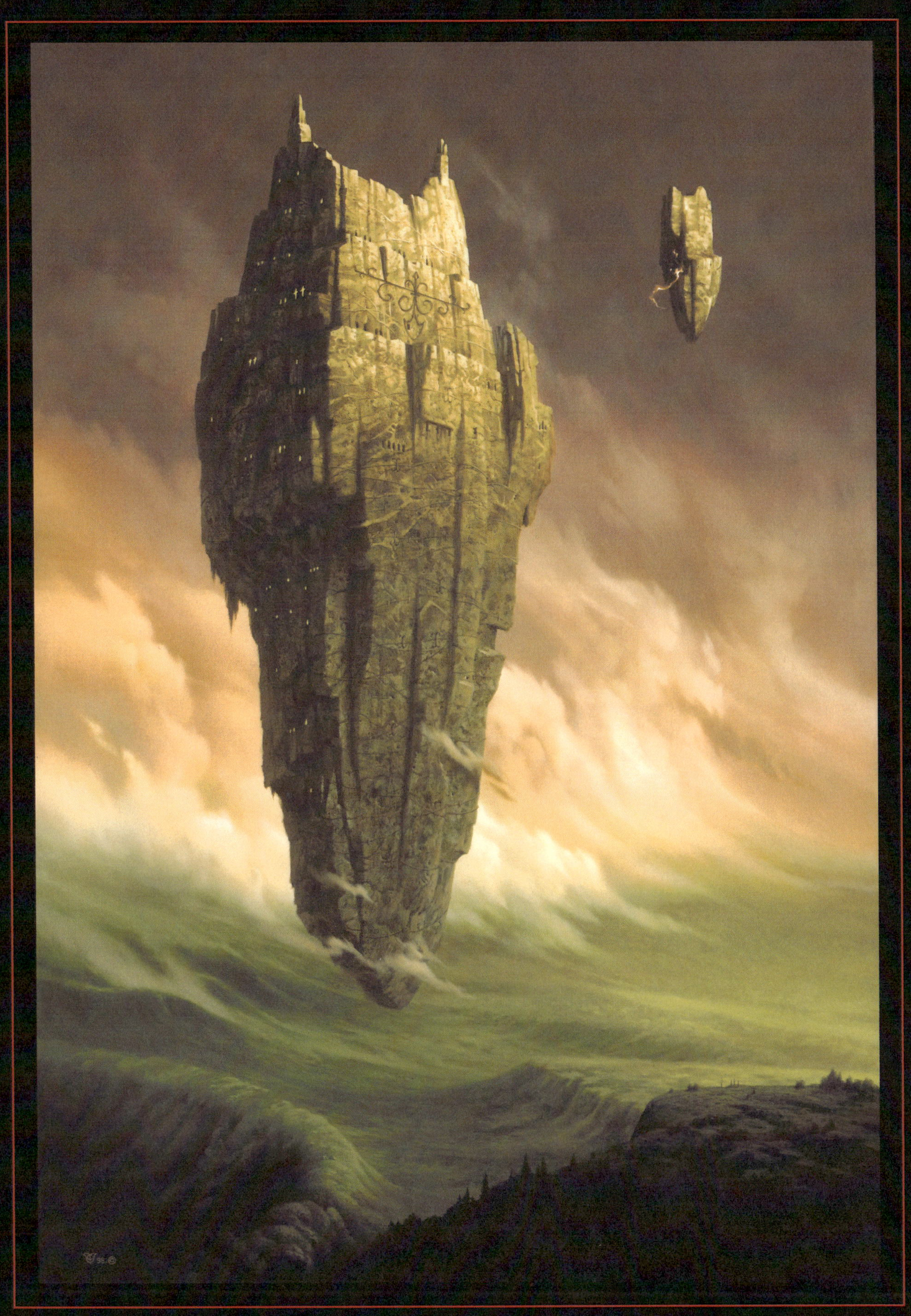

Norova:

With "Norova," I wanted to give the feeling of an absolutely gigantic city. When one establishes the monumental scale of a structure, it's very important to be able to compare it to familiar elements, like mountains, human-size cities, or better, human beings, and their distance in space. In this painting, the characters in the foreground suggesting the scale of distance and size in relation to the buildings of the town in the valley helped to visually establish the massive size of the floating city, as well.
In the first sketches, I put in place the concept, city design, and composition. I also did two small value studies to start determining the type of light I wanted.

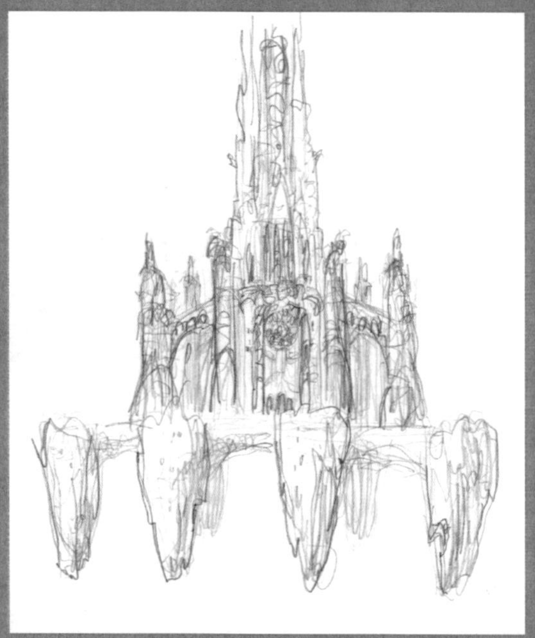

Avec «Norova», je voulais donner l'impression d'une cité absolument gigantesque. Lorsque l'on établit l'échelle monumentale d'une structure, il est très important de pouvoir la comparer à des éléments familiers, comme des montagnes, des villes à taille humaine, ou mieux, des êtres humains, et leur distance dans l'espace. Dans le cas présent, les personnages au premier plan suggérant une échelle de distance et de taille par rapport aux bâtiments de la ville dans la vallée, cette échelle permettait aussi d'établir visuellement la taille massive de la cité flottante.
Dans les premiers sketches, je mis en place le concept, le design de la cité et la composition. Je fis également deux petites études de valeurs pour commencer de déterminer le type de lumière voulu.

诺罗欧

《诺罗欧》这幅画我想给人一种这座城市是绝对庞然大物的感觉。当一个人在建一座里程碑式规模的建筑时，很重要的一点是把它与熟悉的元素一起进行比较，比如跟大山比，跟人类城市比，甚至跟人类这个群体比，他们在空间中的大小。在这幅画里，前景中的人物和山谷中的城镇在视觉上衬托出这个庞然大物在空间和距离上的规模。

在第一稿草图中，我勾勒出基本的理念，地理位置和城市式样。我还做了两个小规模的研究来决定哪种光是我想要的。

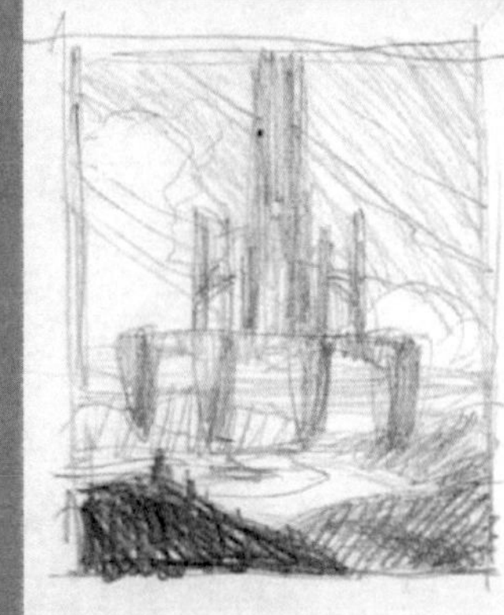

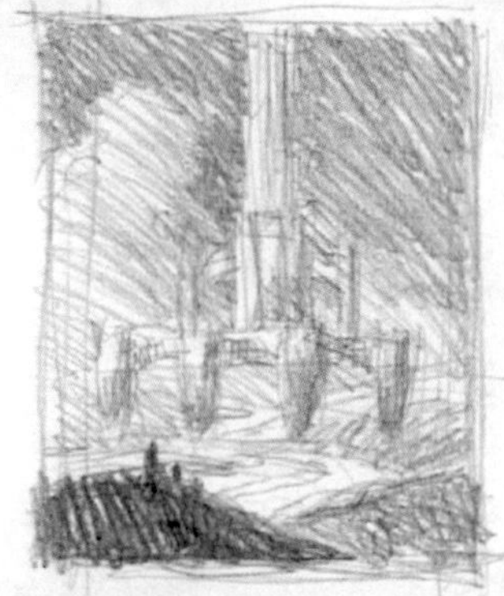

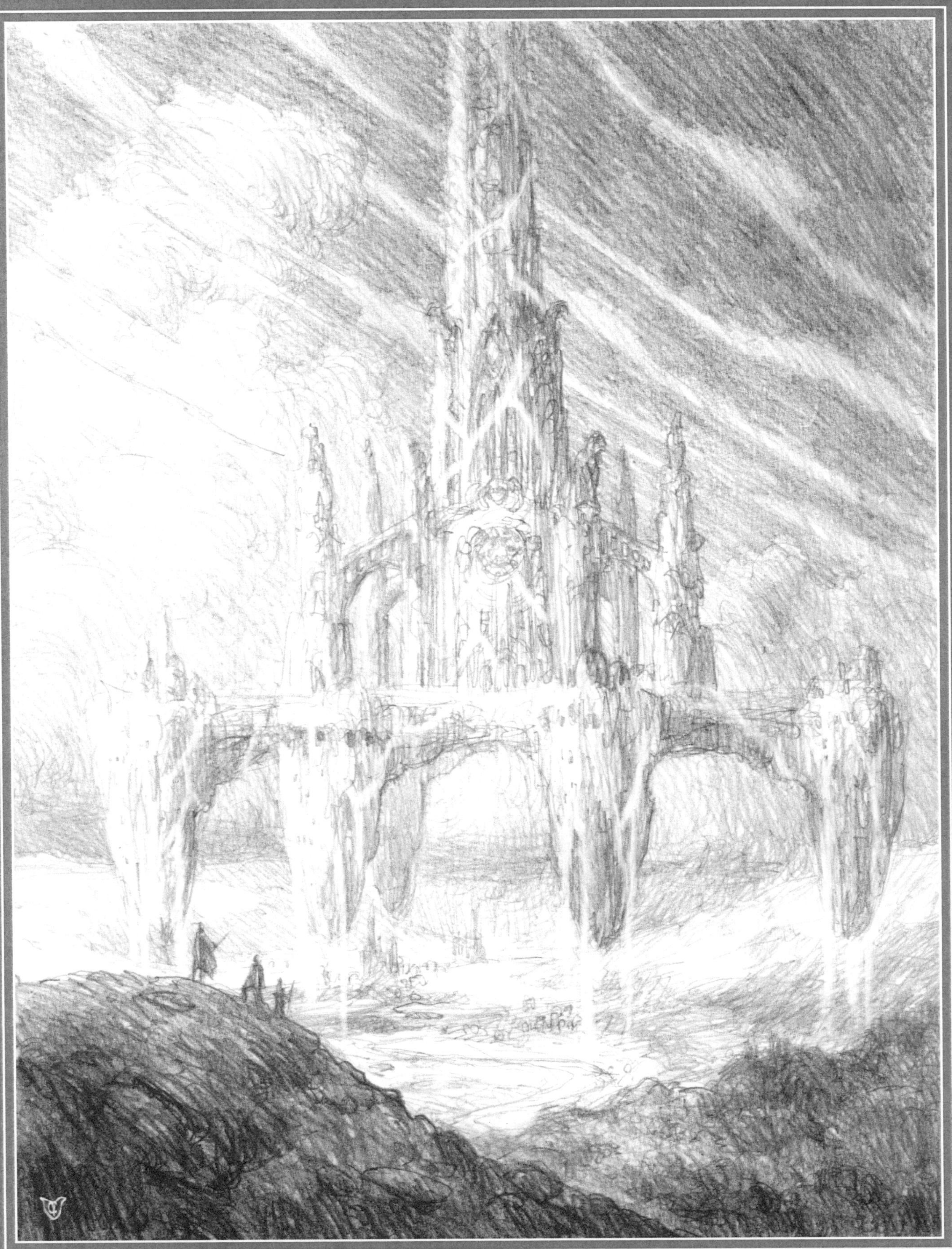

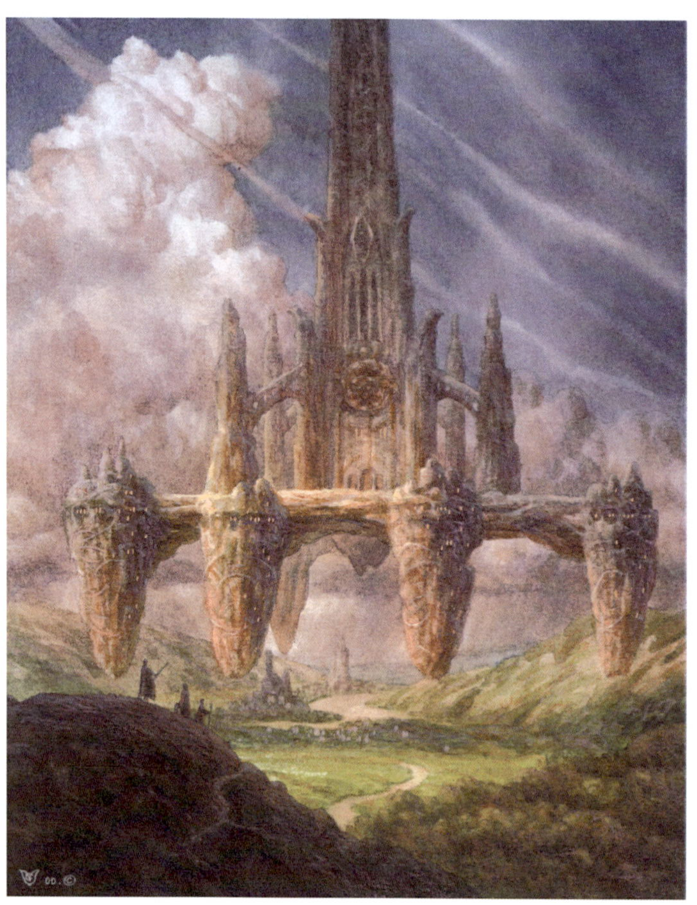

Norova, Ink on paper
7.4 x 9.5 inches (18.8 x 24.3 cm)

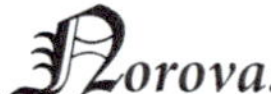

In the ink study, I put in place the colors and finalized the light. When the time came to do the complete painting on a larger surface, I again accentuated the size difference of the foreground elements (especially the characters) to give even more magnitude to the giant city's size.
This image was also used as the cover of a German novel.

Dans l'étude à l'encre, je mis en place les couleurs et finalisai la lumière. Lorsque le moment fût venu de faire la peinture complète sur une surface plus grande, j'accentuai de nouveau la différence de taille des éléments au premier plan (en particulier les personnages), pour donner encore plus d'ampleur à la taille de la cité géante. Cette image fût aussi utilisée comme couverture pour un roman Allemand.

诺罗欧

在上色过程中，我在需要的地方加上色彩，并最终确定光线。当需要在更大的表面上完成画作时，我依然突出前景元素，尤其是人物，以此来衬托出这个庞然大物的尺寸。

此画也被用作一本德国小说的封面。

Norova, 2001
Oil on canvas, 30 x 40 inches
(76 x 101 cm)

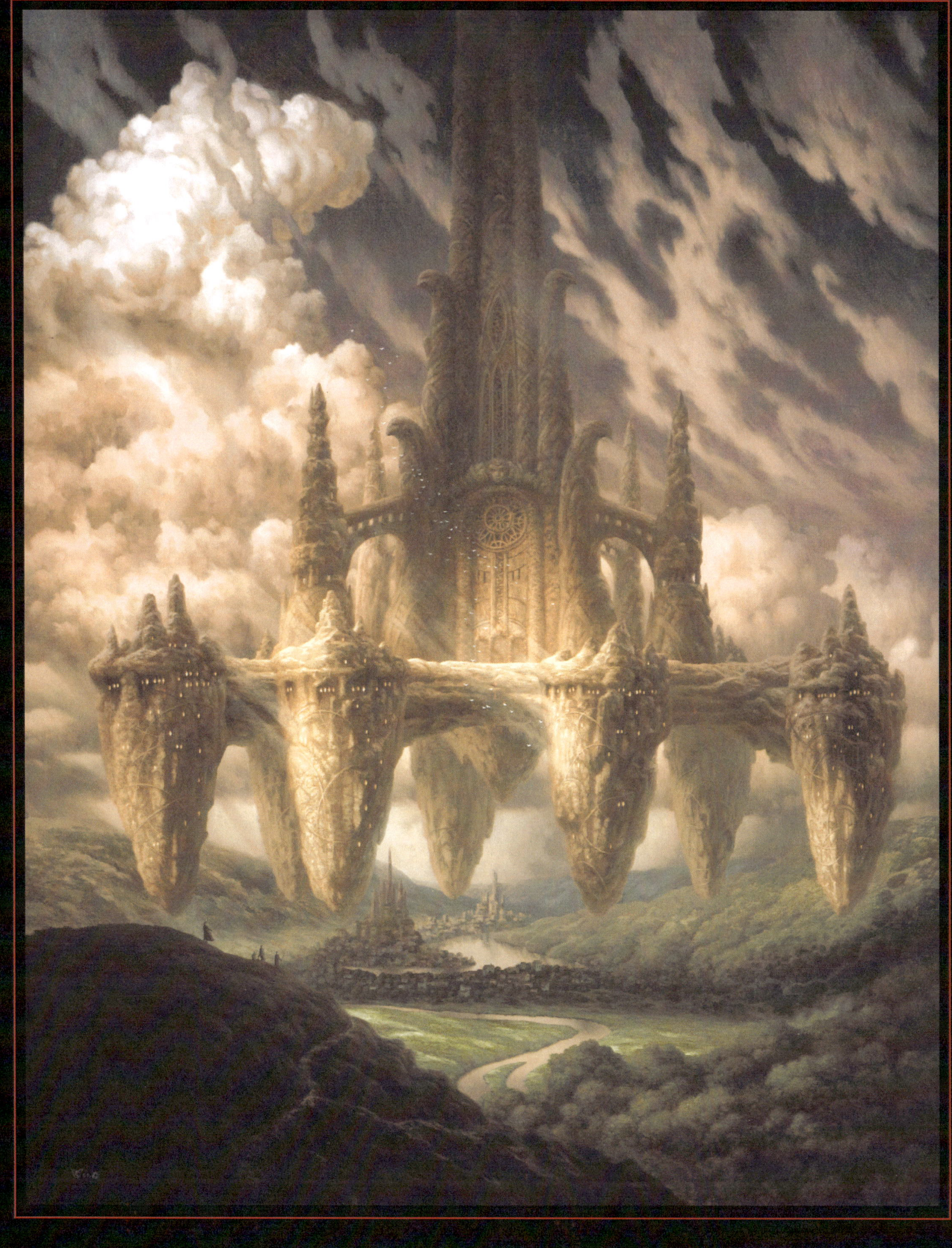

Automne:

"Automne" was giving me the opportunity to study Celtic medieval ornaments. Of course, coming from a region Celtic in its origins (Gaul), I knew some aspects of Celtic design, but Irish ornaments and Gallic ornaments differ considerably, and I was particularly interested in the complexity of Irish ornaments. I wanted to integrate them in a quite theatrical and mysterious environment, relatively primitive, where light was playing a preponderant role and was enhancing the feminine figure. I liked the idea of contrasting the rough texture of the background with the lightness and delicacy of the woman's dress.
"Automne" was also the first image that was going to give birth to a series of drawings and paintings with more romantic themes, thus enabling me to explore more in depth drapery and its interaction with light.
This image was used as the cover for several books, CDs, and magazines in the U.S. and Europe.

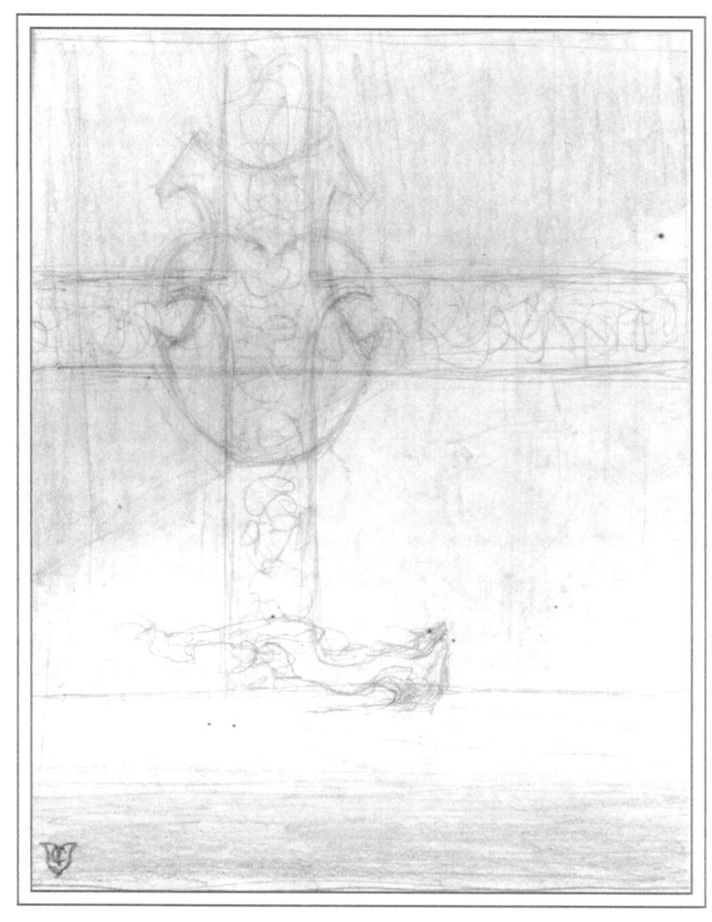

Automne, Preliminary sketch

«Automne» me donnais l'opportunité d'étudier les ornements Moyenâgeux Celtes. Bien sûr, venant d'une région Celte à l'origine (la Gaule), je connaissais certains aspects du design Celte, mais les ornements Irlandais et Gaulois diffèrent considérablement, et la complexité des ornements Irlandais m'intéressait particulièrement. Je voulais les intégrer dans un environnement assez théâtral et mystérieux, relativement primitif, où la lumière jouait un rôle prépondérant et mettait en valeur la figure féminine. J'aimais l'idée de mettre en contraste la texture rugueuse du décor avec la légèreté et la délicatesse de la robe de la femme.
«Automne» était aussi la première image qui allait donner naissance à une série de dessins et peintures à thèmes plus romantique, me permettant ainsi d'explorer plus en profondeur les drapés et leur interaction avec la lumière.
Cette image fût utilisée comme couverture pour plusieurs livres, CDs et magazines aux US et en Europe.

秋

《秋》给了我学习凯尔特人中世纪装饰艺术的机会。当然对于一个像我这样来自高卢地区，凯尔特人起源地方的人来说，我知道凯尔特设计的某些方面，但爱尔兰装饰跟高卢装饰很不同。我对爱尔兰复杂的装饰尤其感兴趣。我想把他们融入到一个相当神秘，相对原始和戏剧性的环境里，在那里光线将起加强女性形象的主导作用。

我喜欢把质地粗燥的背景和女性细腻柔软的衣物作对比。
《秋》也是我一系列浪漫主题绘画作品中的第一幅，从此让我更深入的探索布料和光线的交互作用。

这幅作品后来分别被欧洲和美国不同的图书，CD，杂志用作封面。

Automne, 1997
Oil on canvas, 30 x 40 inches
(76 x 101 cm)

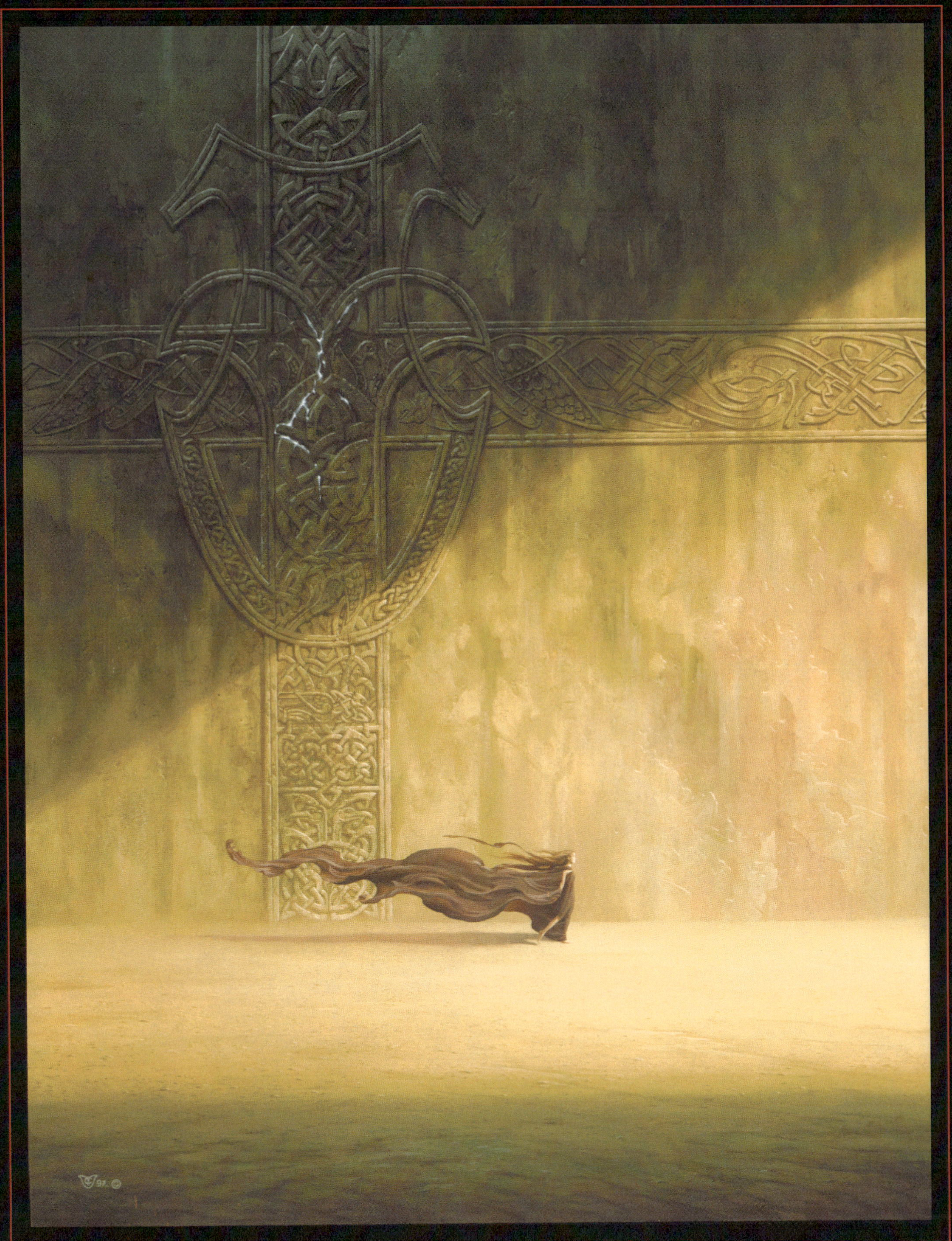

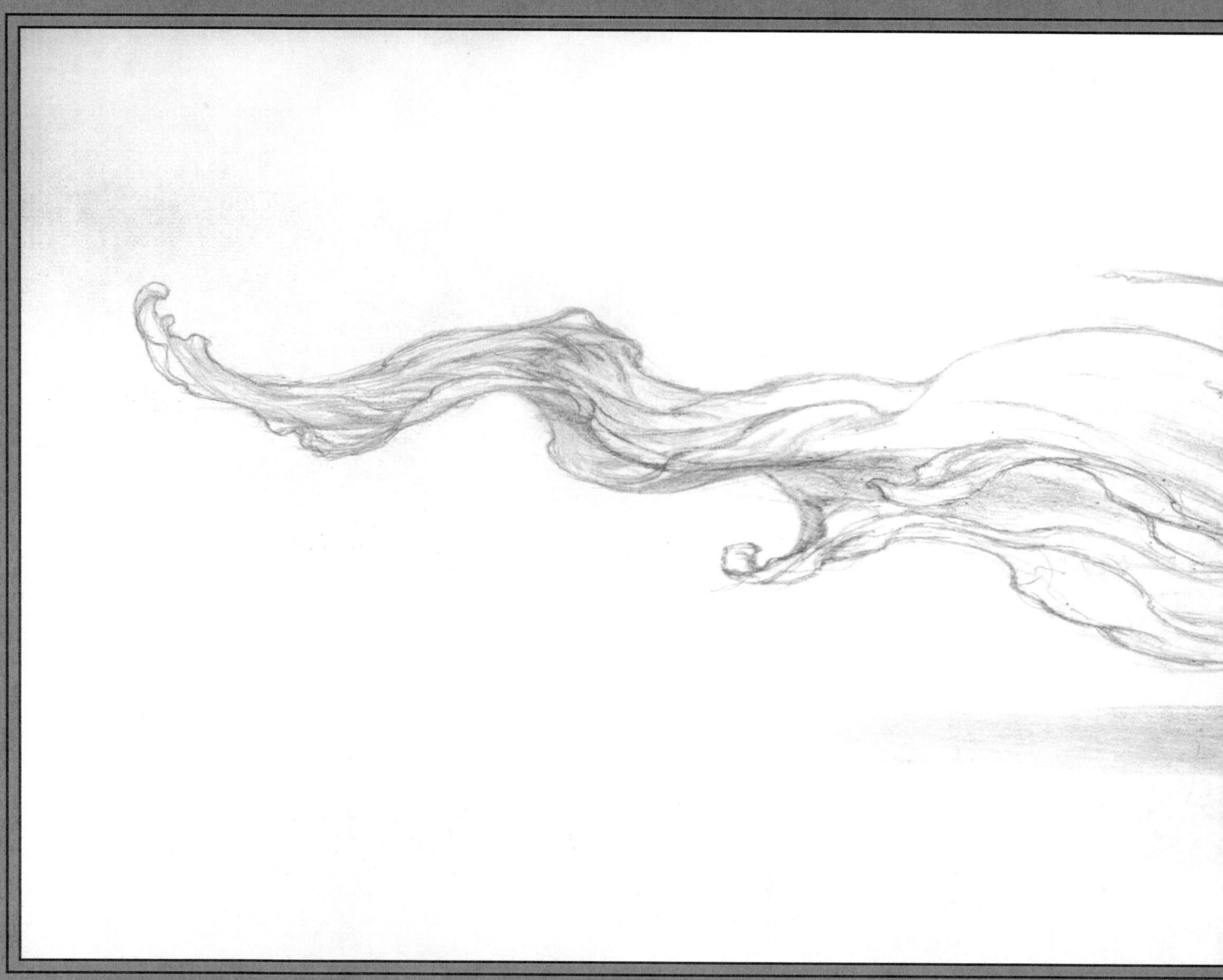

Despite the proportionally small size of the woman in the painting, I wanted to take time to give the veils of her dress a design both delicate and majestic, a dark texture, yet soft and slightly transparent.

Malgré la taille proportionnellement petite de la femme dans la peinture, je voulais prendre le temps de donner aux voiles de sa robe un design à la fois délicat et majestueux, une texture sombre, mais souple et légèrement transparente.

尽管画中的女子比较小，我还是想花时间把她的礼服设计得既精致又大气磅礴，黑色的材质，柔软而略微透明。

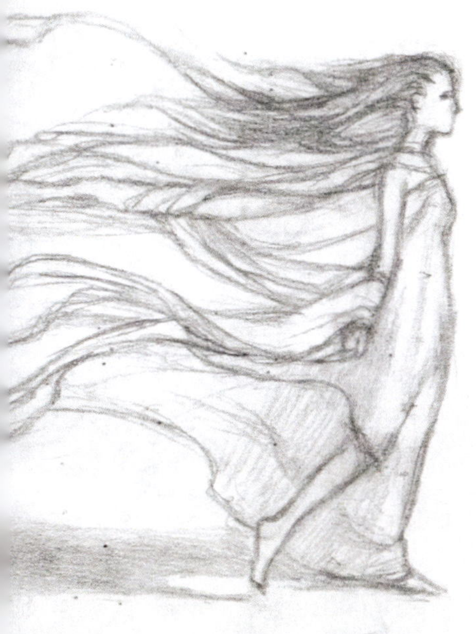

Automne, Character sketch

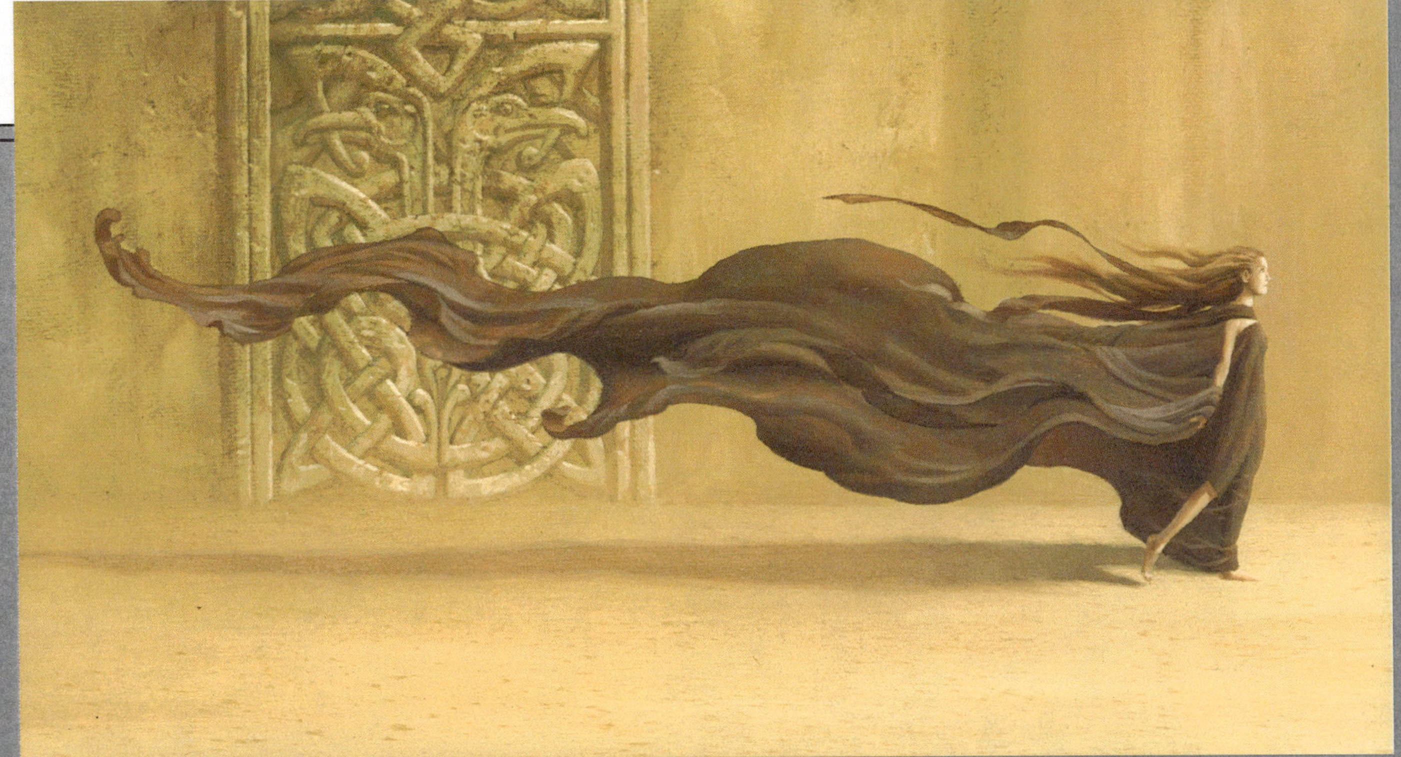

Automne, Detail

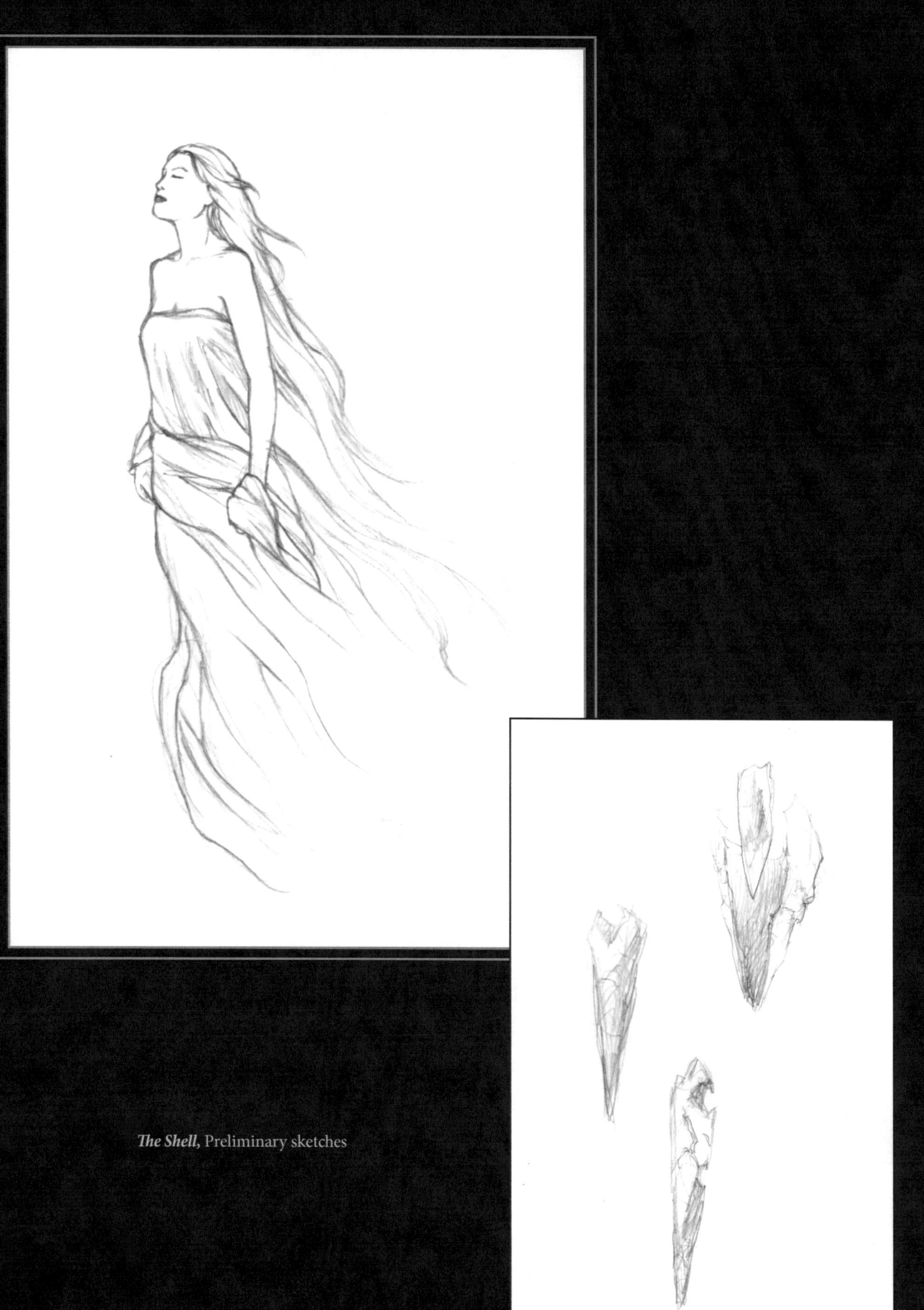

The Shell, Preliminary sketches

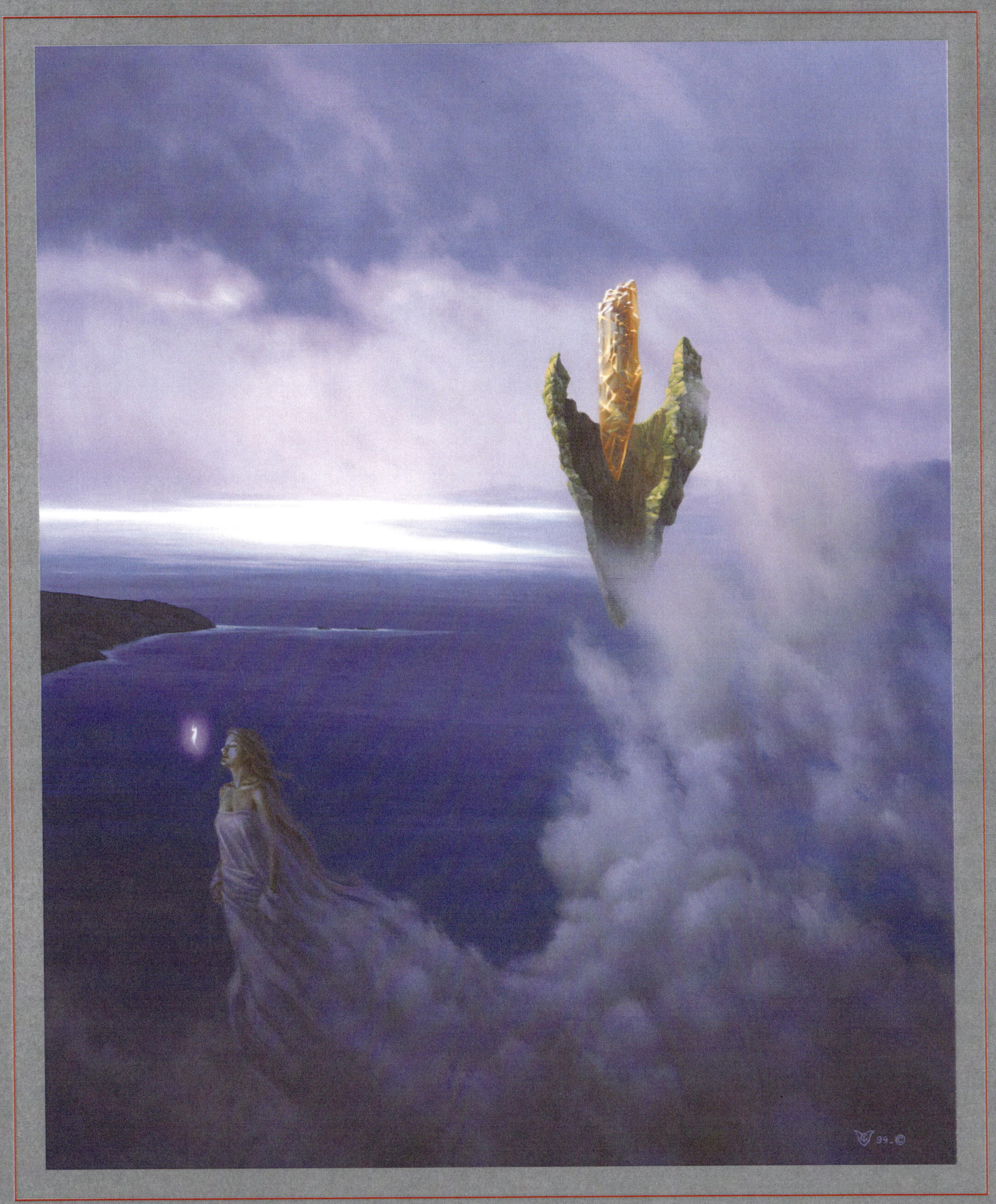

The Shell, 1999, Acrylic and oil on canvas
16 x 20 inches (40.5 x 51 cm)

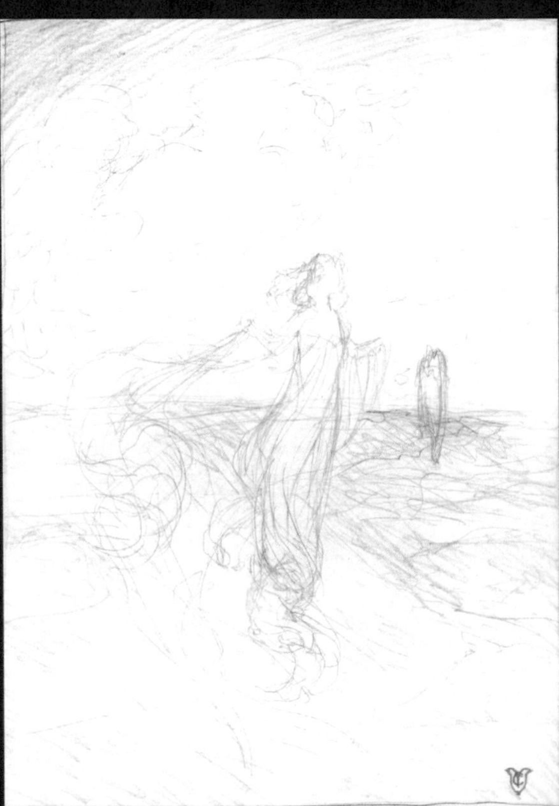

Mistress of the Winds, Preliminary sketch

Mistress of the Winds:

I did "Mistress of the Winds" in the context of the series of fantastical images with a more romantic theme.
But I think that, somehow, I also was trying to reconnect with the landscapes of my native Auvergne.
A few months later, the image was selected to be the cover of the annual book "Spectrum," which was celebrating its tenth anniversary.
Since then, it also has served as an illustration for several books and magazines in the U.S. and Europe.

Je fis «Mistress of the Winds» dans le cadre de la série d'images fantastiques à thème plutôt romantique.
Mais je crois que, quelque part, je cherchais aussi a renouer avec les paysages de mon Auvergne natale.
Quelques mois plus tard, l'image fût sélectionnée pour être la couverture du livre annuel «Spectrum» qui célébrait son dixième anniversaire.
Depuis, elle a également servi d'illustration pour plusieurs livres et magazines aux US et en Europe.

风之情人

《风之情人》是我为一系列梦幻般的浪漫主题创作的一幅作品。

但我认为不经意间，我也企图和我土生土长的家乡奥弗涅的景观联系起来。

几个月后，这幅作品被选为《年鉴》杂志十周年的封面。

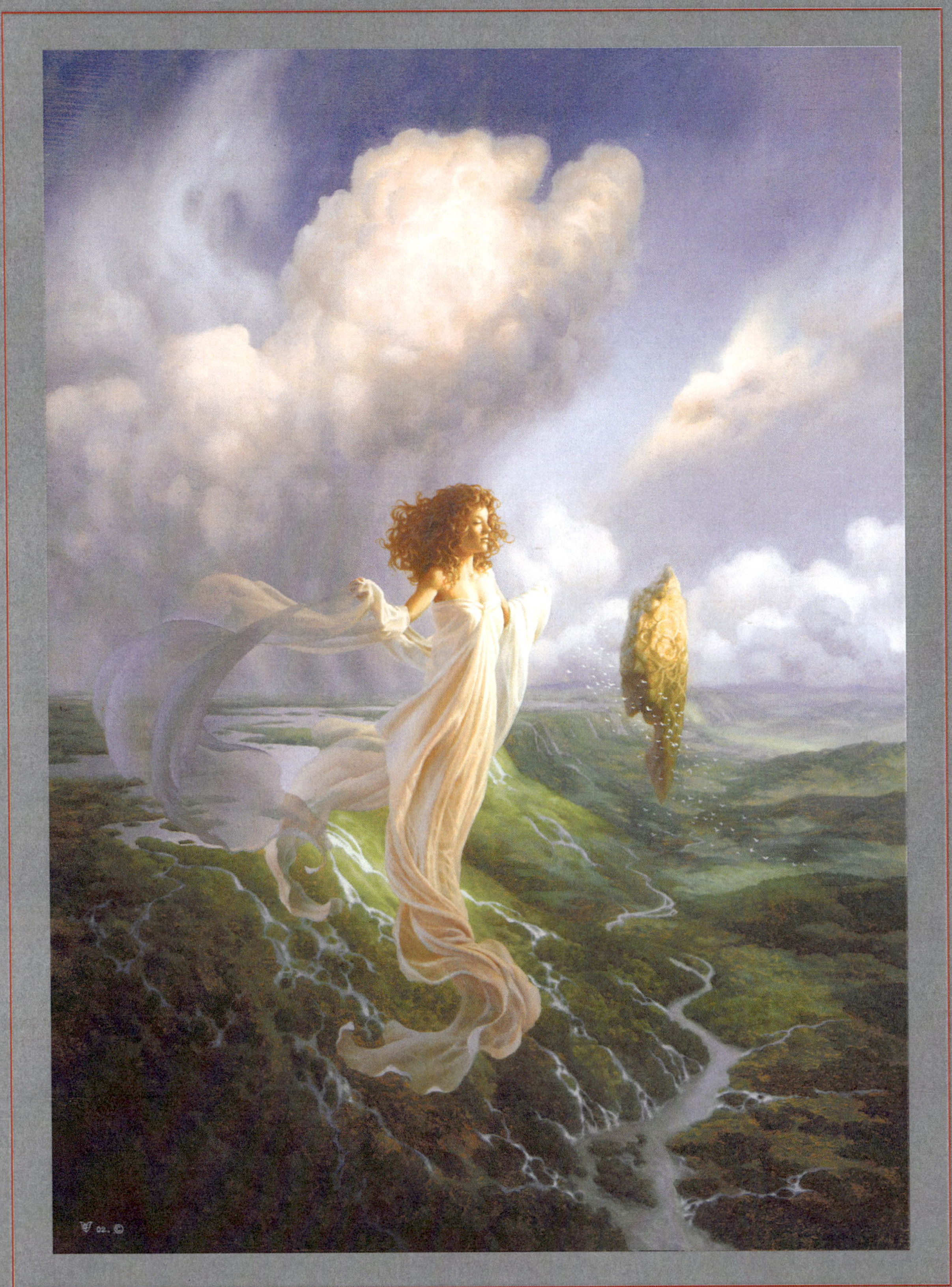

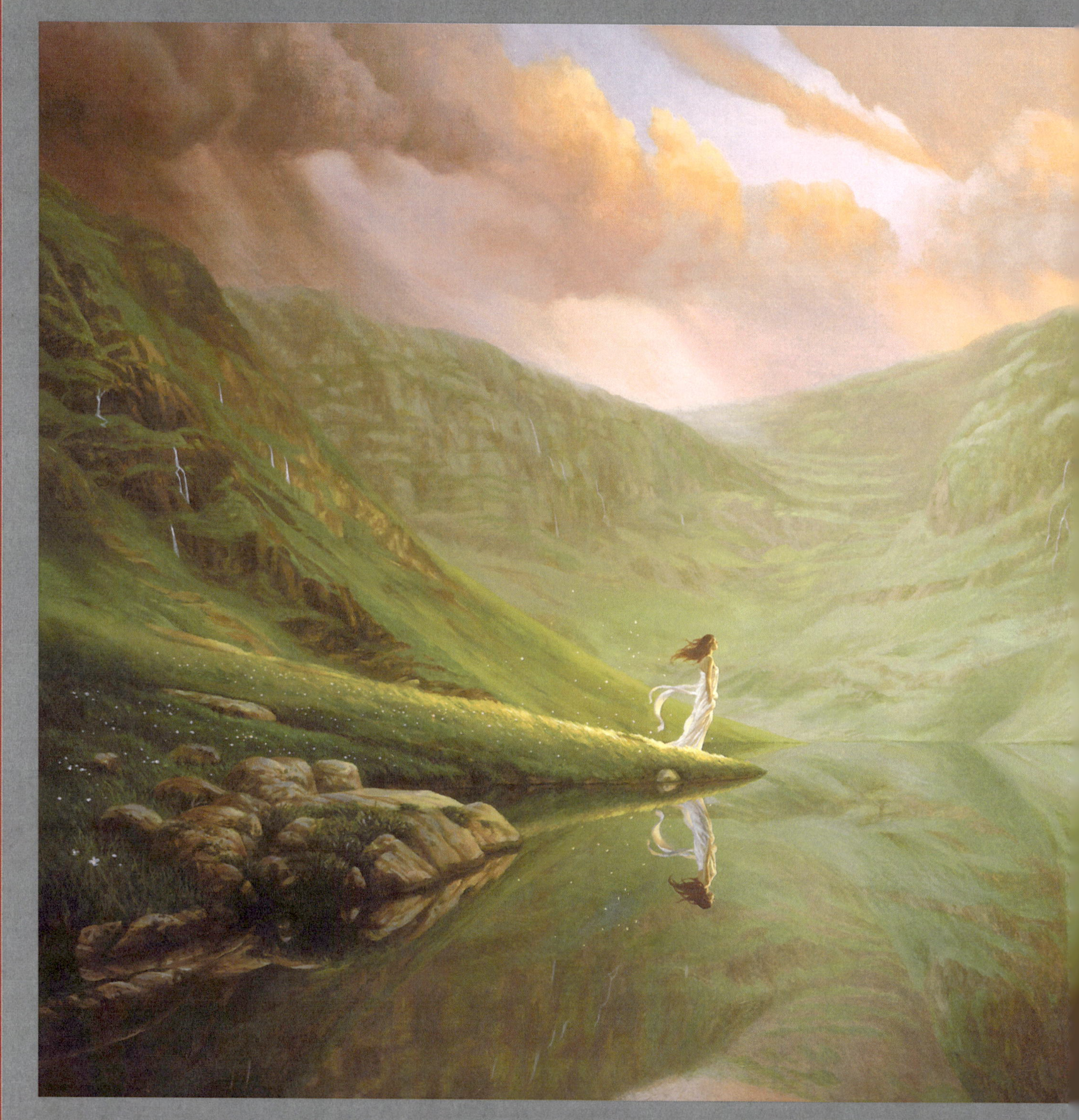

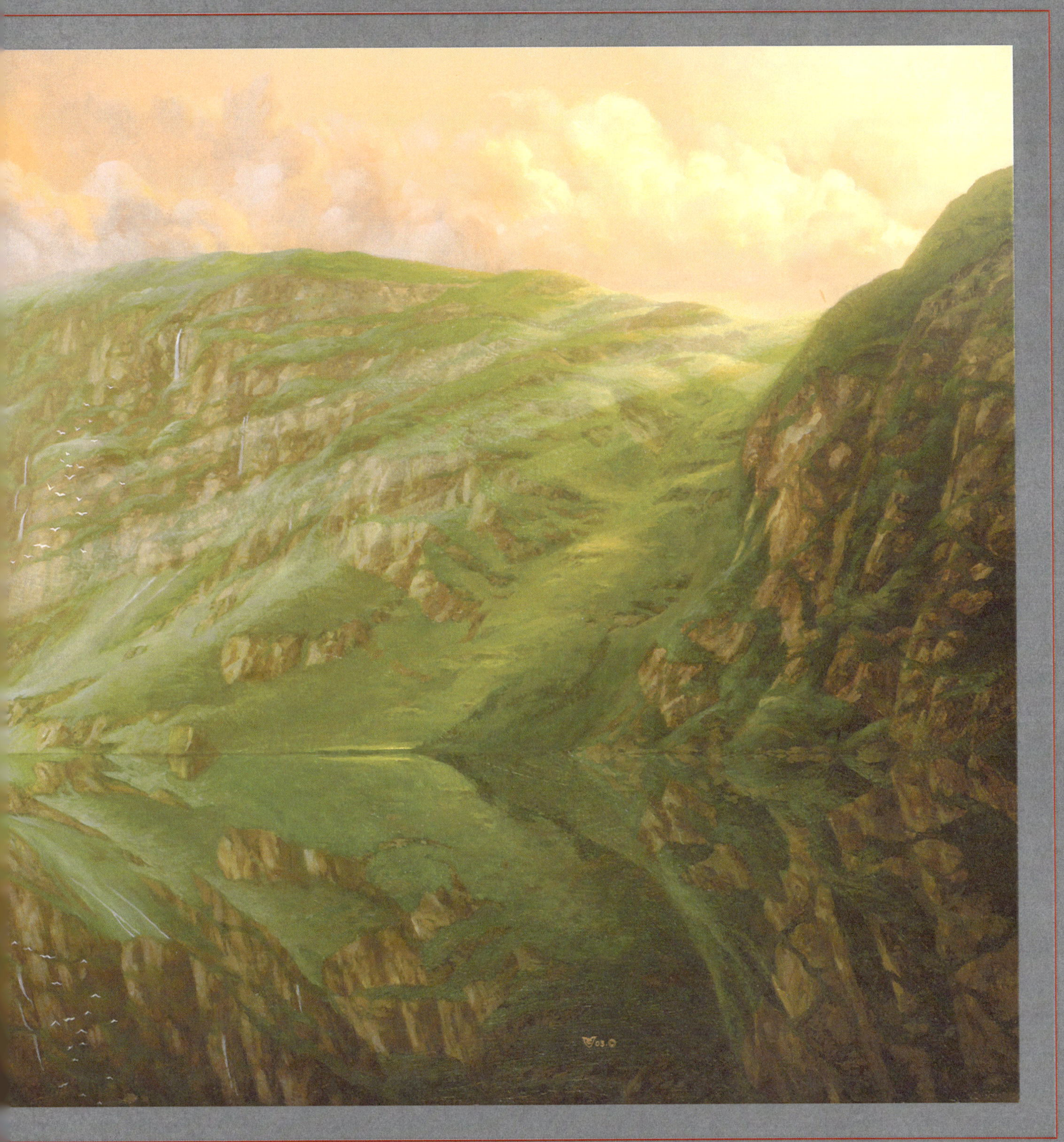

Vision at the Lake, 2003, Oil on canvas, 24 x 48 inches (61 x 122 cm)

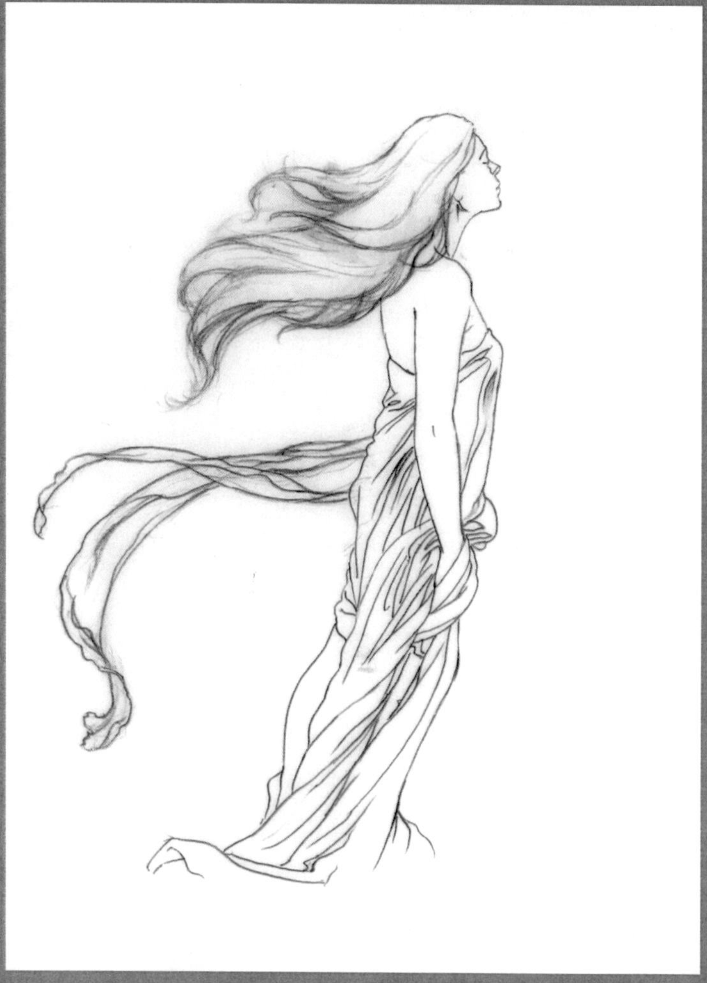

Vision at the Lake:

For "Vision at the Lake," I once more used the photographic reference images I had taken in Ireland in 1995. Again, the drapery of the woman's clothing was very important, as small as she might be, particularly here because most direction lines and the main light in the image send the viewer's eye toward the central character. This image was used as a cover for a German novel.

Pour «Vision at the Lake», je me servis de nouveau de mes références photographiques prises en Irlande en 1995. Une fois encore, le drapé de la robe de la femme était très important, aussi petite fût-elle, particulièrement ici, car la majeure partie des lignes directrices et la lumière principale dans l'image renvoient l'oeil du spectateur vers le personnage central.
Cette image fût utilisée comme couverture pour un roman Allemand.

在水一方

在《在水一方》这幅画中，我再次参考了我1995年爱尔兰之旅的照片。
同样，尽管女主人公的衣服可能微不足道，但依然很重要。在这幅画里，主要是因为大多数的光线和视角把观者的眼睛引向画中央女主人公站着的地方。
此画后来被用作一本德国小说的封面。

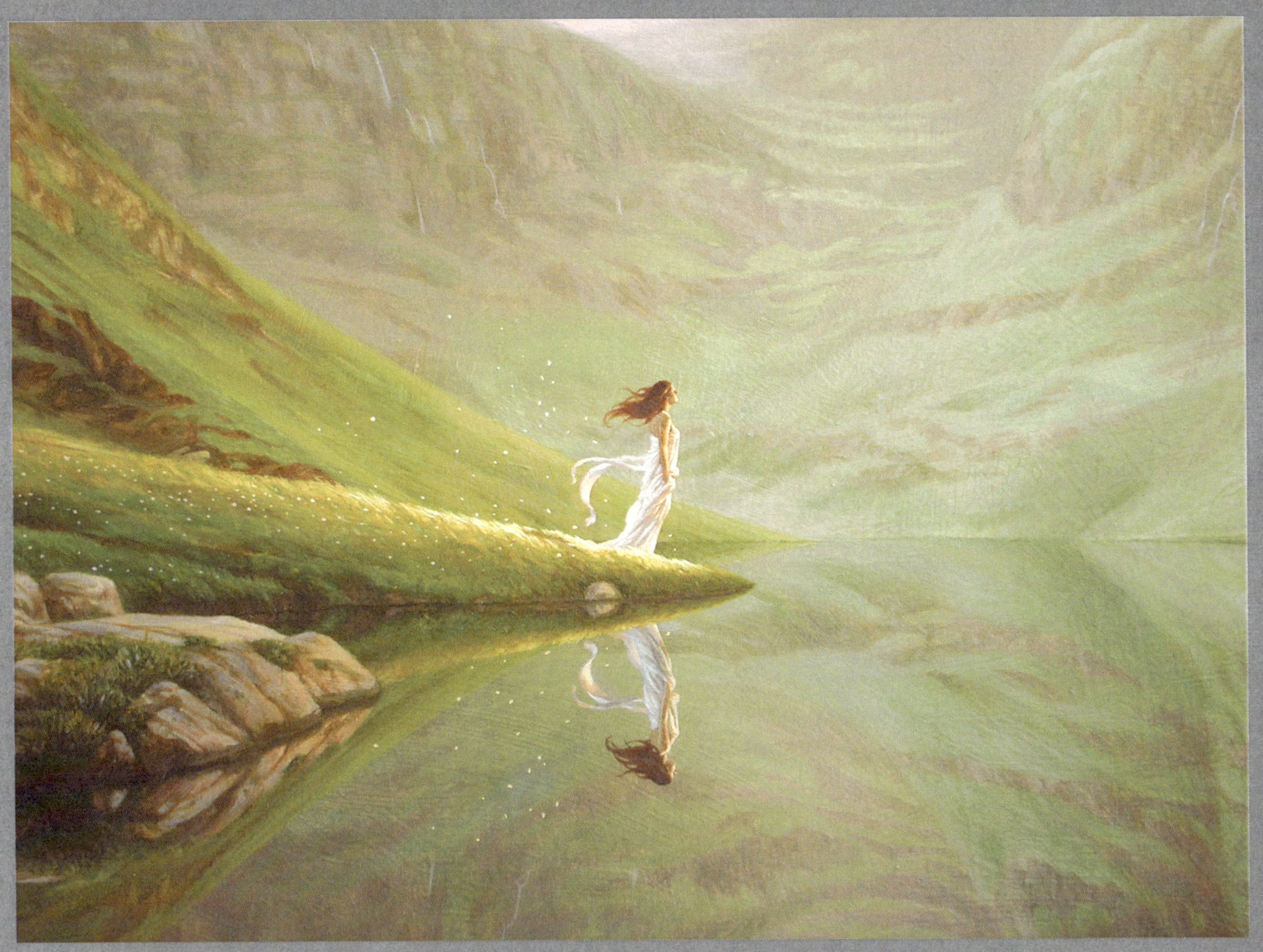

Vision at the Lake, Detail

Resting:

Well before working with oil or acrylic paint, I wanted to be a comic book artist, which had pushed me to use color inks and watercolor for several years.
I like to come back to this kind of material, which I find, in a general way, easier to use than oil or acrylic, and a bit faster, as well.
"Resting" also allowed me to explore drapery and Celtic ornaments some more.

Bien avant de travailler à la peinture à l'huile ou à l'acrylique, je voulais être dessinateur de bandes-dessinées, ce qui m'avait poussé à utiliser les encres de couleurs et l'aquarelle pendant plusieurs années.
J'aime revenir à ce type de matériaux, que je trouve, d'une manière générale, plus facile d'utilisation que l'huile ou l'acrylique, et également un peu plus rapide.
«Resting» me permettait aussi d'explorer d'avantage le drapé et les ornements Celtes.

憩

在画油画和丙烯画之前,我曾想成为漫画家,这使我花了几年时间用水彩和墨水作画.

我喜欢重新回到水彩,我觉得总体而言,这比油画和丙烯画更简便快捷。

《憩》这幅画还让我进一步探索褶皱和凯尔特装饰。

Resting, 2002
Watercolor on paper
12 x 16 inches
(30.5 x 40.5 cm)

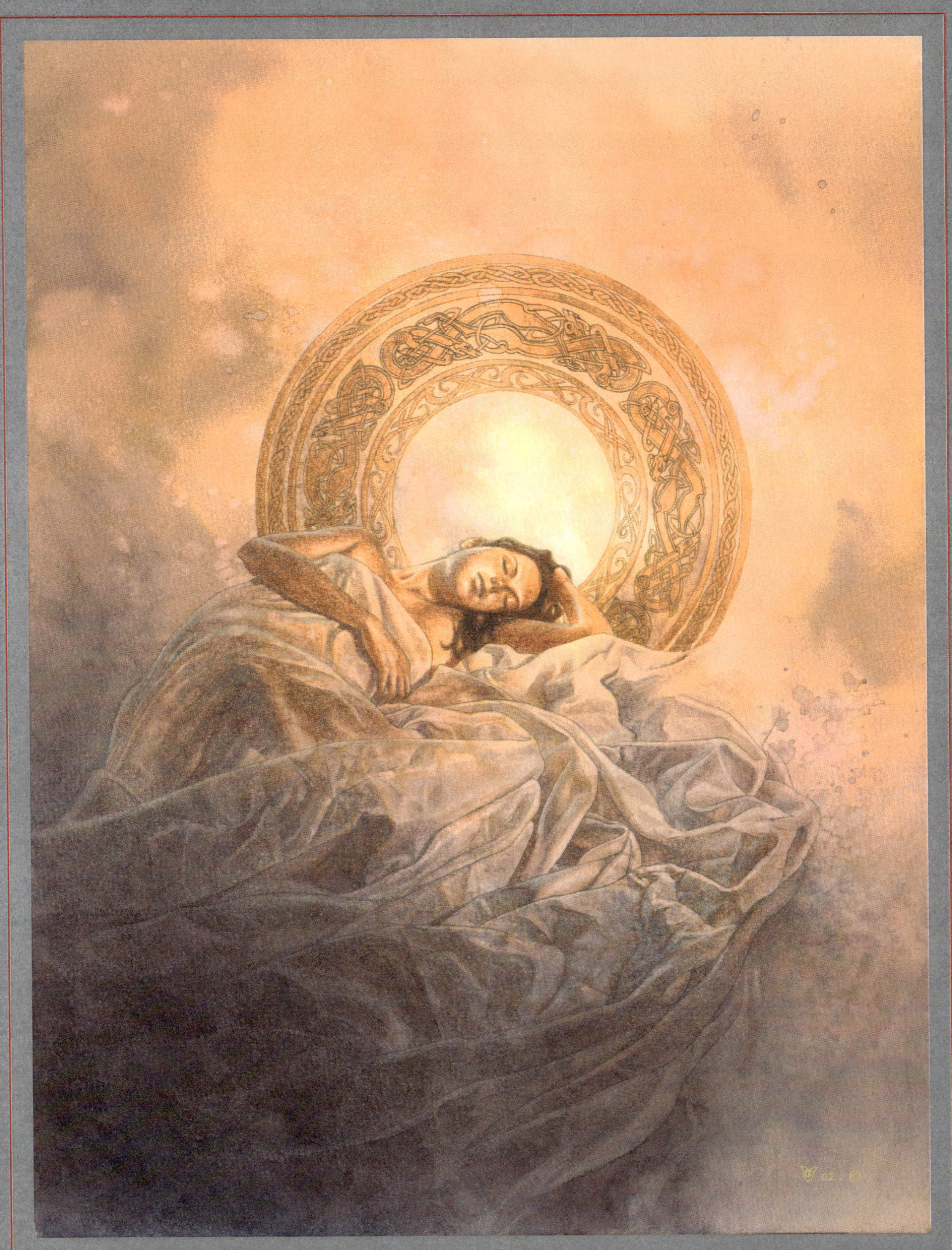

Endless Dreamt, 2002
Oil on canvas, 18 x 24 inches
(45.5 x 61 cm)

无尽的梦

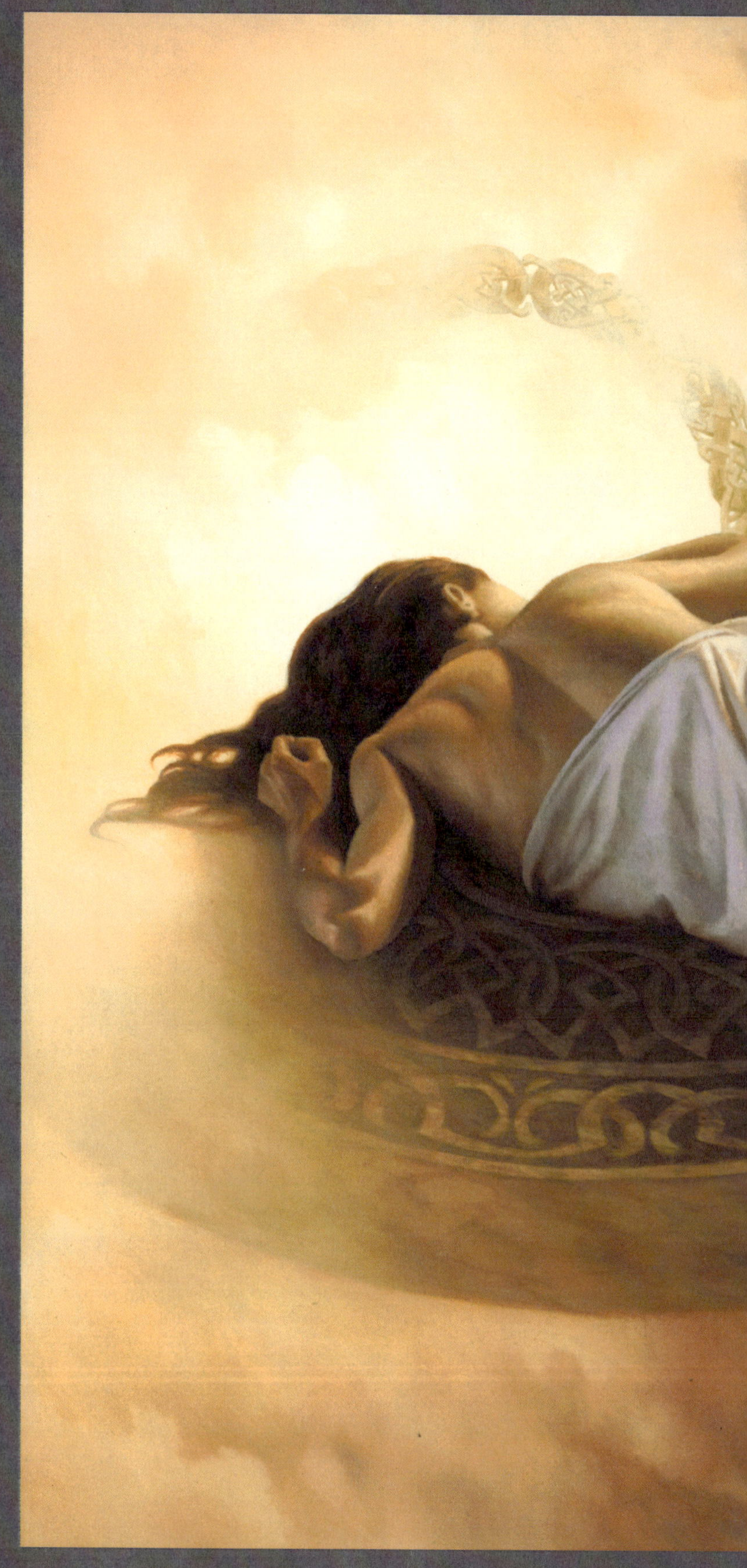

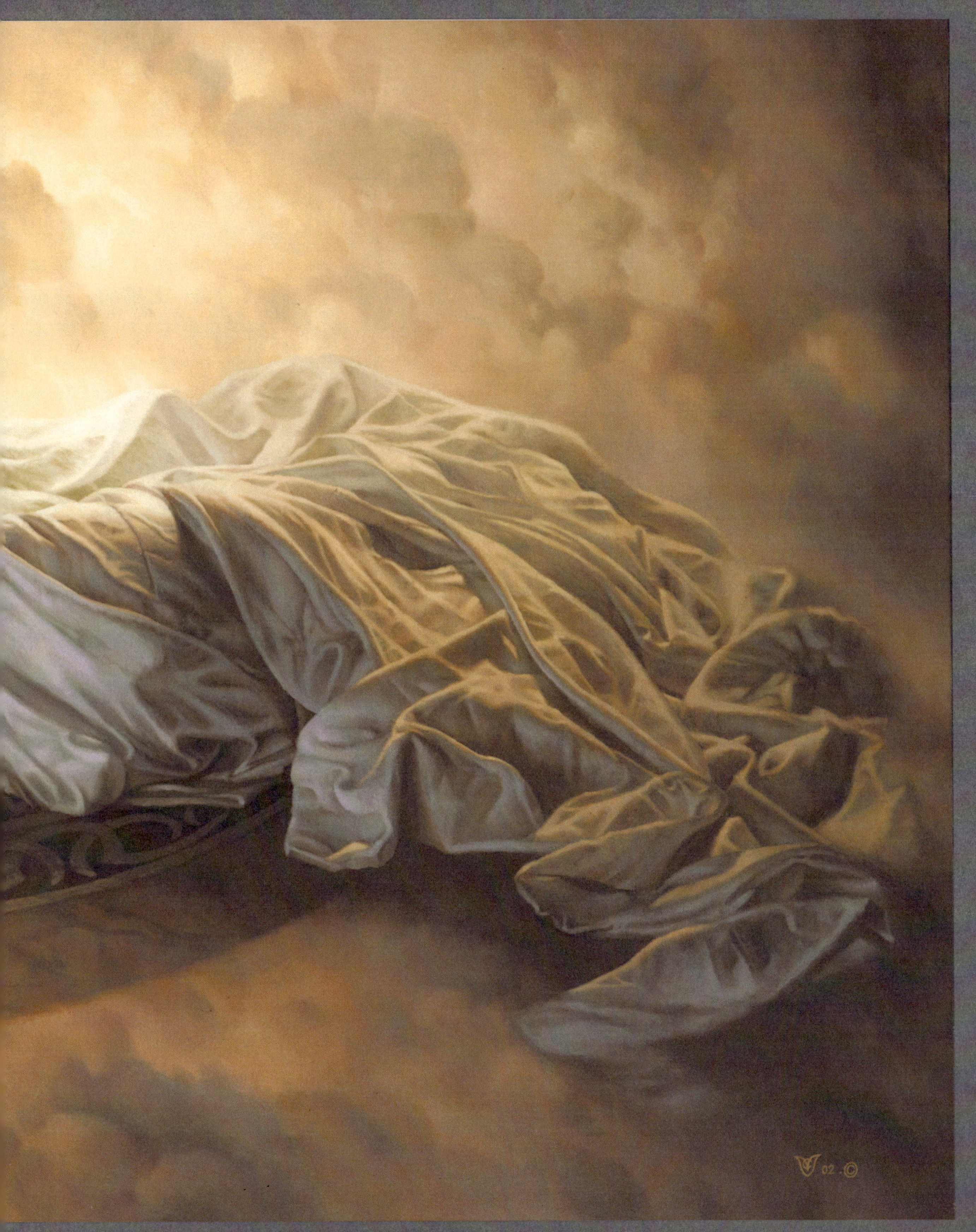

The Summer Kimono:

Besides the fact that I have a particular affection for Asia, "The Summer Kimono" was achieved in a specific context: after the earthquake and tsunami that hit Japan in 2011, I was invited by an artist friend at the beginning of 2012 to participate in an art show/auction hosted by Michelle Obama for the centennial of the National Cherry Blossom Festival in Washington, D.C.
All proceeds went to the Japanese Earthquake and Tsunami Relief Fund.
The Japanese characters in the painting mean "Hope."

En dehors du fait que je porte une affection particulière à l'Asie, «The Summer Kimono» fût réalisé dans un contexte spécifique: après le tremblement de terre et tsunami qui frappèrent le Japon en 2011, je fus invité par une amie artiste au début de 2012 à participer à une exposition d'Art/vente aux enchères patronnée par Michelle Obama pour le centenaire du National Cherry Blossom Festival de Washington DC.
Toutes les sommes recueillies le furent au profit du Japanese Earthquake and Tsunami Relief Fund.
Les caractères Japonais dans la peinture signifient: «Espoir».

夏日和服

除了我对亚洲的特别感情之外，《夏日和服》的创作还有一个特定的背景，那就是2011年日本地震海啸。2012年初我应一位艺术家朋友之邀参加由米歇尔· 奥巴马在华盛顿特区主办的百年国家樱花节的艺术展/拍卖。所有收益都捐赠给日本地震和海啸救济基金会。

画中日语的意思是“希望”。

The Summer Kimono, 2012
Oil on canvas, 12 x 16 inches
(30.5 x 40.5 cm)

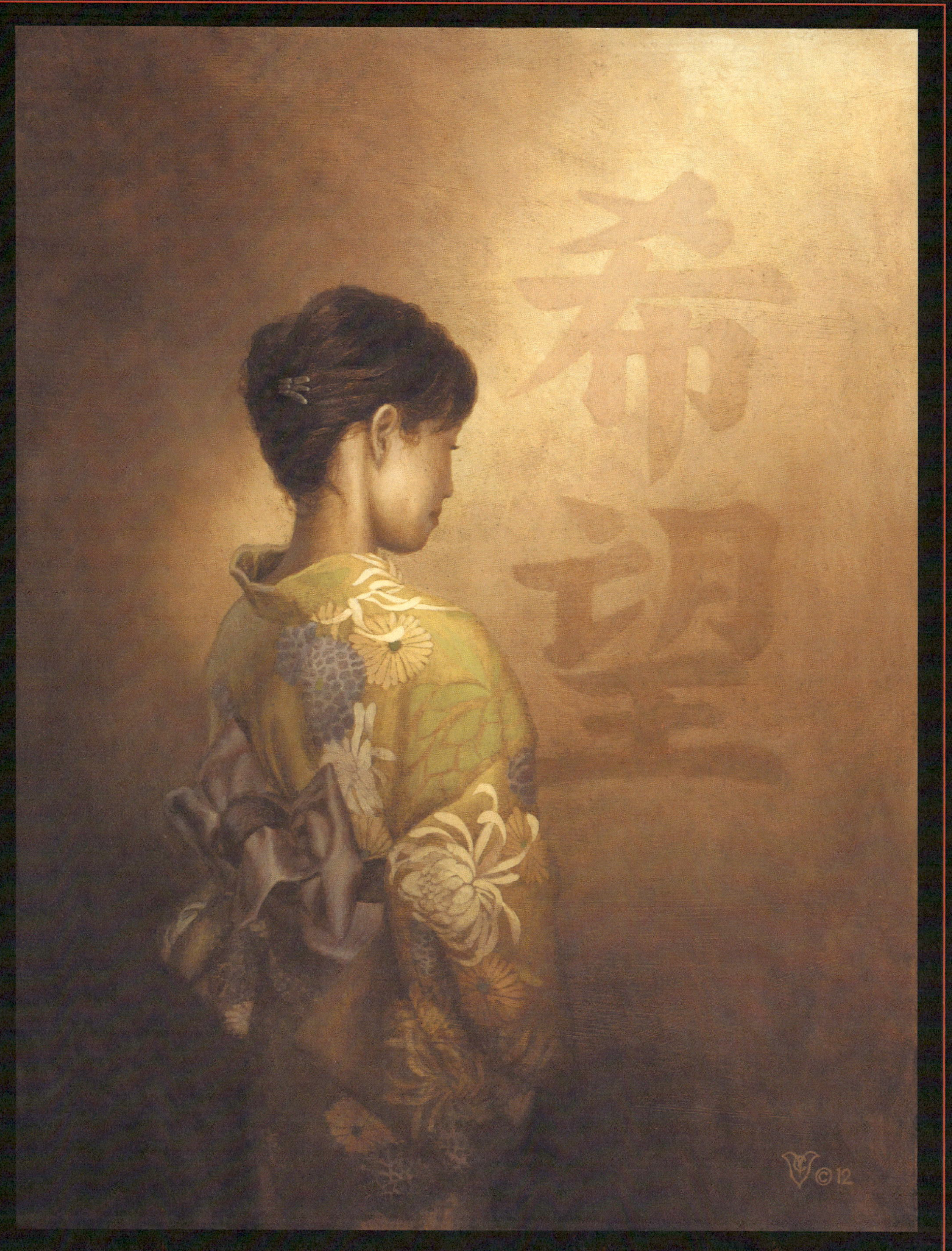
希望
©12

Neo-Samarkand: The East Meets the West.

"Neo-Samarkand" was a very particular work. At the end of 2010, American entrepreneur and art collector Joshua Patel contacted me to offer me the opportunity, along with several fantasy painters, like Brom, Donato Giancola, Rob Alexander, Jeff Easley, and many others, to be part of a fantastical museum project that will soon see daylight in Las Vegas. The task was for each of us to produce a large-scale artwork to display in the museum once construction is complete (planned for the end of 2013).

After discussing with Joshua several possible themes and ideas, I finally proposed to work around an idea I had kept in mind for a few years. I took as a starting point the idea of Samarkand, one of the cities that marked a midpoint on the Silk Road, a network of trade roads connecting the Asian and Western worlds between the first century B.C. and about the seventeenth century A.D. (although many people consider the Silk Road to exist still today).

Samarkand (which still bears the same name, in the heart of Uzbekistan) for a long time has been representing a crossroads of international cultures.

By creating the concept of "Neo-Samarkand," I wanted to symbolize, through a giant and fantastical city, the encounter of Asian and Western cultures (which seems to be more topical than ever), using—in a very free manner—various architectural elements borrowed from both civilizations.

I then started a series of numerous sketches and studies to help me define the shape of the city and its integration with the landscape, while still heeding, of course, the general composition.

After we agreed on a definite sketch, I did a black and white study, followed by a color study, both painted digitally.

The final image, a 4 x 6-foot painting on canvas (the minimal size required for the museum) was finally achieved in December 2012—I hadn't been working on it constantly, but, rather, in phases.

Because of the size of the canvas and the original subject (a giant city), the sense of a large scale was crucial. That forced me to work on many small details in the landscape to increase the size difference between the various elements of the scene.

In terms of visual finish, I wanted an image that would be anchored in a very traditional style of painting, yet retain a modern fantastical original concept.

«Neo-Samarkand» fût un travail très particulier. Fin 2010, Joshua Patel, un entrepreneur et collectionneur d'Art Américain, me contacta pour me proposer de faire partie, avec plusieurs peintres fantastiques dont Brom, Donato Giancola, Rob Alexander, Jeff Easley et bien d'autres, d'un projet de musée fantastique qui verra bientôt le jour à Las Vegas. Notre tâche était de produire chacun une oeuvre de grande taille pour exposer dans le musée une fois sa construction terminée (prévue pour fin 2013).

Après avoir discuté avec Joshua de plusieurs thèmes et idées possibles, je lui proposai finalement de travailler autour d'une idée qui me trottait dans la tête depuis quelques années. Je pris comme point de départ l'idée de Samarkand, l'une des cités qui marquaient un point à mi-chemin sur la Route de la Soie, un réseau de routes marchandes reliant l'Asie et l'Occident entre le Ier siècle avant JC et environ le XVIIème siècle après JC (beaucoup de gens, cependant, considèrent aujourd'hui que la Route de la Soie existe toujours).

Samarkand (qui porte actuellement toujours le même nom, au coeur de l'Uzbekistan) représente depuis longtemps un carrefour de cultures internationales.

En créant le concept de «Néo-Samarkand», je voulais symboliser, à travers une cité géante et fantastique, la rencontre des cultures orientales et occidentales (qui semble plus que jamais être d'actualité), en utilisant—de manière très libre—divers éléments architecturaux empruntés aux deux civilisations.

Je commençai donc une série de nombreux crayonnés et recherches afin de définir la forme de la cité et son intégration dans le paysage, tout en tenant compte, bien sûr, de la composition d'ensemble.

Après nous être mis d'accord sur un sketch définitif, je fis une étude de valeurs en noir et blanc, suivie d'une étude couleur, toutes deux peintes digitalement.

Le tableau final, une peinture sur toile de 1m22 x 1m83 (la taille minimale requise pour le musée) fût enfin achevé en Décembre 2012—sachant que je ne travaillais pas dessus constamment, mais par nombreux intervalles.

Du fait de la grande taille de la toile et du sujet original (une cité géante), la sensation de grande échelle était cruciale. Ce qui m'obligea à travailler sur de nombreux petits détails dans le paysage afin d'augmenter l'écart de taille entre les différents éléments de la scène.

Au niveau du fini visuel, je voulais une image qui soit ancrée dans un style de peinture très traditionnel, tout en conservant un concept originel fantastique moderne.

新撒马尔罕：当东方遇到西方。

《新撒马尔罕》是一项非常特殊的工作。 在2010年年底，美国企业家和艺术品收藏家约书亚·帕特尔（Joshua Patel）联系到我，给我和另外几位魔幻画家如：布朗（Brom），多纳托·詹科拉（Donato Giancola），罗布·亚历山大（Rob Alexander），杰夫·伊斯利西（Jeff Easley），还有其他很多人提供一个机会，共同参与一个马上在拉斯维加斯白天就能看到的梦幻般的博物馆项目。我们的任务是，每个人创作一件大规模的艺术作品。一旦博物馆建设完成（计划于2013年年底完工），就陈列在那。

与约书亚（Joshua）讨论了几种可能的主题和想法之后，我终于提出了一个萦绕在我心头多年的想法。我把撒马尔罕，这座从公元前一世纪一直到约公元十七世纪（虽然很多人认为丝绸之路到今天仍然存在）连接着亚洲和西方世界的贸易之路，标志着丝绸之路中点的城市作为我的起点。

撒马尔罕（在乌兹别克斯坦的心脏地区，如今仍沿用旧名，）在很长一段时间里，一直代表着国际文化的十字路口。

通过创造“新撒马尔罕”这个概念，我想表达这样一个想法，即亚洲文明和西方文化的相遇（现在这话题似乎比以往任何时候都流行）。我将使用一些非常自由的方式，从这两种文明中借用各自的建筑元素，把他们融合到一个巨大的梦幻般的城市里，由此来象征东西方文明的交汇。

然后，我开始了一系列的研究，绘制了众多的草图，以帮助我决定城市的轮廓以及如何融入当地景观。当然，同时我还在听取其他意见。

当我们商定了一个明确的草图后，我先画了一稿黑白的，然后又画了一个彩色的图样，全都是用计算机画的。

经过一个一个阶段的不断努力，2012年12月终于最后定型在4×6英尺的帆布画上（博物馆要求的最小尺寸）。

由于画布的大小和原定的主题（一个巨大的城市），气势恢宏显得尤其重要。这迫使我不得不在许多景观的细节上下功夫，以表现出各种景观要素之间的大小差异。

在视觉效果上，我希望这幅画有传统的油画感，同时还保留当代魔幻这个原初设定的理念。

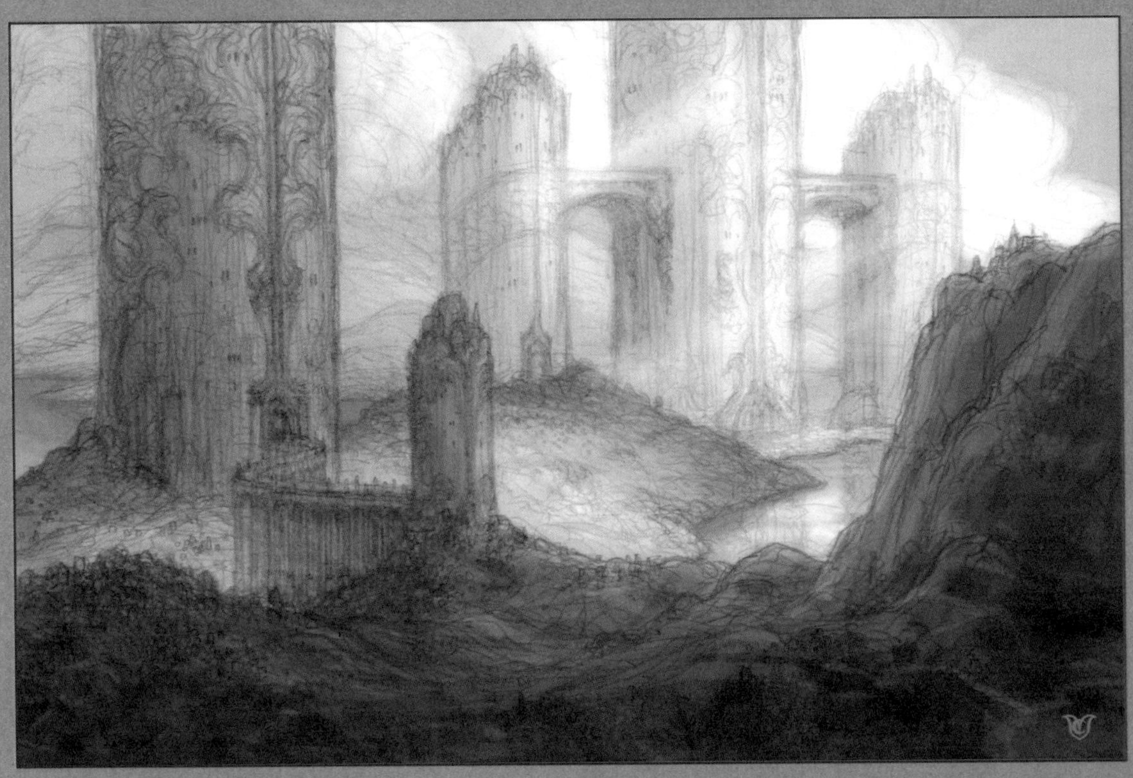

Neo-Samarkand, Preliminary sketch with lighting (Pencil and Photoshop painting)

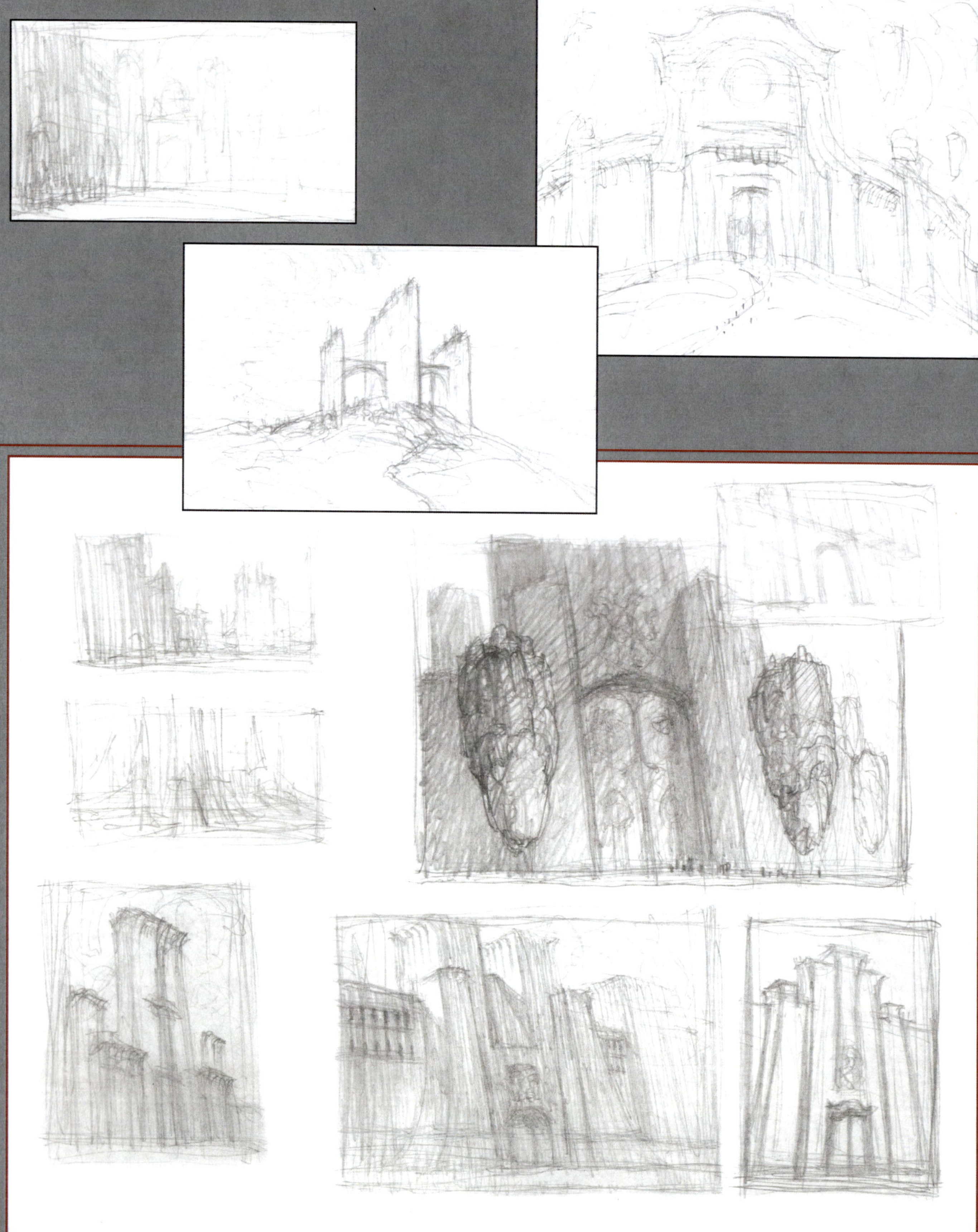

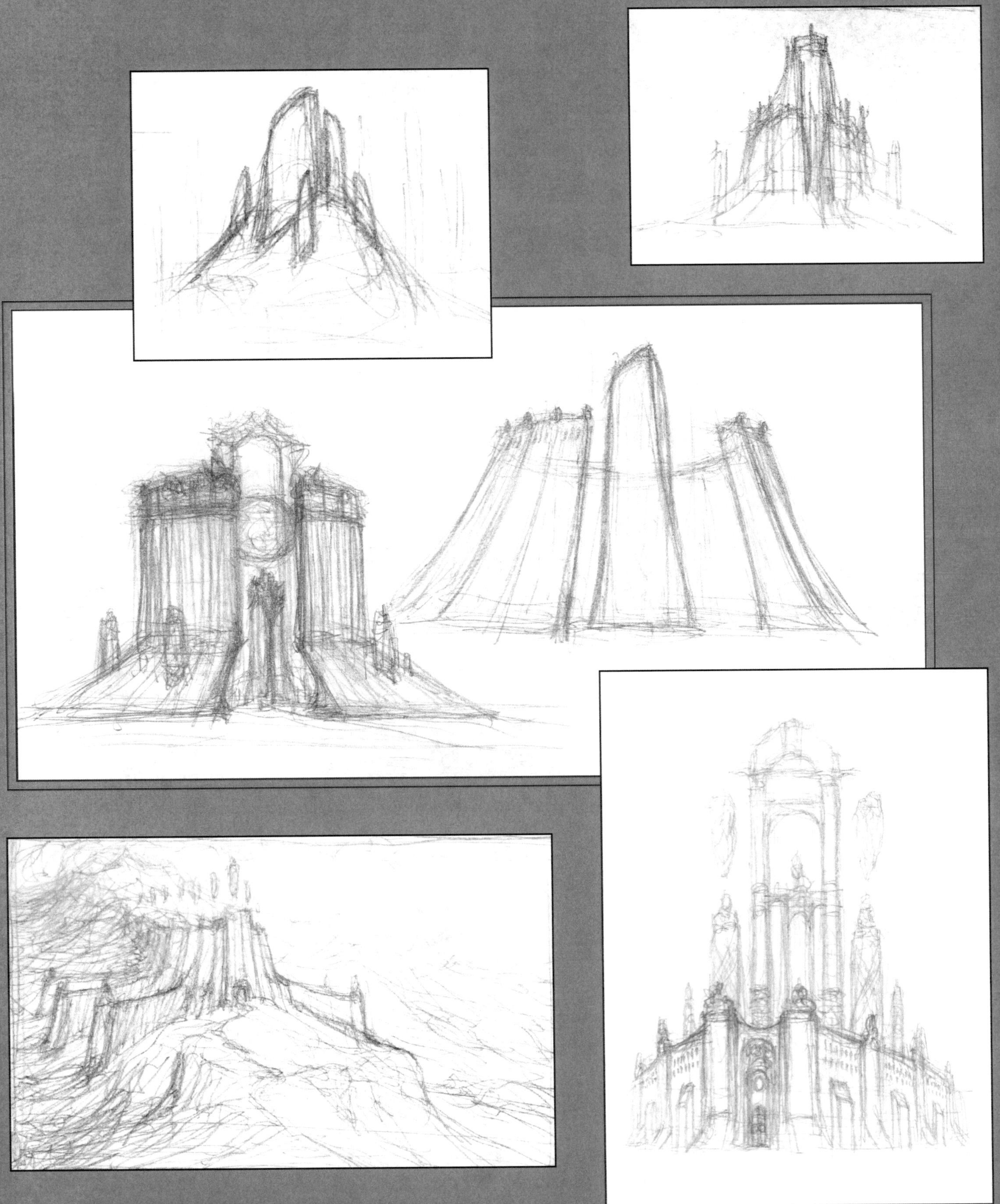

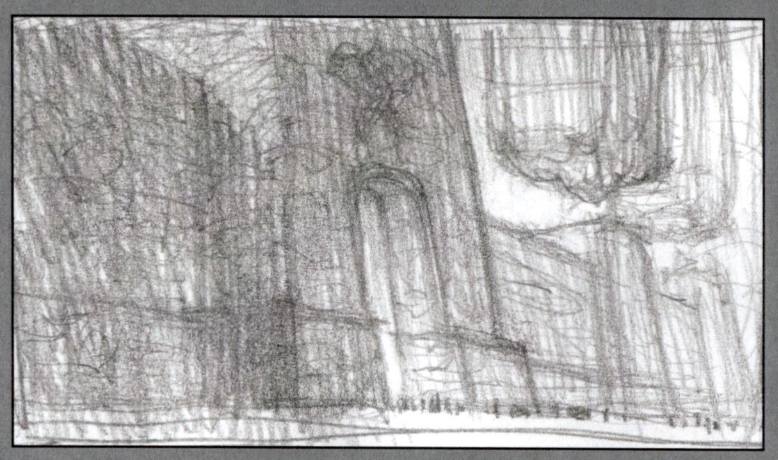

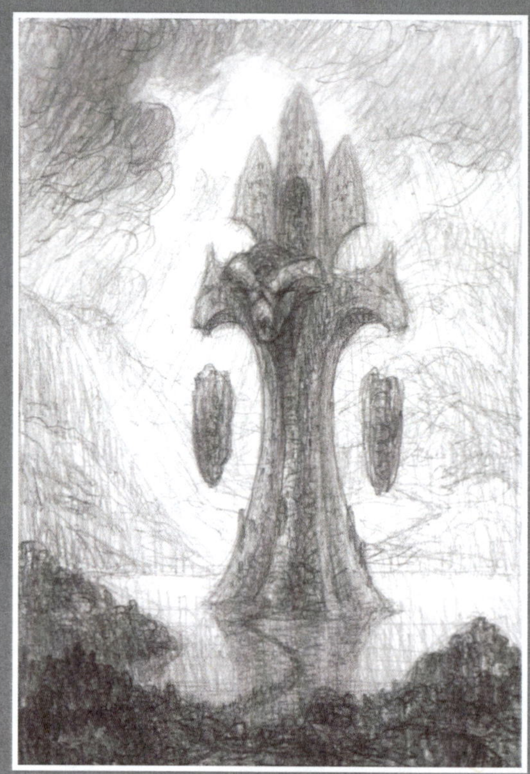

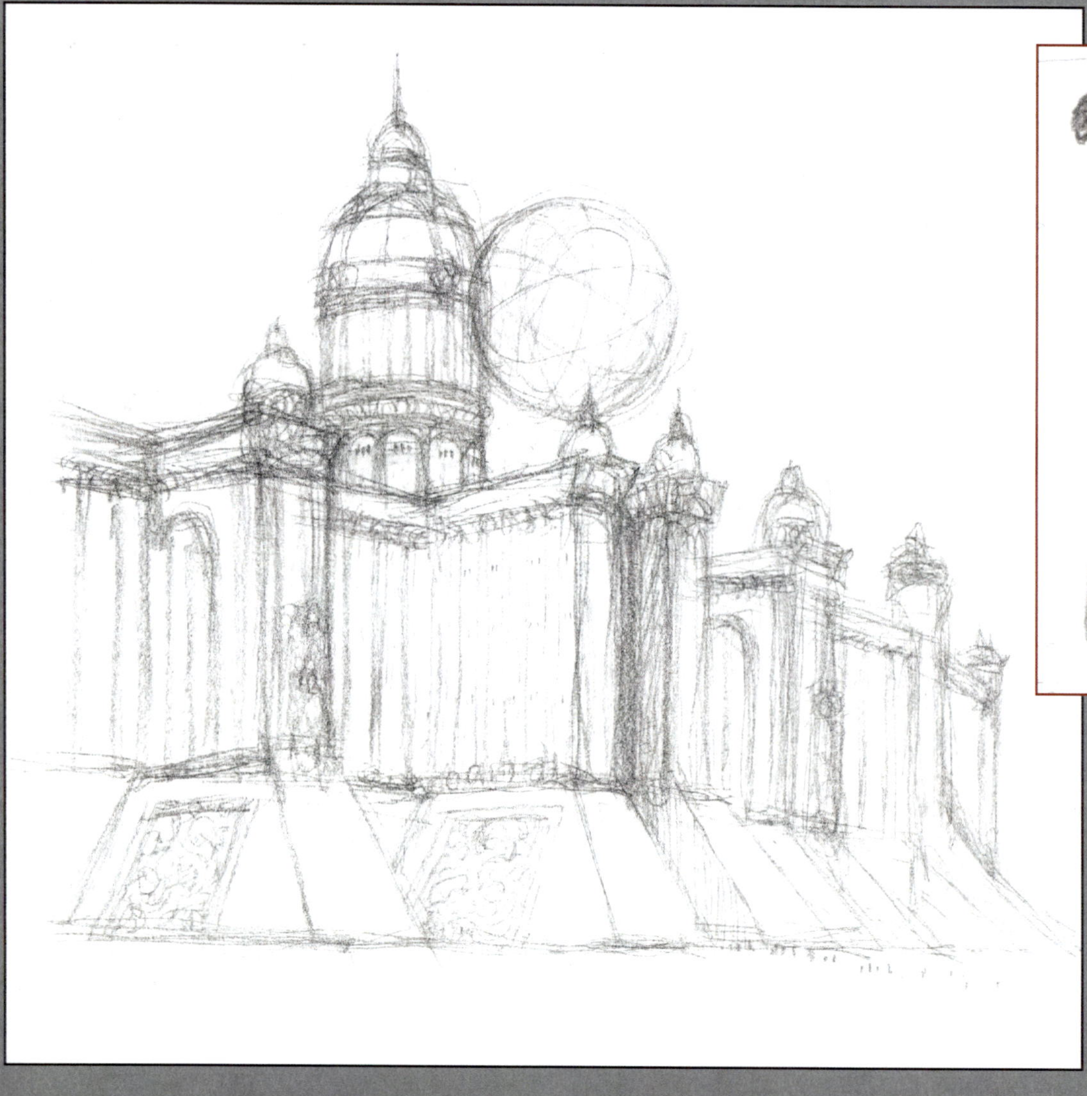

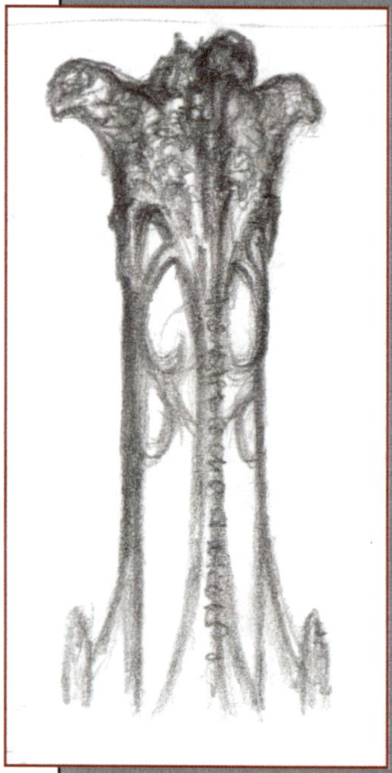

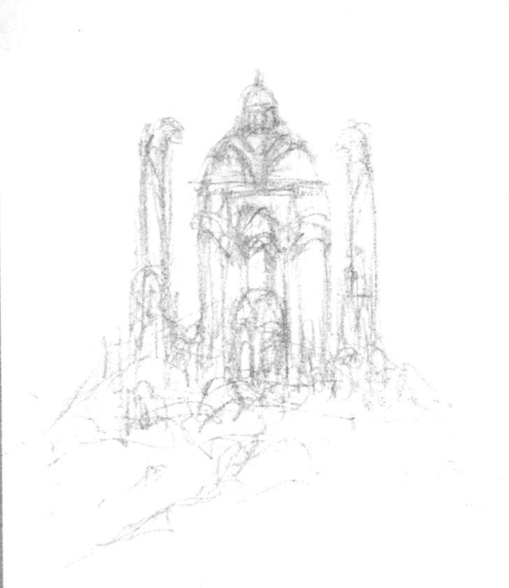

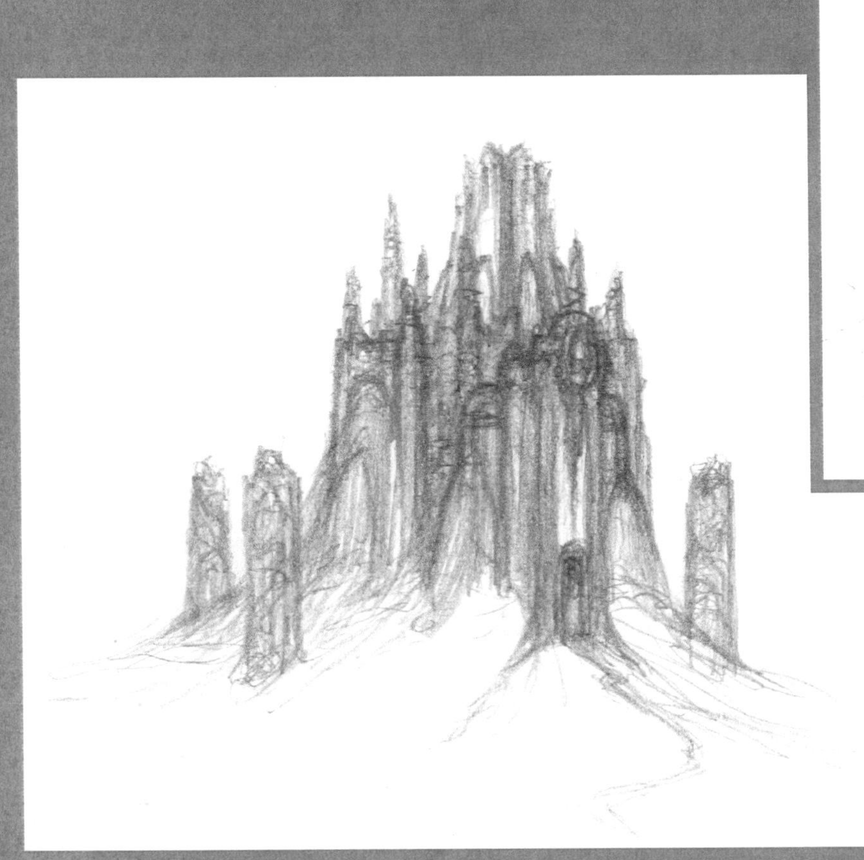

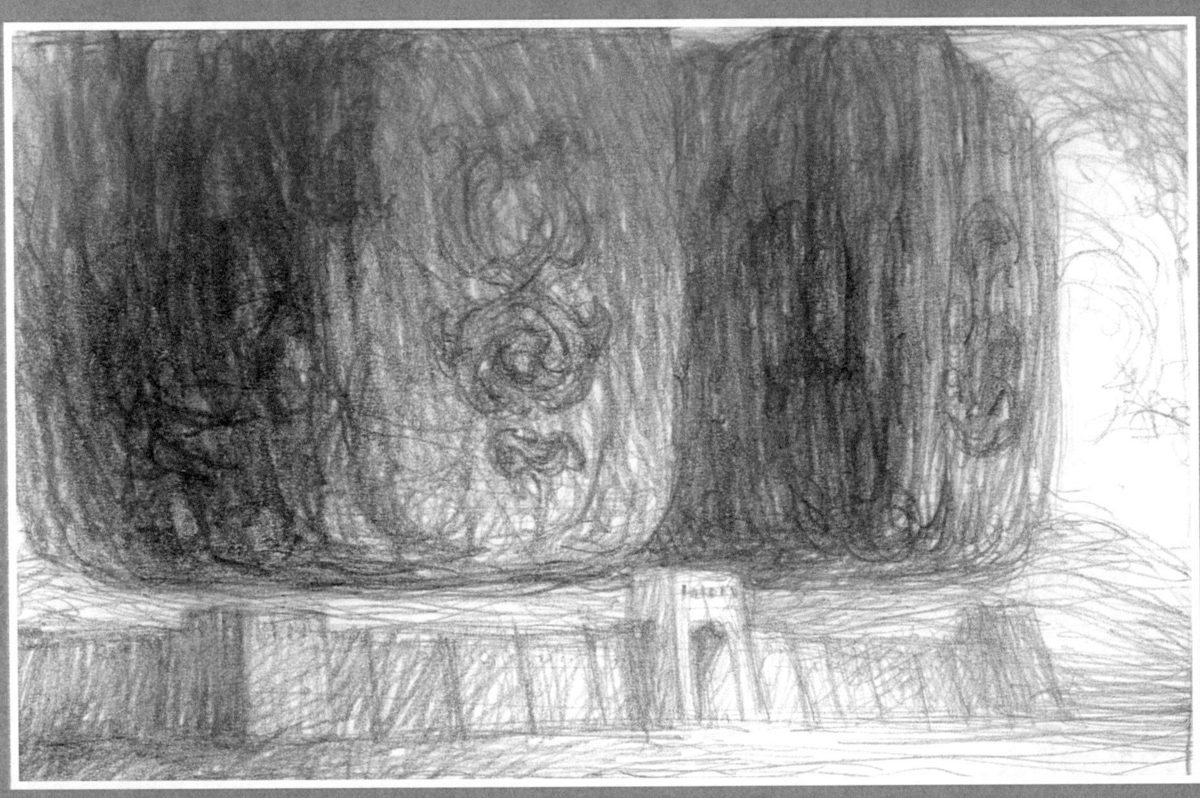

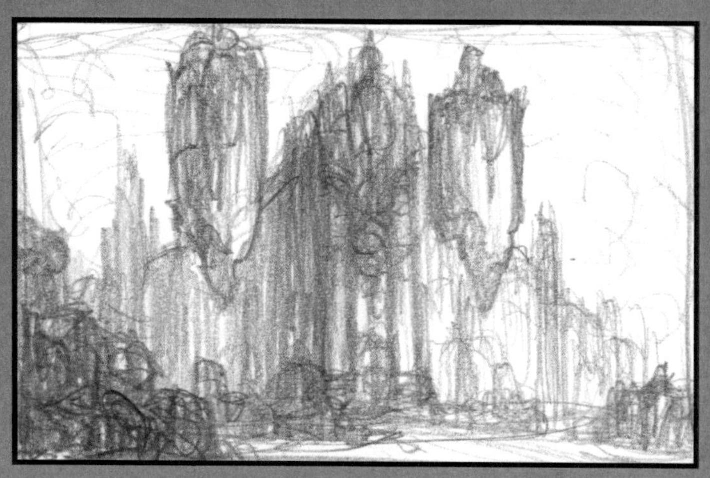

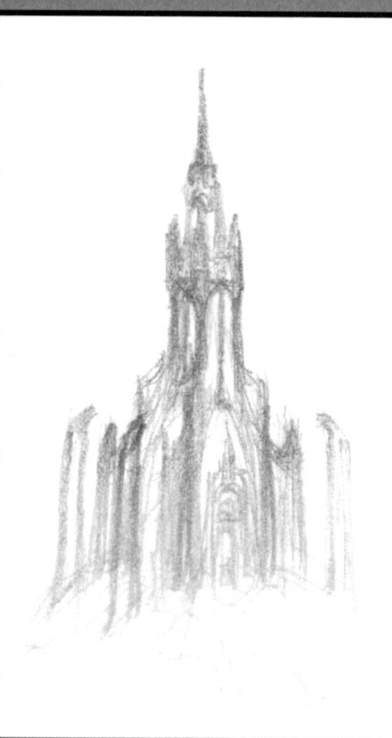

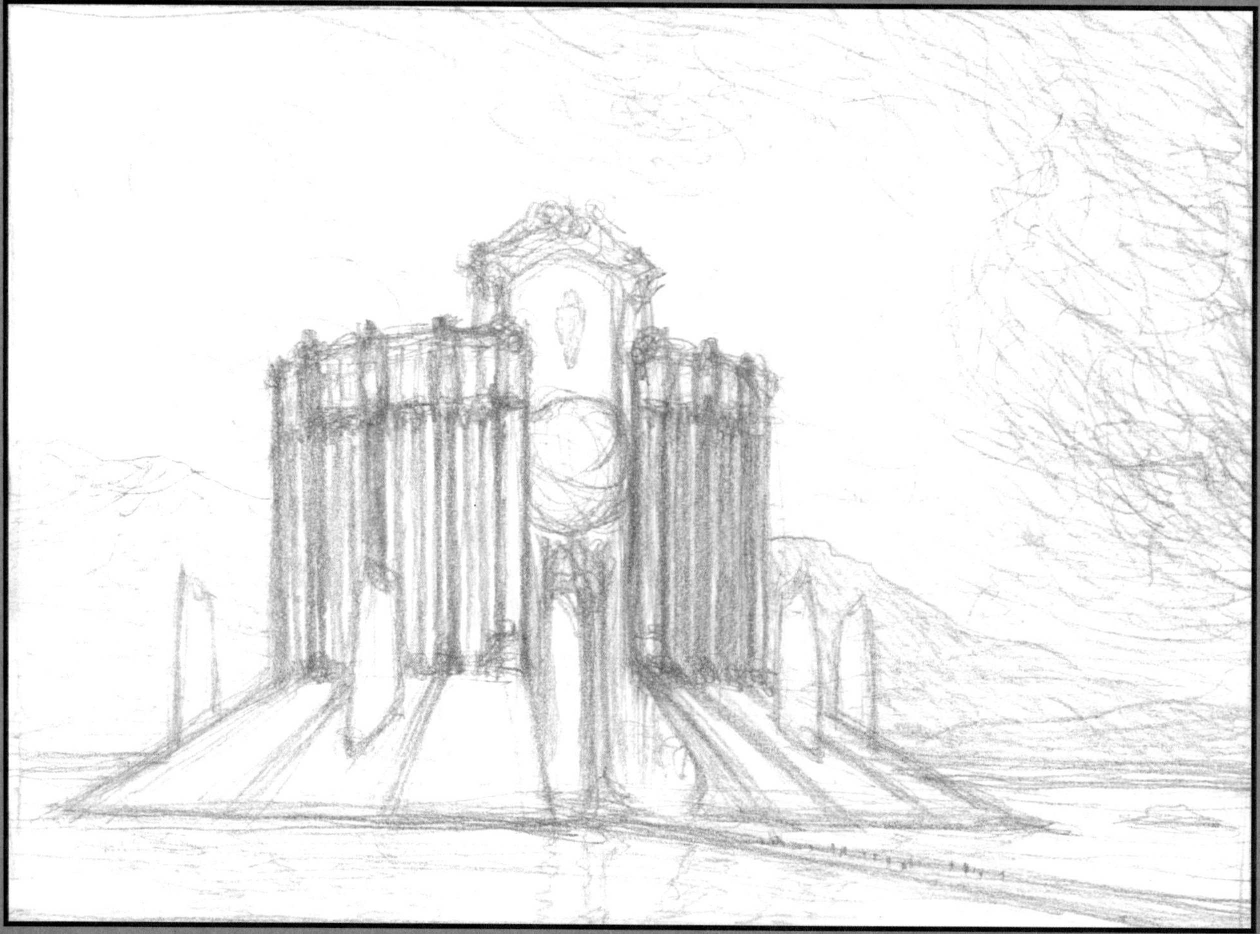

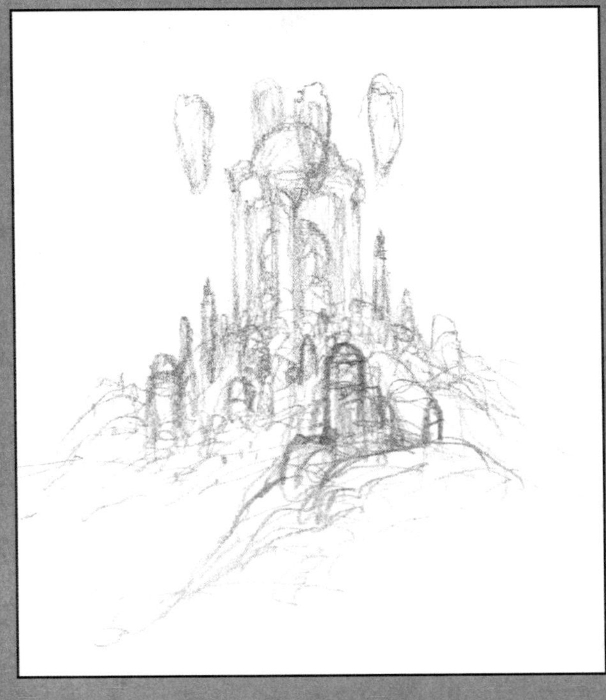

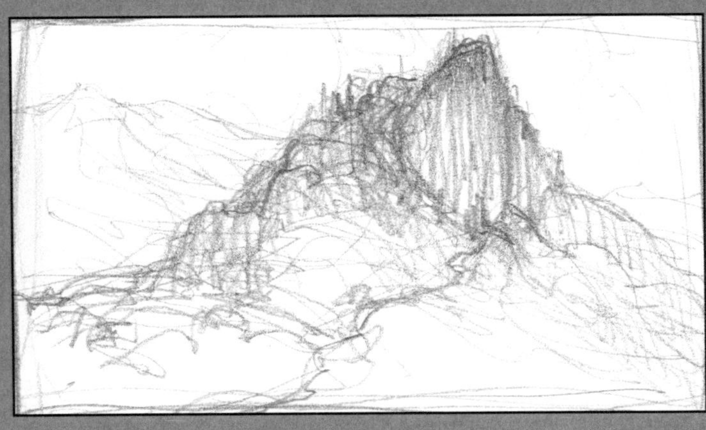

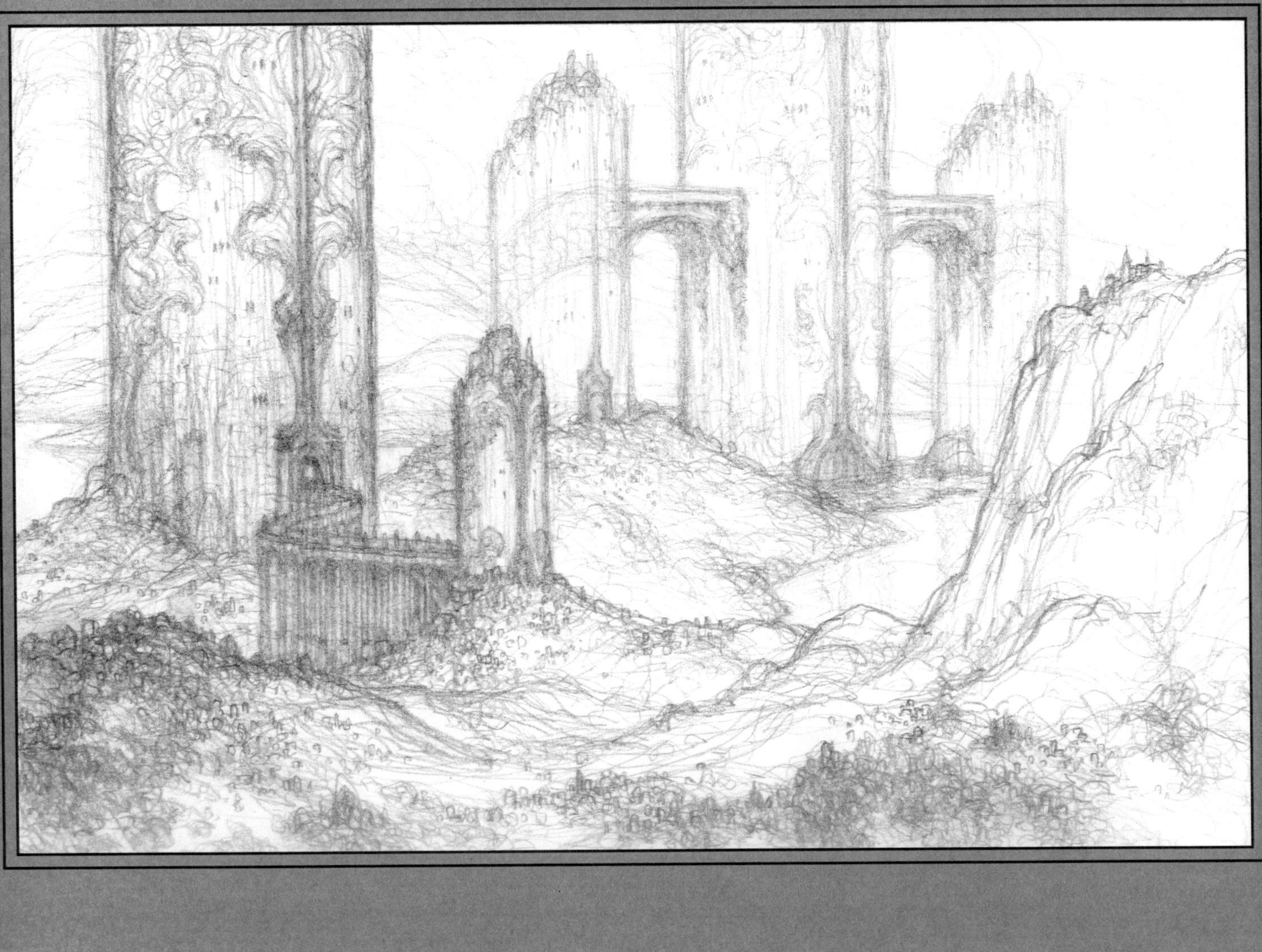

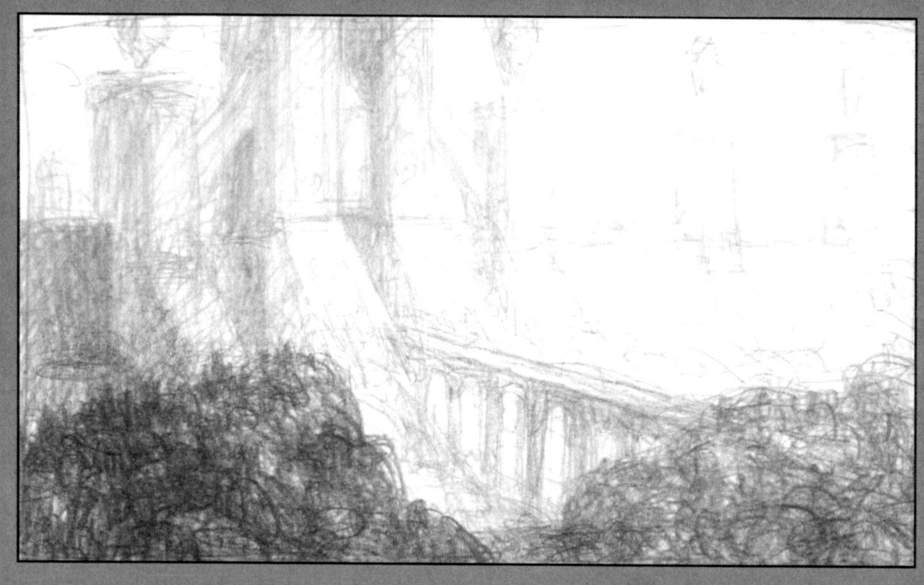

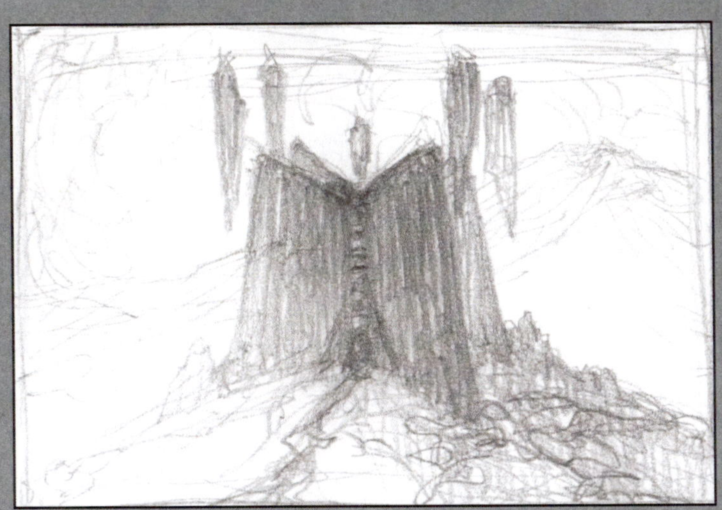

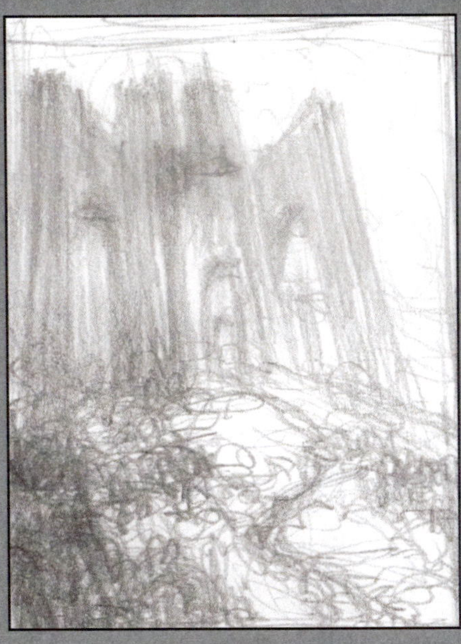

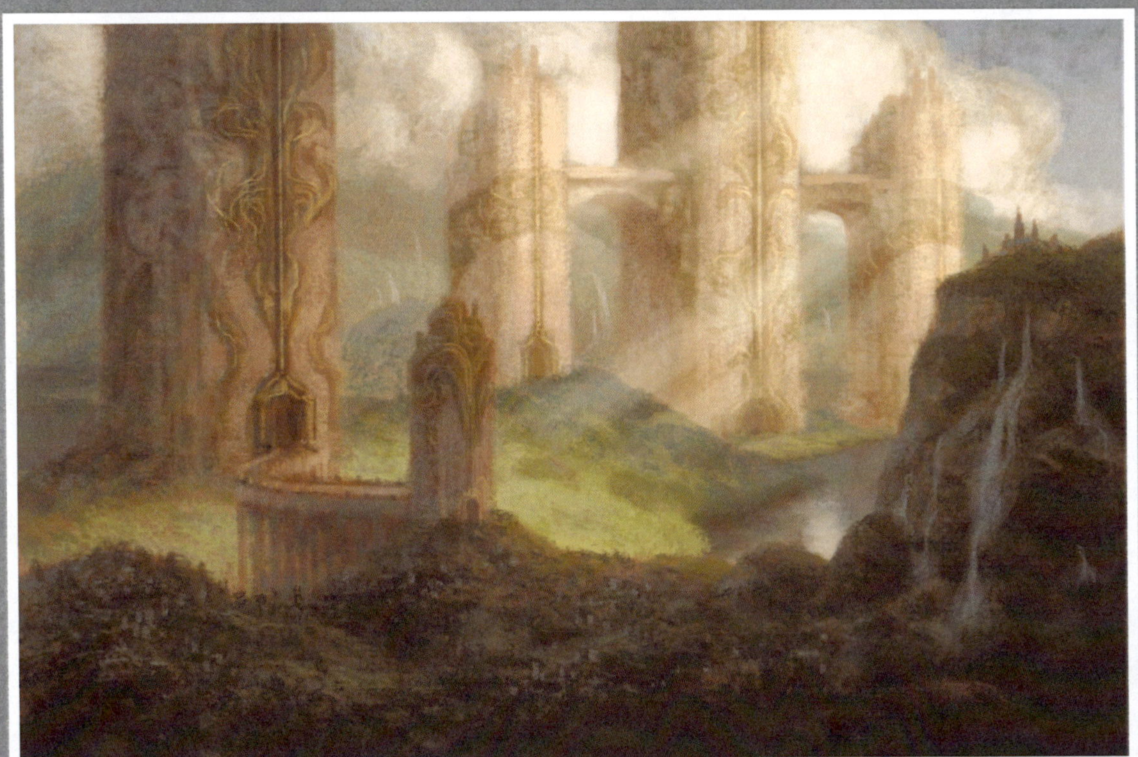

Neo-Samarkand, Color study (Photoshop painting)

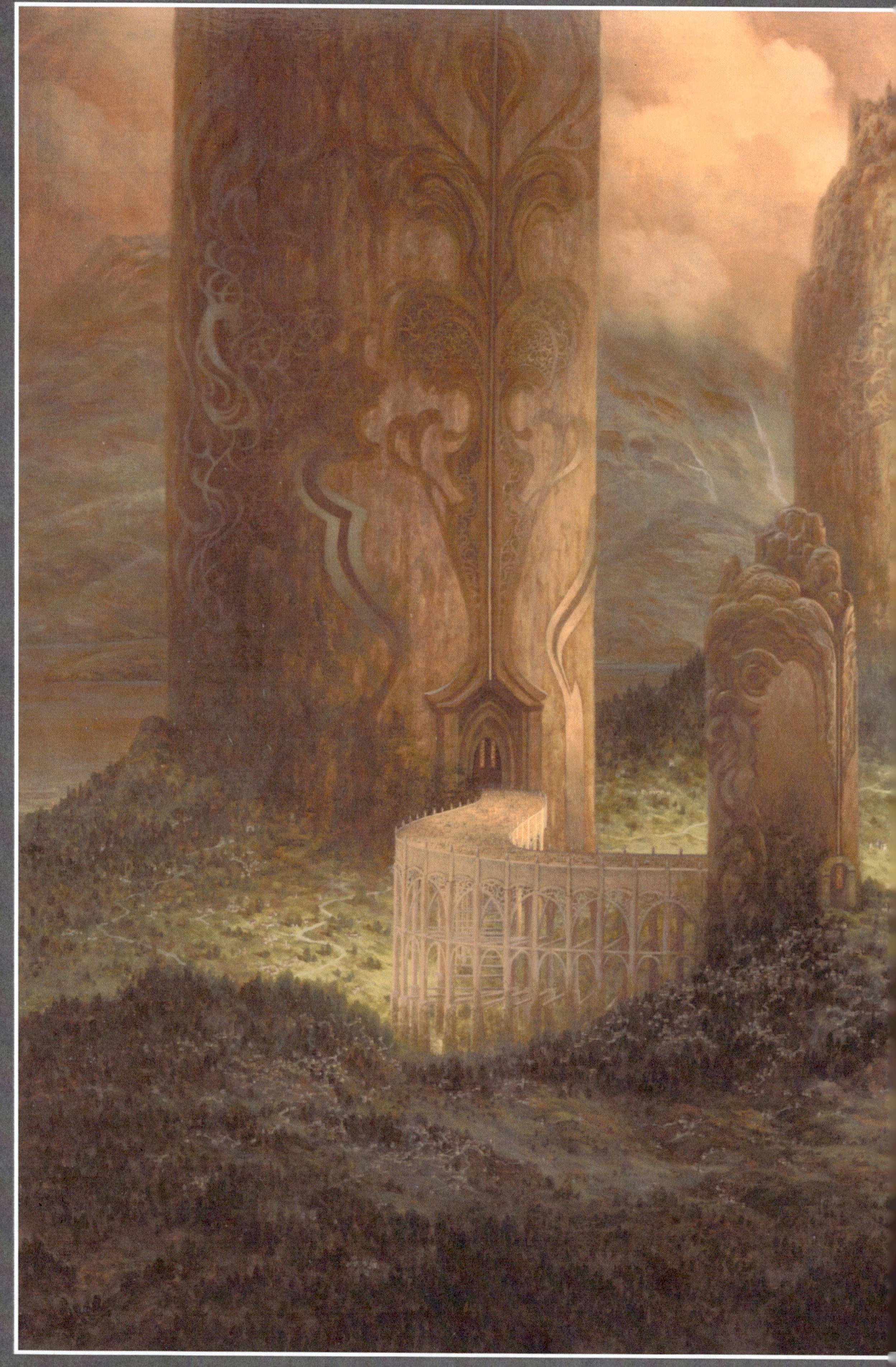

Neo-Samarkand
2012
Oil on canvas,
48 x 72 inches
(122 x 183 cm)

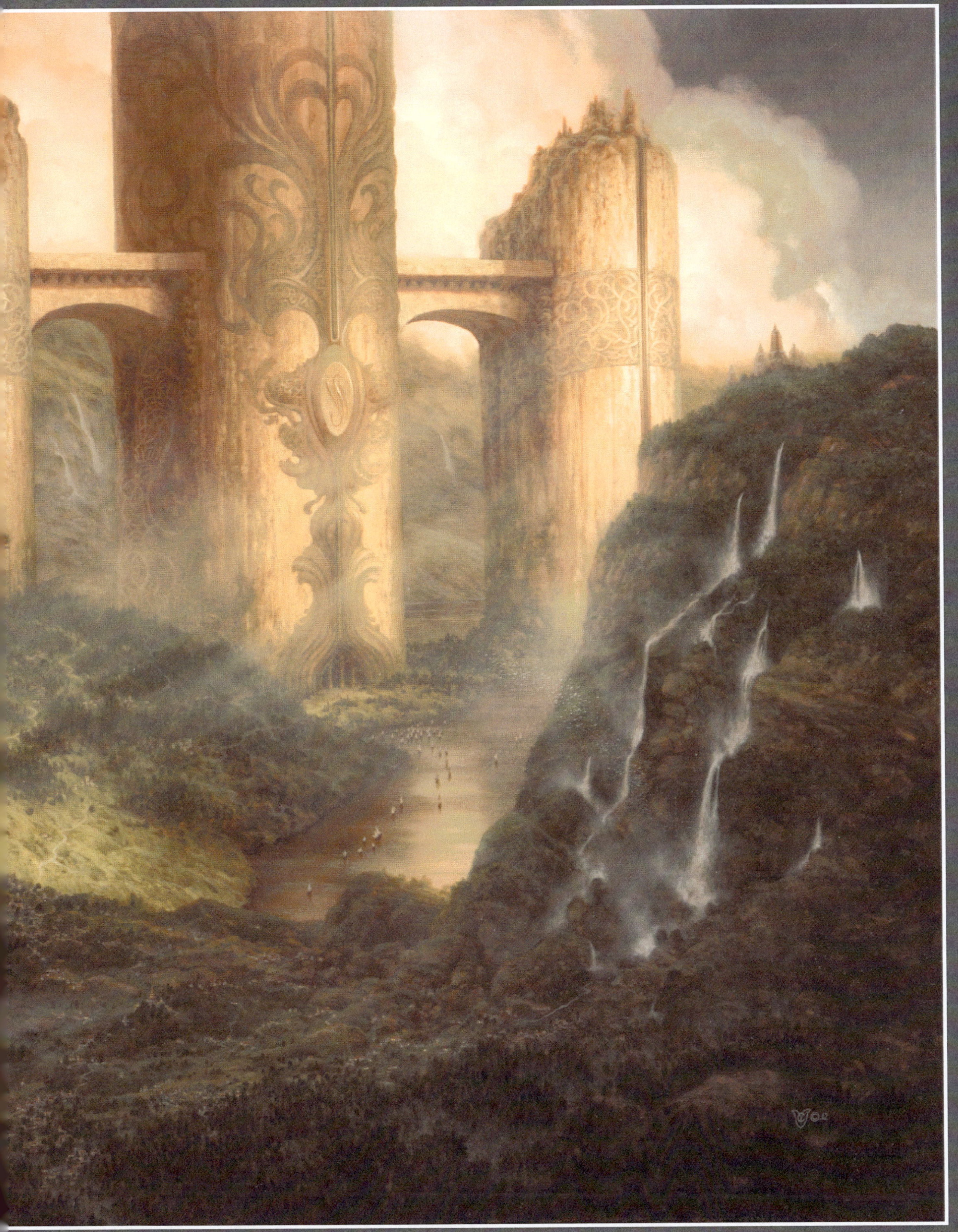

"Imagination will often carry us to worlds that never were, but without it, we go nowhere."

"L'imagination nous porte souvent vers des mondes qui jamais n'existèrent, mais sans elle, nous n'irions nulle part."

想象力常常能将人引入一个虚无的世界，但若没有它，我们将寸步难行。

卡尔· 萨根

Carl Sagan

Film and Miscellaneous Work

Throughout these 24 years of professional work (in parallel with my personal work), whether it has been in the movies, illustration, or video games, wearing different hats has allowed me to develop, through encounters and apprenticeship alongside artists of incomparable talent, a rigorous sense of visual aesthetics supporting storytelling.
This evolution, in turn, has brought to my personal work the structure and rigor I have needed in my technical skills to be able to free my own artistic expression.
Today, still, I like to work on projects that are not necessary personal, but that give me the opportunity to experiment with new things, to mix both traditional and digital techniques, to see an angle of approach that I wouldn't have seen by staying confined in my little solitary universe.
This chapter, then, presents a first sampling of this work.

Tout au long de ces 24 années de travail professionnel (en parallèle à mon travail personnel), que ce soit dans le milieu du cinéma, de l'illustration ou des jeux vidéo, le fait de porter différents chapeaux me permit de développer, à travers les rencontres et l'apprentissage aux côtés d'artistes au talent incomparable, un sens rigoureux de l'esthétique visuelle mise au service de l'histoire.
Cette évolution, en retour, apporta à mon travail personnel la structure et la rigueur dont j'avais besoin au niveau technique pour pouvoir libérer ma propre expression artistique.
Aujourd'hui encore, j'aime travailler sur des projets qui ne sont pas nécessairement personnels, mais qui me donnent l'occasion d'expérimenter de nouvelles choses, de mélanger à la fois les techniques traditionnelles et digitales, de voir un angle d'approche que je n'aurais pas eu en restant cantonné dans mon petit univers solitaire.
Ce chapitre présente donc un premier échantillon de ce travail.

电影工作和其他杂务

纵观我这24年的职业生涯（相对于我的个人作品而言），在电影，插画，电脑游戏多领域的发展使我有机会邂逅各种禀赋迥异的艺术家，并跟随他们一起学习，这让我习得一种对视觉艺术严谨的态度。

不知不觉中，这种严谨的态度也渗透到我的个人作品中。这种严谨是我技艺所需，它使我能更自由的表达我的艺术诉求。

时至今日，我依然喜欢参与那些非个人作品的项目。因为那给我一种尝试新鲜事物，融合传统技艺和现代电子技术的机会，让我看到我自己一个人在家里闭门造车所看不到的角度。

本章所呈现的就是这部分作品。

"9" Director: Shane Acker Producers: Tim Burton and Timur Bekmambetov for Focus Features.

"9" was my second Art Director job on a feature film (after "Enchanted"). It is without a doubt to this day the movie on which I liked working the most.
Far from the mainstream's beaten paths, through a dark post-apocalyptic fable with no concessions (very similar, in fact, in many aspects, to the classical European tales of yore), it offered a different perspective on animation, exploring more adult themes, yet still full of charming poetry.
The very Gothic and "Steam Punk" environment of the movie allowed me to explore in depth a world of very diverse textures and very dramatic lighting setups, which is a relatively rare experience in present-day feature film animation.

"Numéro 9" était mon deuxième travail de Directeur Artistique sur un long-métrage (après «Il était une fois»). C'est sans aucun doute à ce jour le film sur lequel j'ai le plus aimé travailler.
Loin des sentiers battus du «main stream», à travers une fable post-apocalyptique noire et sans concessions (très similaire, en fait, par bien des aspects, aux contes classiques européens d'antan), il offrait un regard différent sur l'animation, traitant de thèmes plus adultes et cependant empreints d'une envoûtante poésie.
L'environnement très gothique et «Steam-Punk» du film me permit d'explorer en profondeur un univers de textures très diverses et d'ambiances lumineuses très dramatiques, ce qui est une expérience relativement rare dans l'animation de long-métrage actuelle.

《9》是我继《魔法奇缘》之后担任艺术指导的第二部影片。毫无疑问，这是至今为止我最喜欢为之工作的一部电影。

这部电影通过讲述一个黑暗的不折不扣的后世界末日寓言，（其实，在很多方面，它跟讲述欧洲昔日的经典故事非常类似），探讨了更多成人主题，即便如此，它仍然是一首迷人的诗。尽管这部电影离经叛道，但是它给动画提供了另一个不同的角度。

电影里充满了哥特式的和“蒸汽朋克”的环境，这让我深入探索不同质地构成的世界和非常戏剧化的灯光设置。在现如今的动画片里，这是一种相对而言比较罕见的经验。

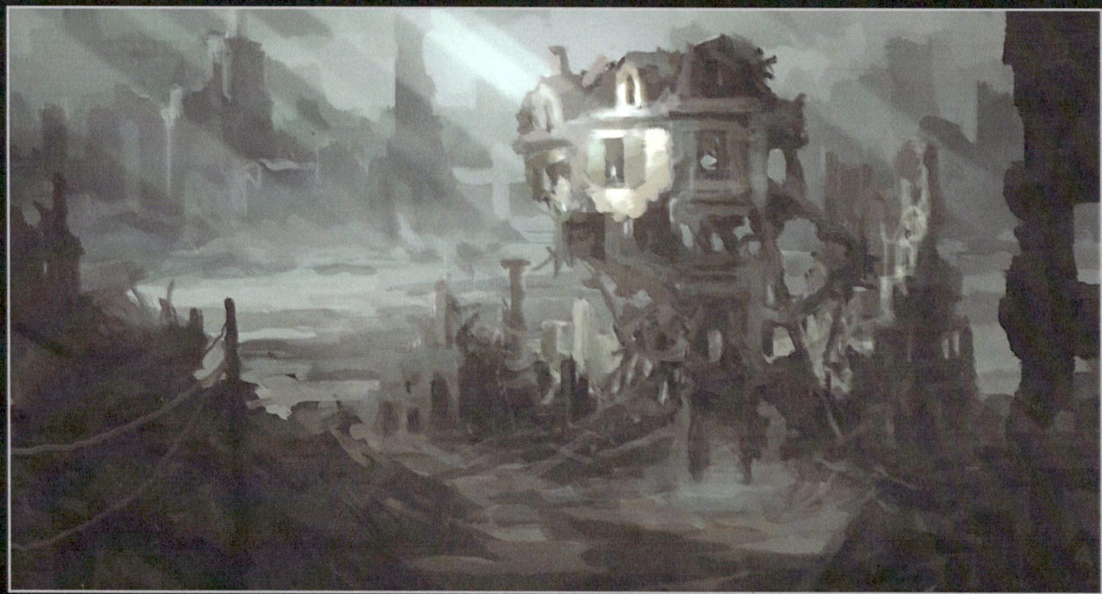

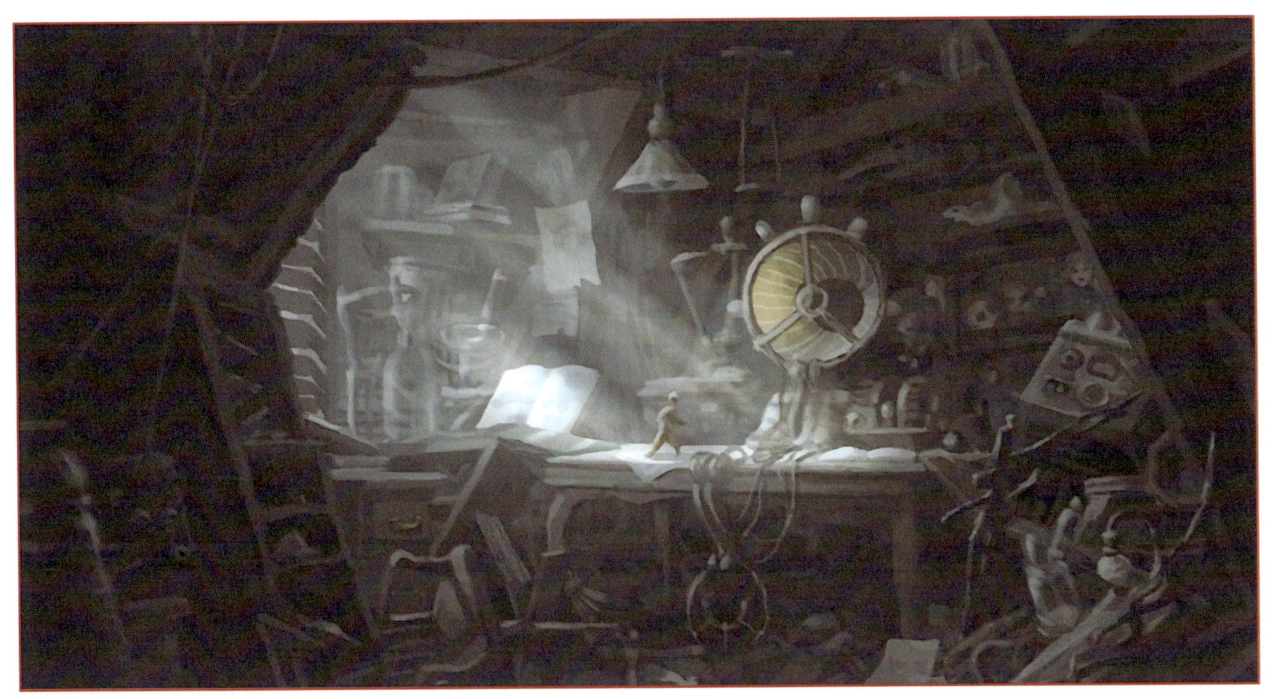

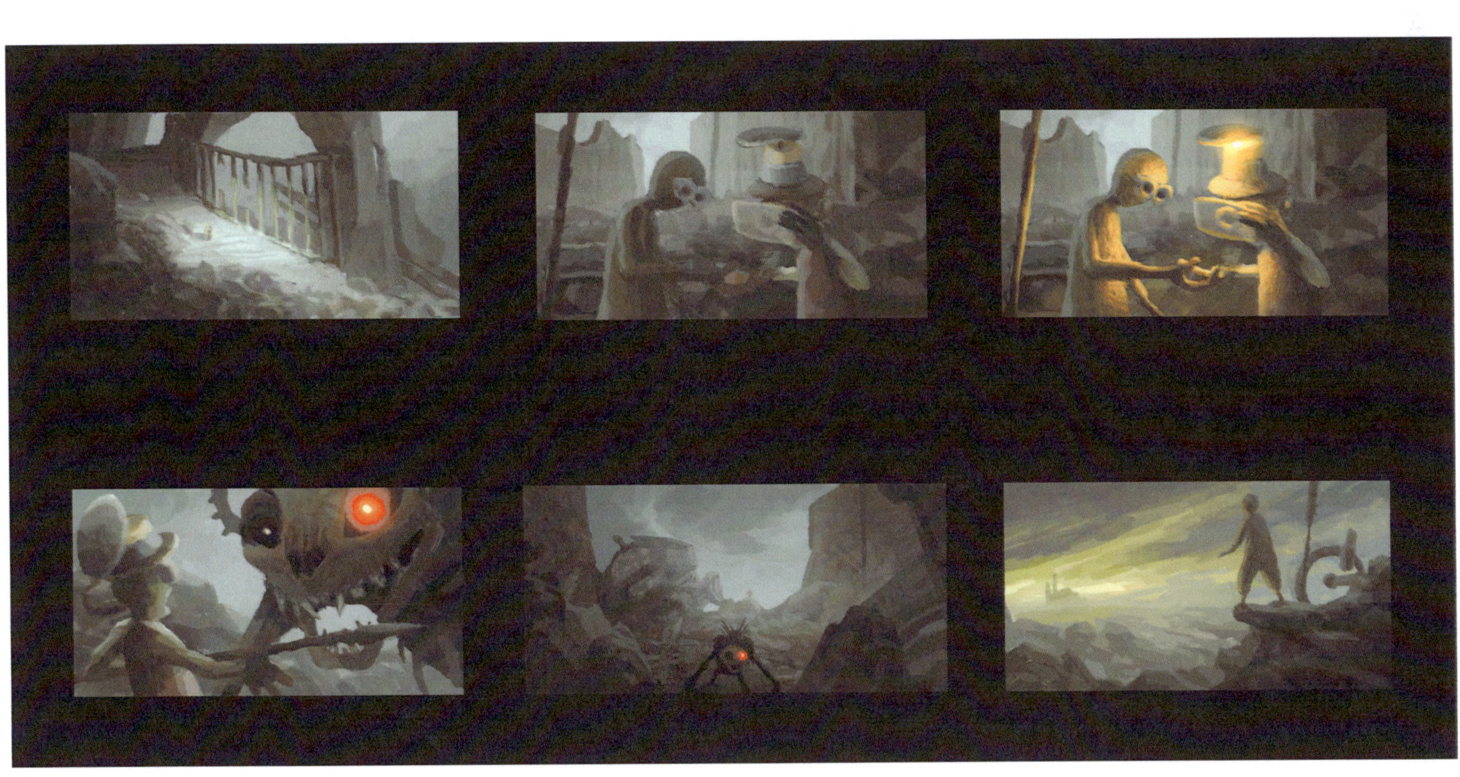

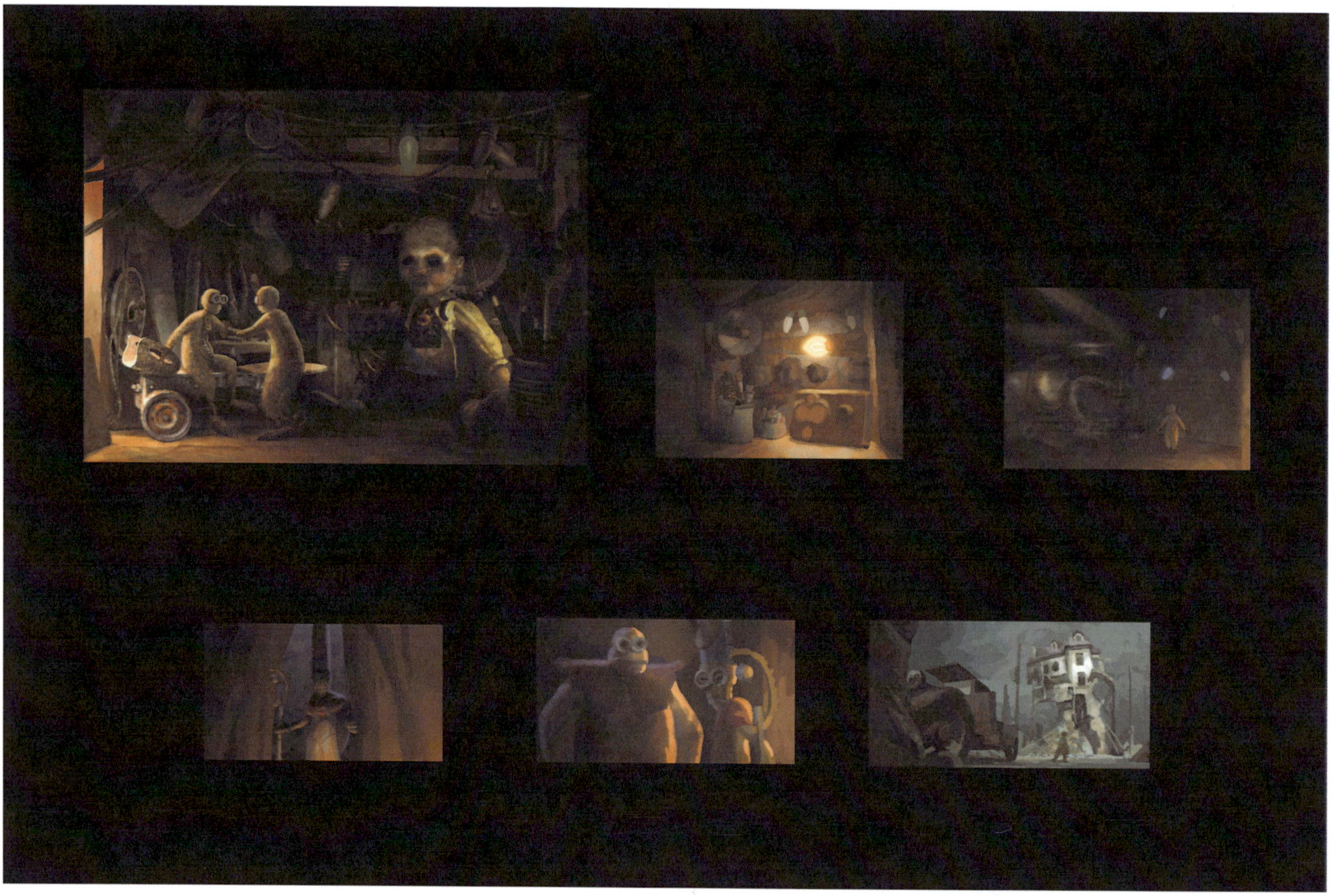

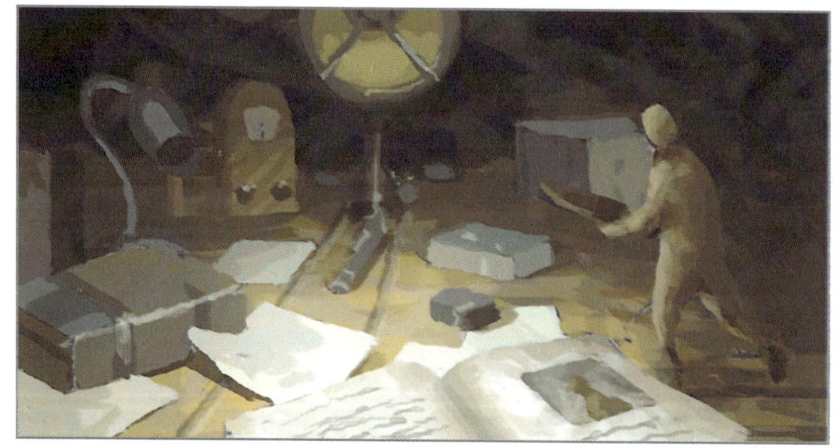

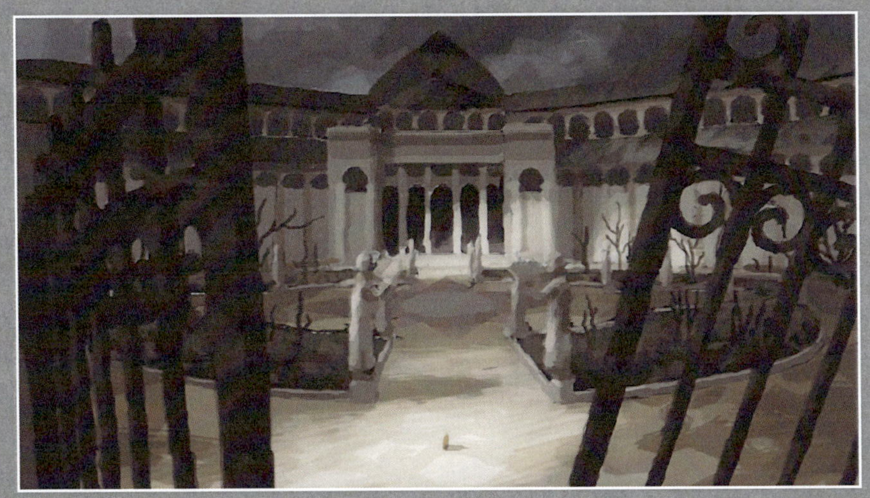

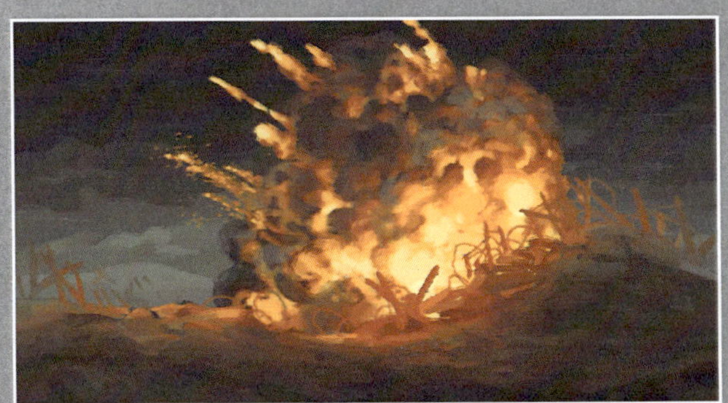

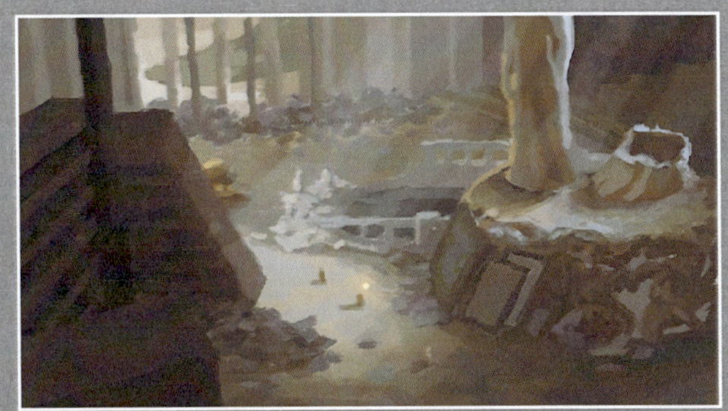

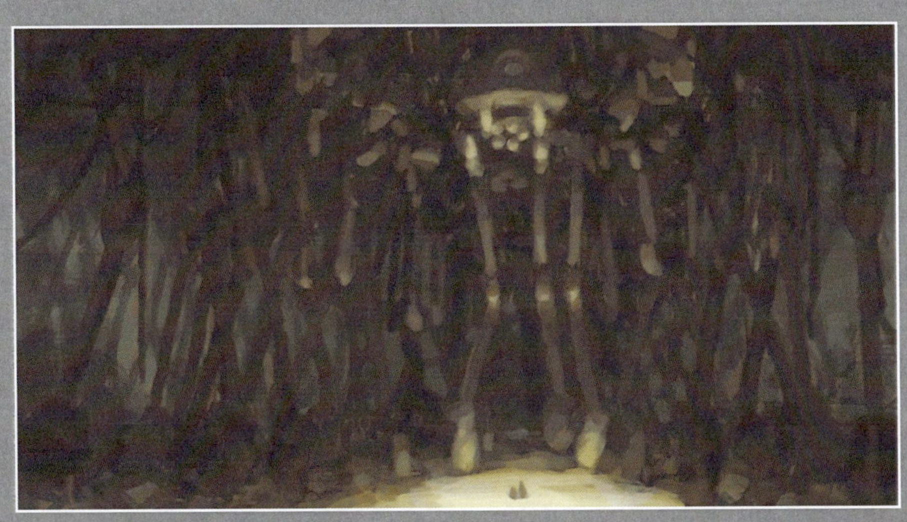

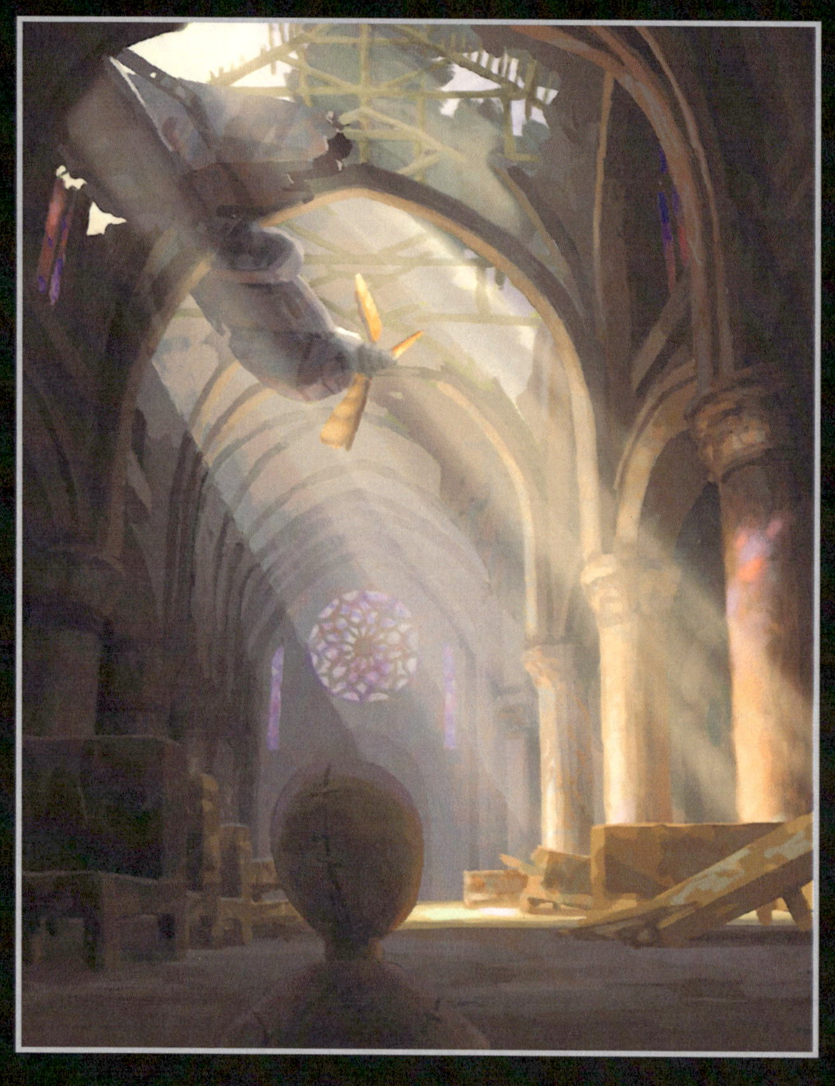

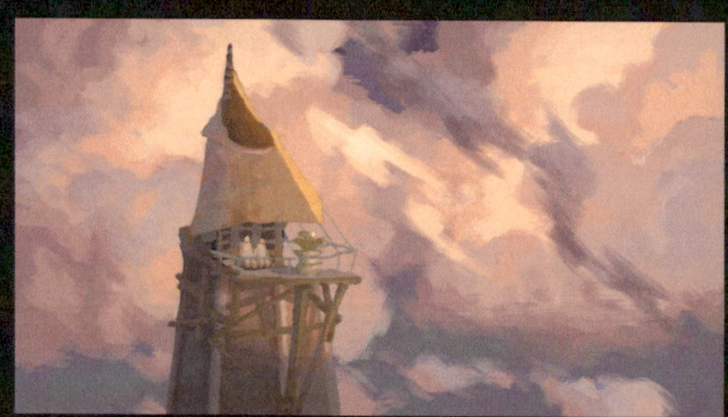

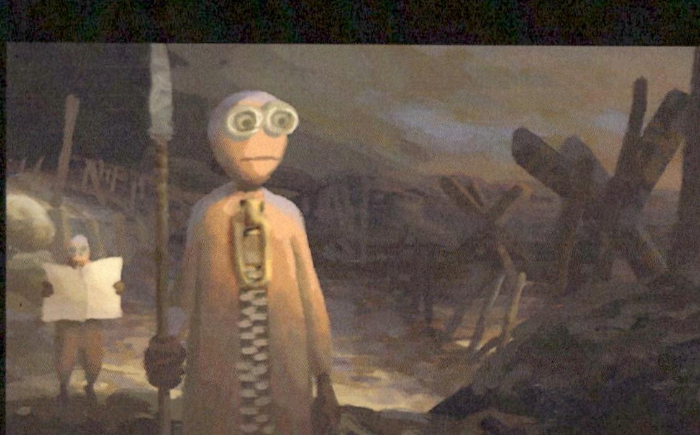

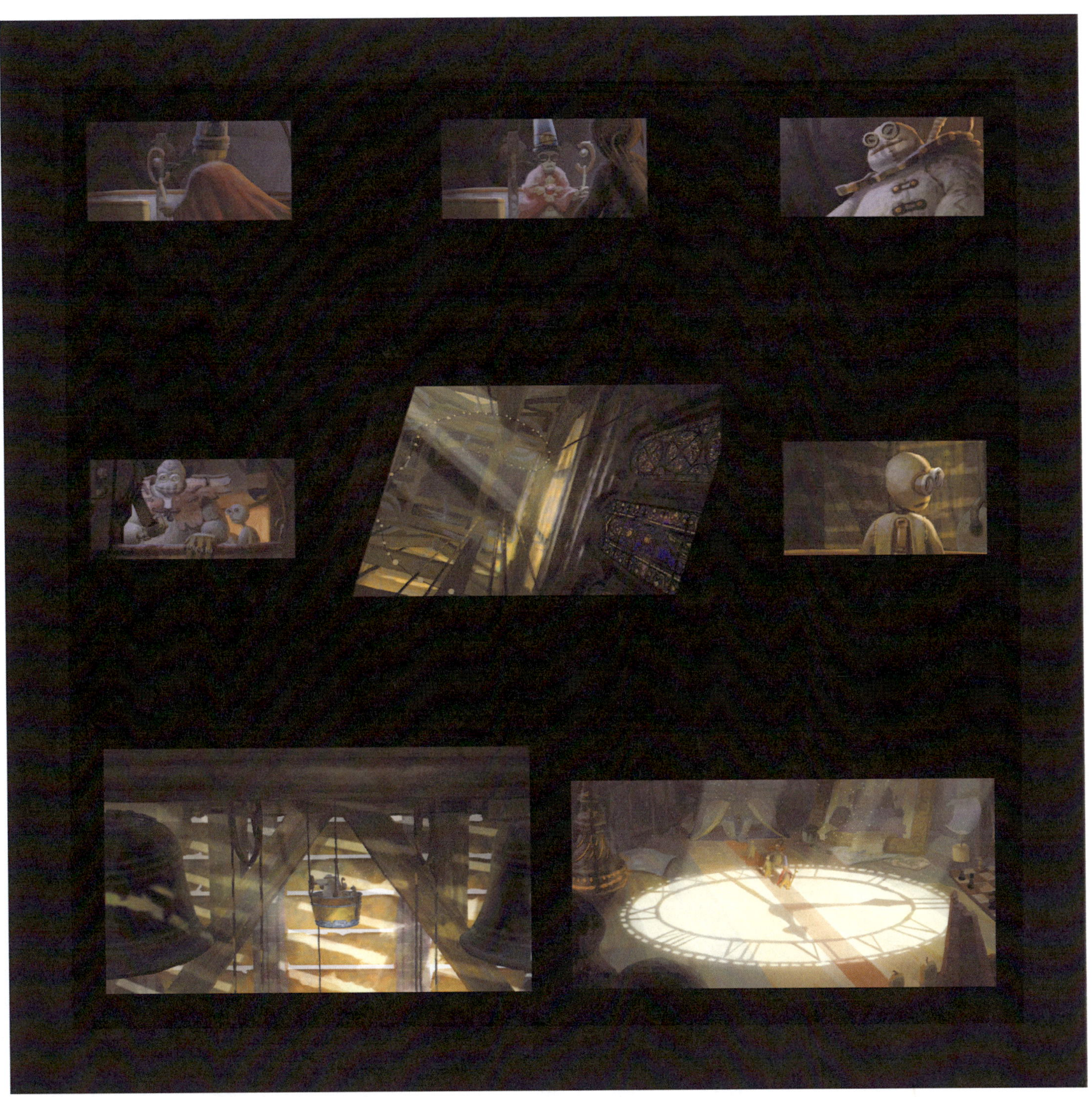

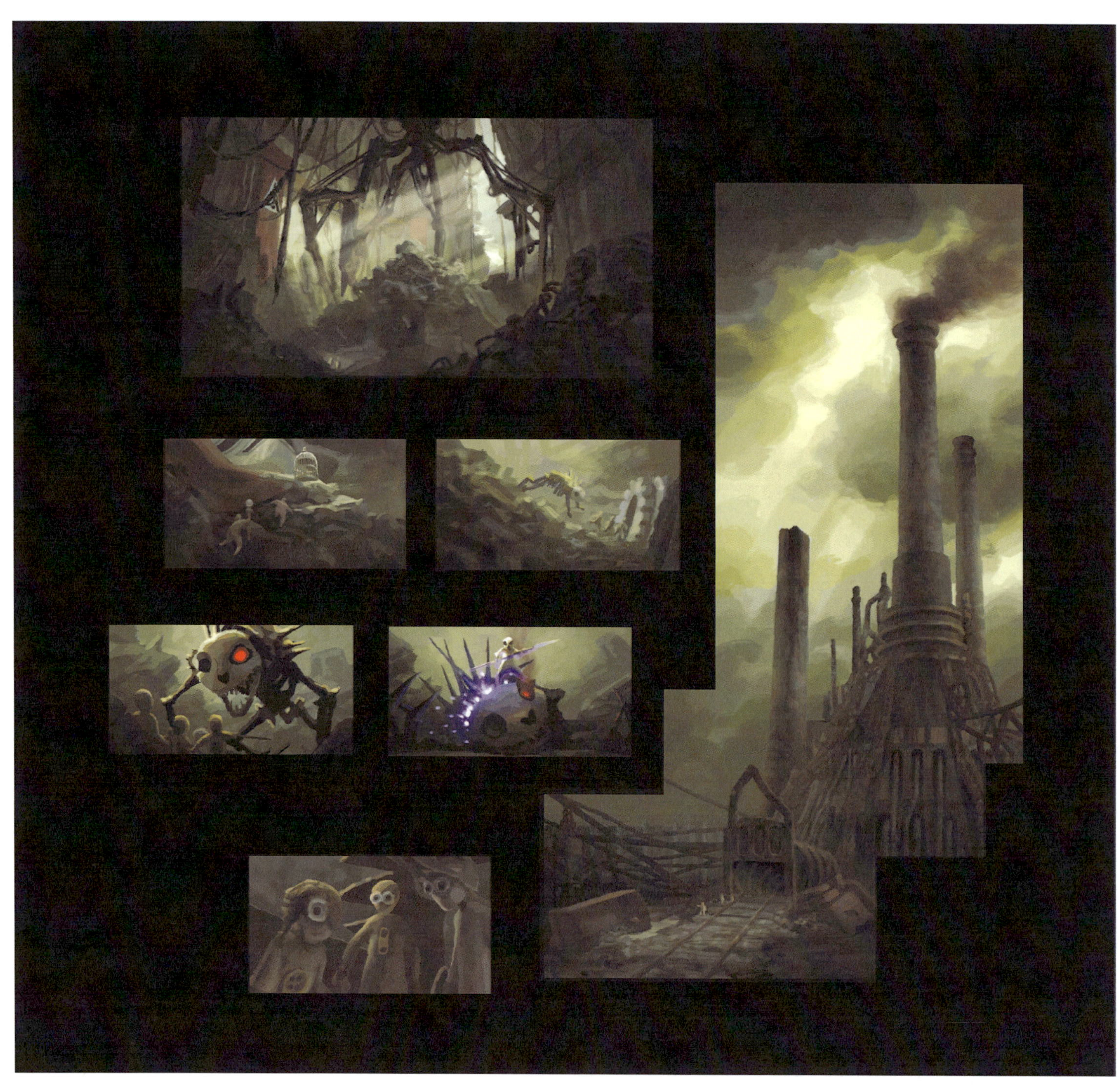

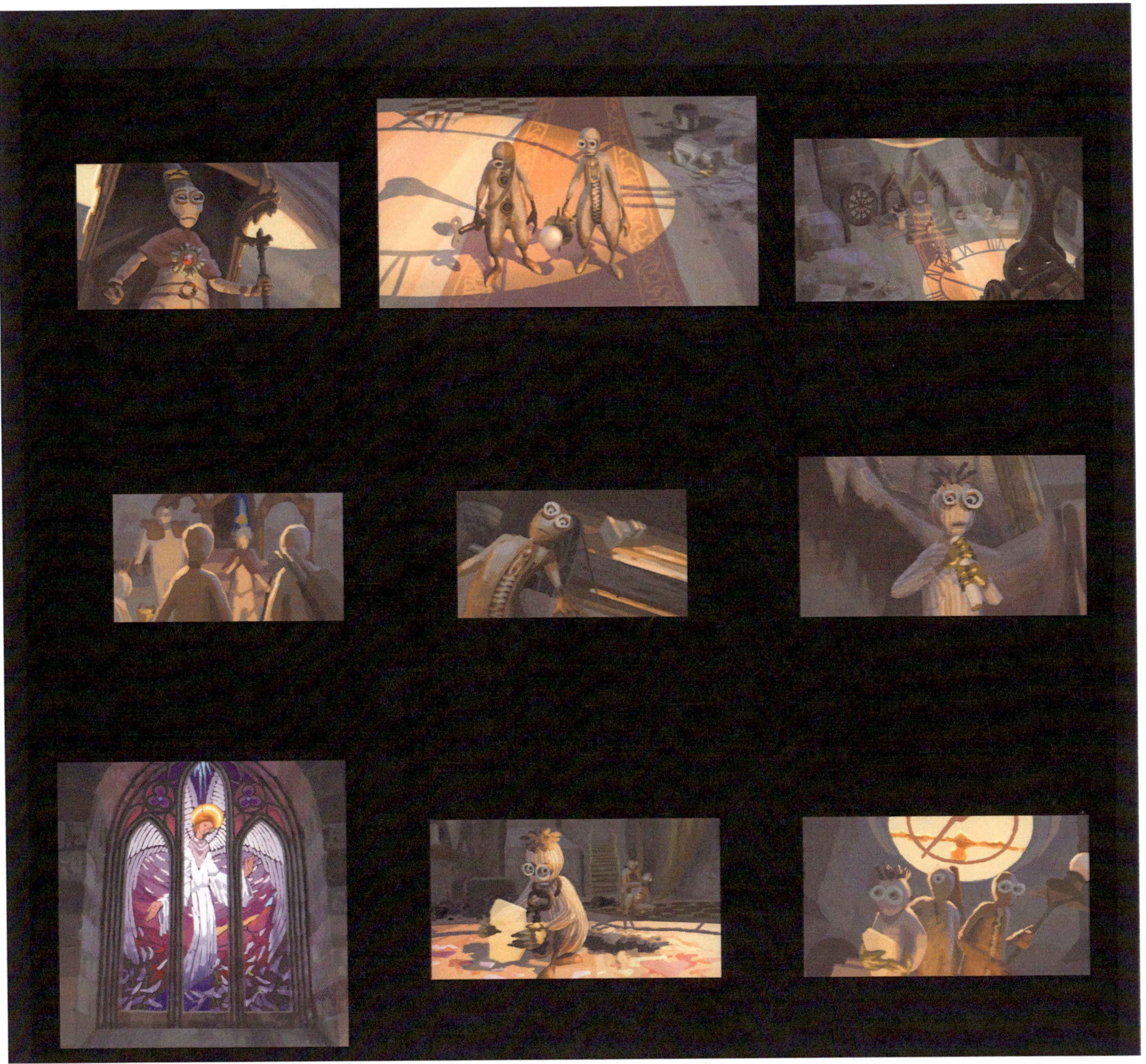

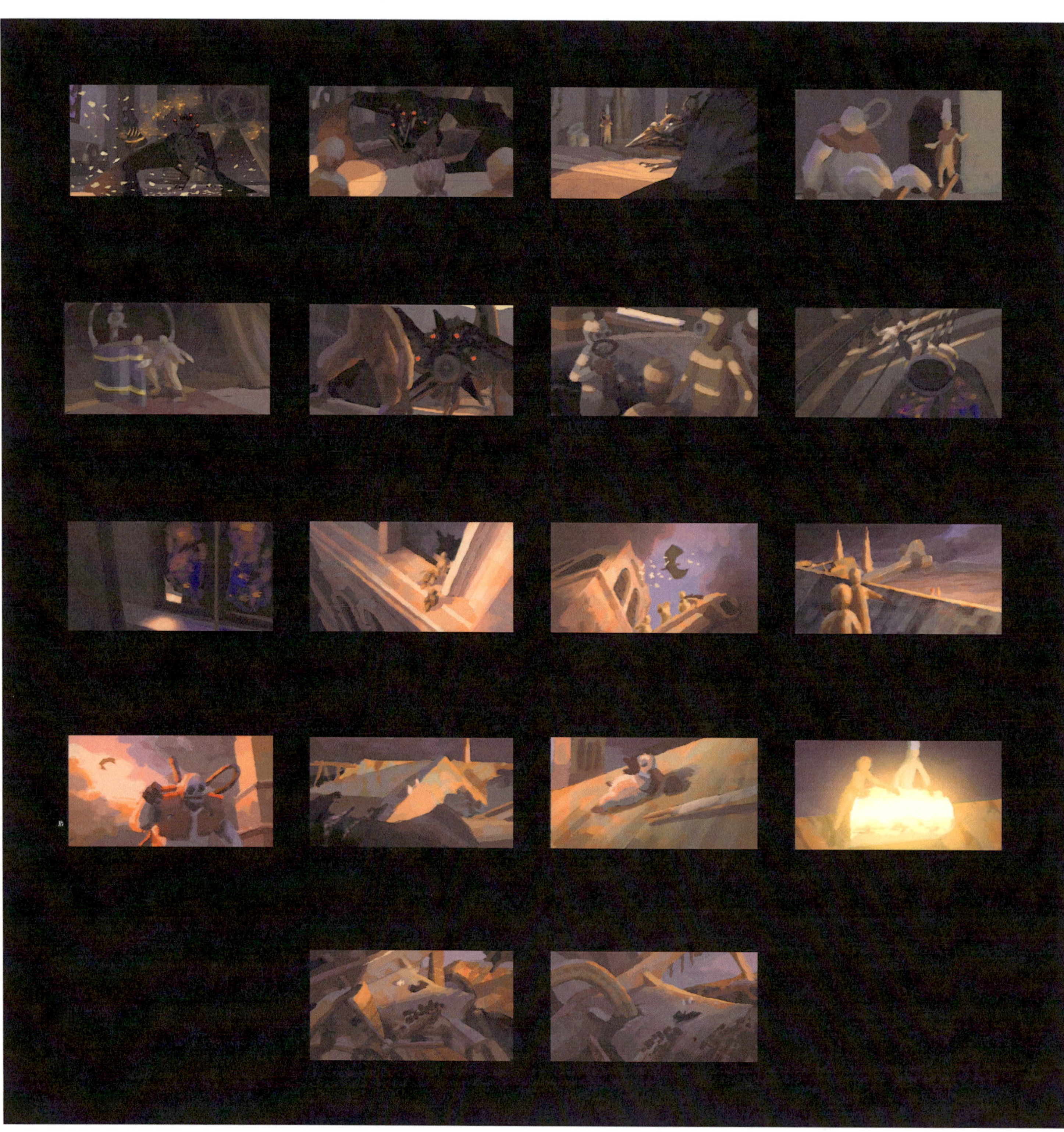

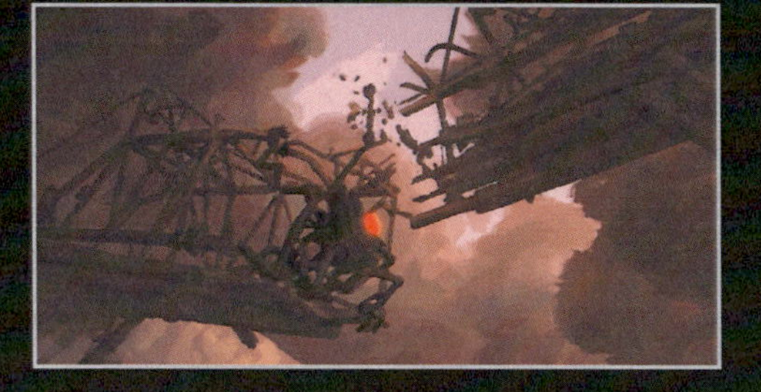
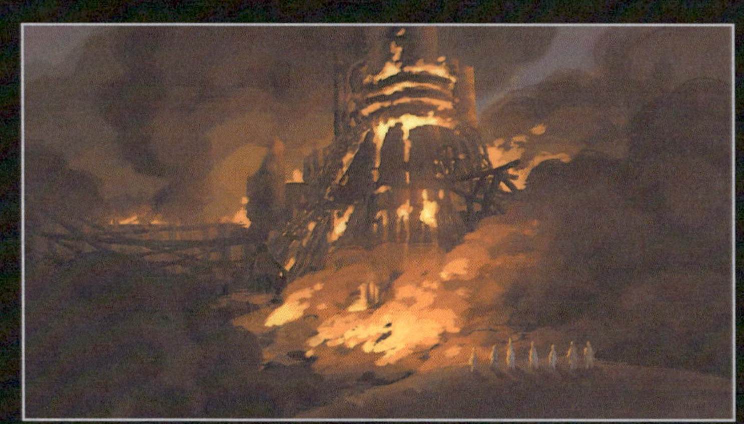
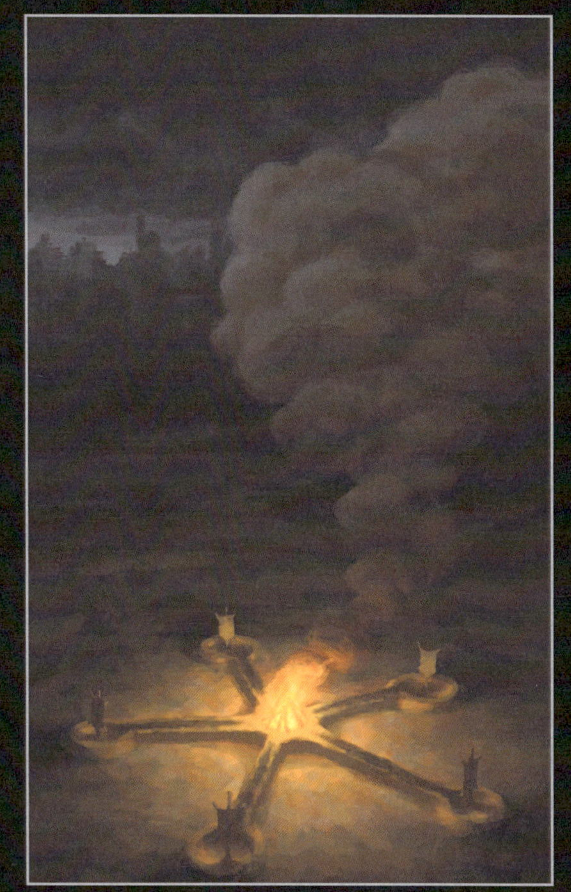
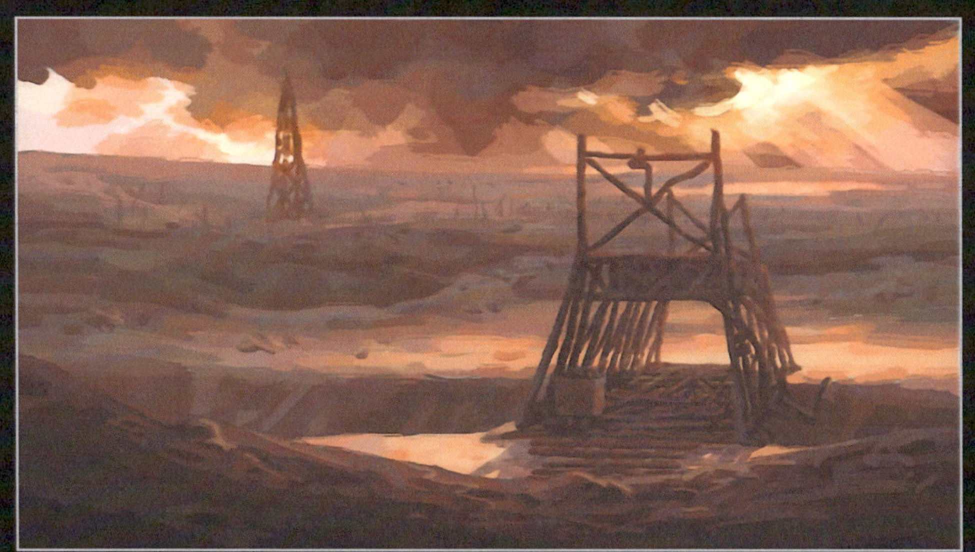

Miscellaneous work

The following pages gather a range of various works achieved for different studios, video game companies, or publishing houses, projects that were either completed or sometimes aborted.

Les pages suivantes réunissent un éventail de travaux divers réalisés pour différents studios, compagnies de jeux vidéos ou maisons d'édition, projets aboutis ou parfois avortés.

杂务活

下面几页收集了众多我为工作室，电脑游戏公司，或出版社工作的项目，有些完工了，有些停工了。

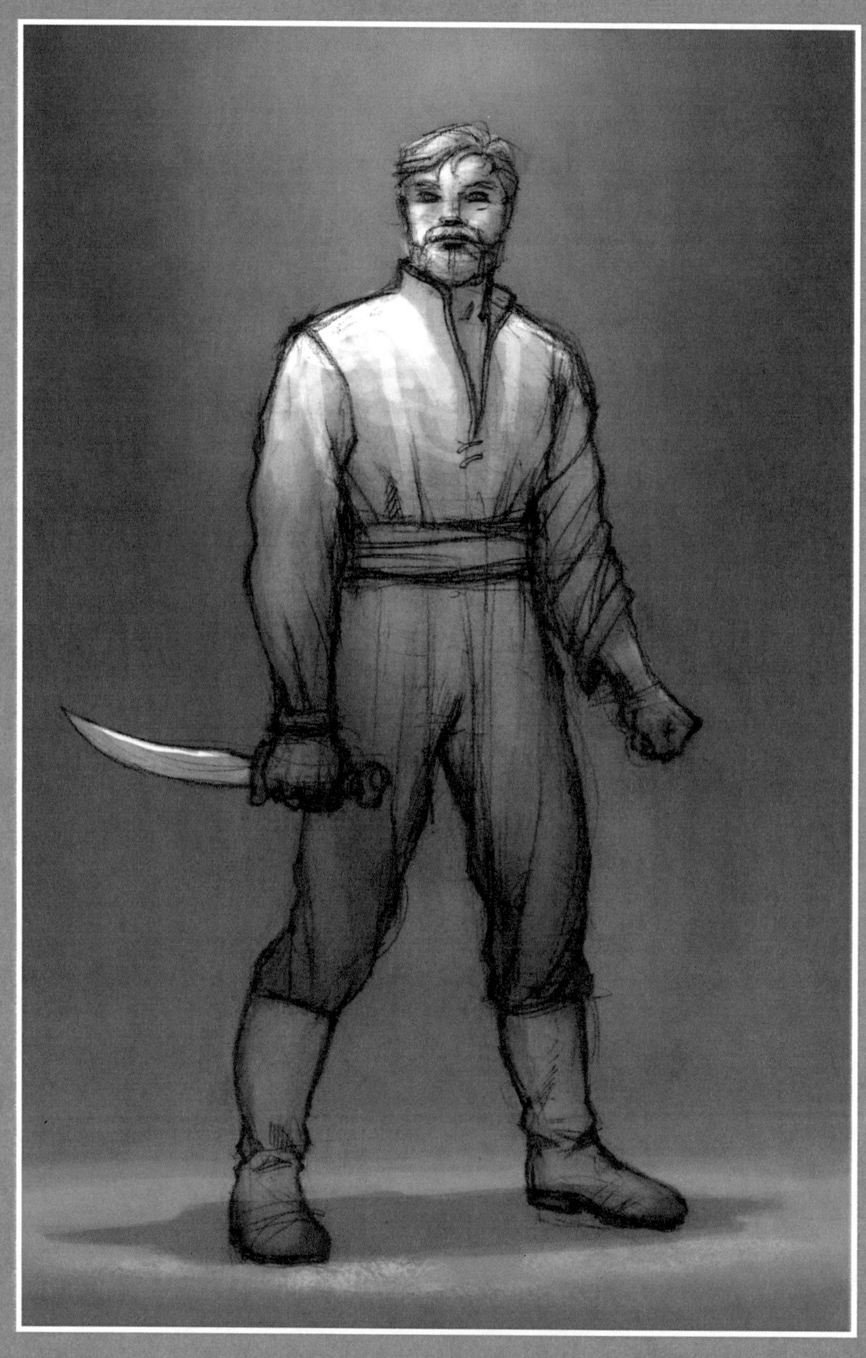

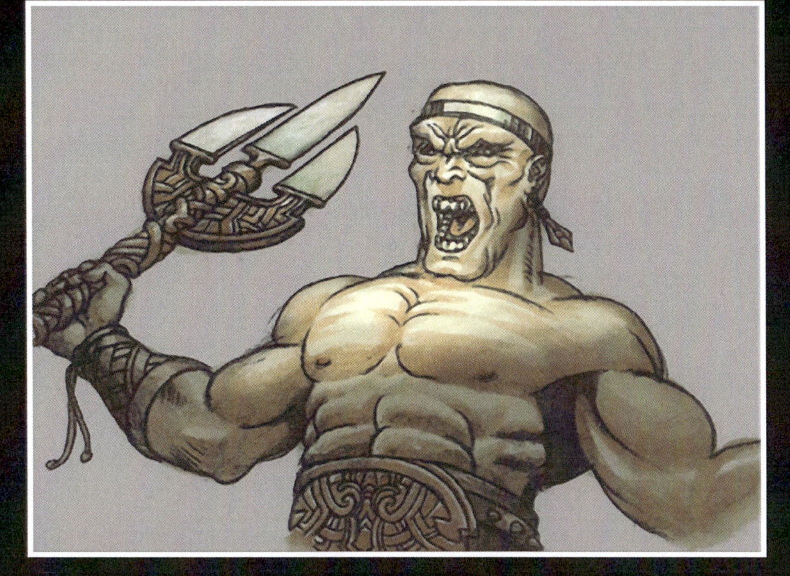

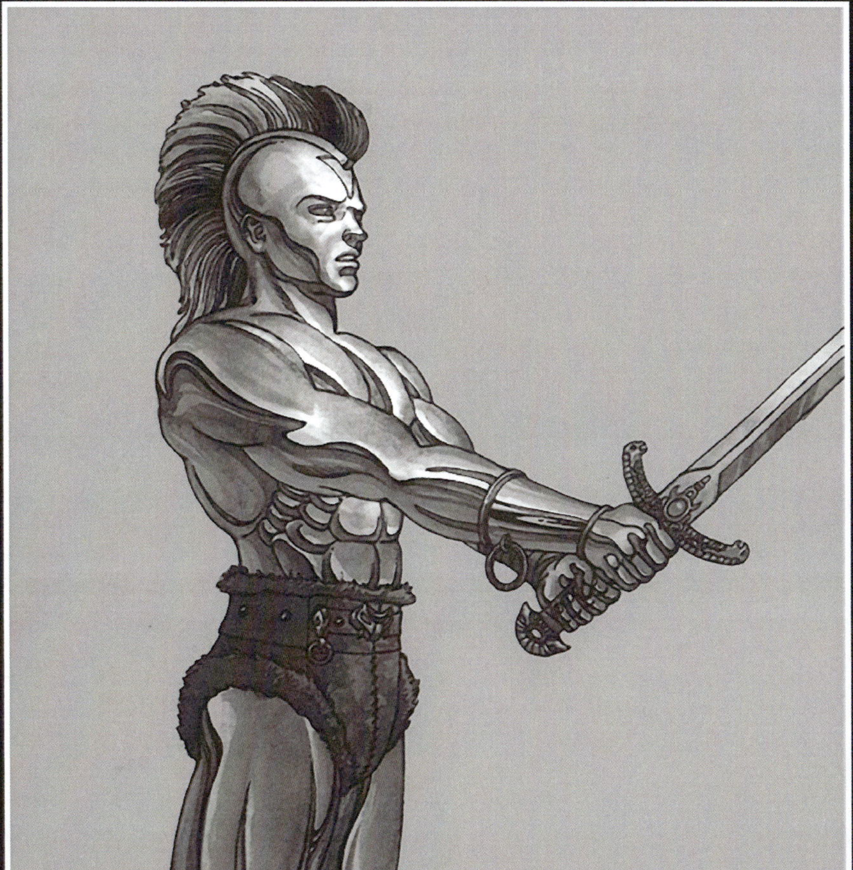

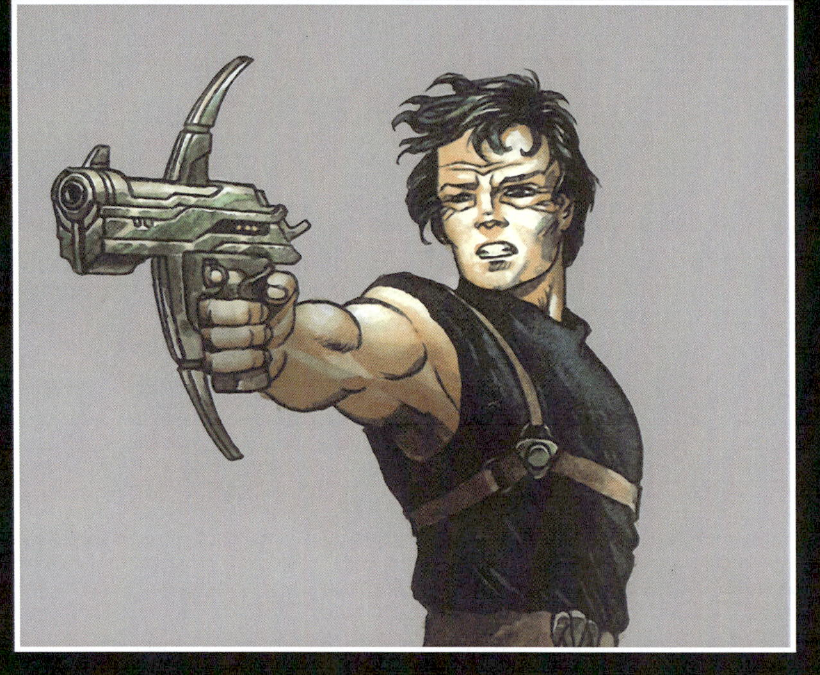

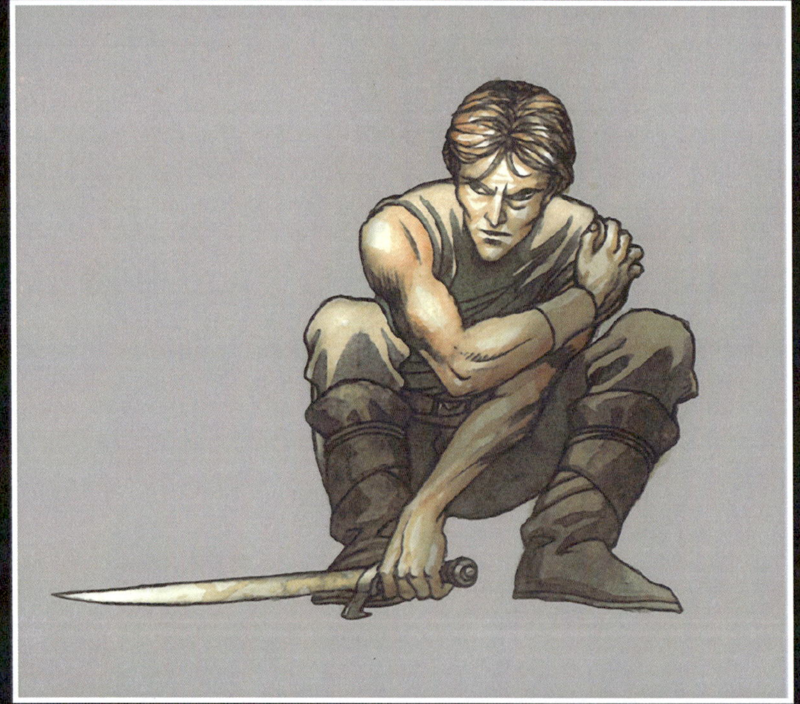

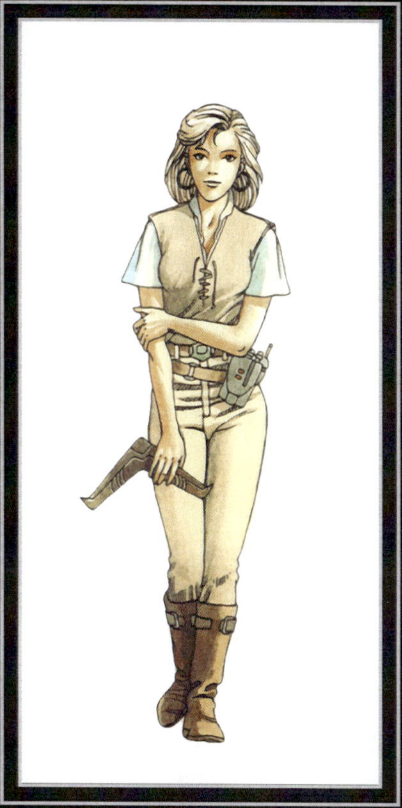

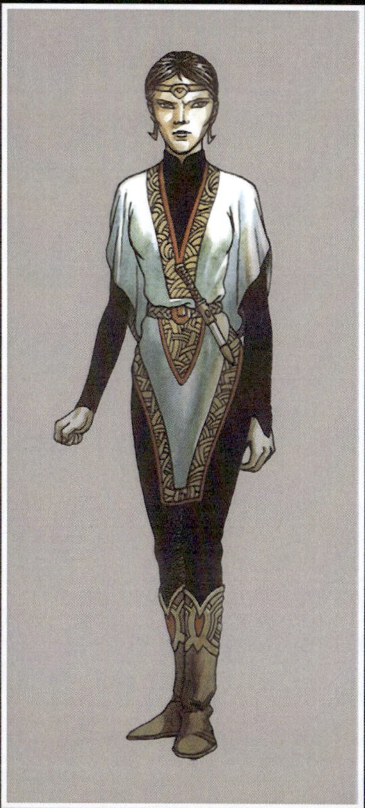

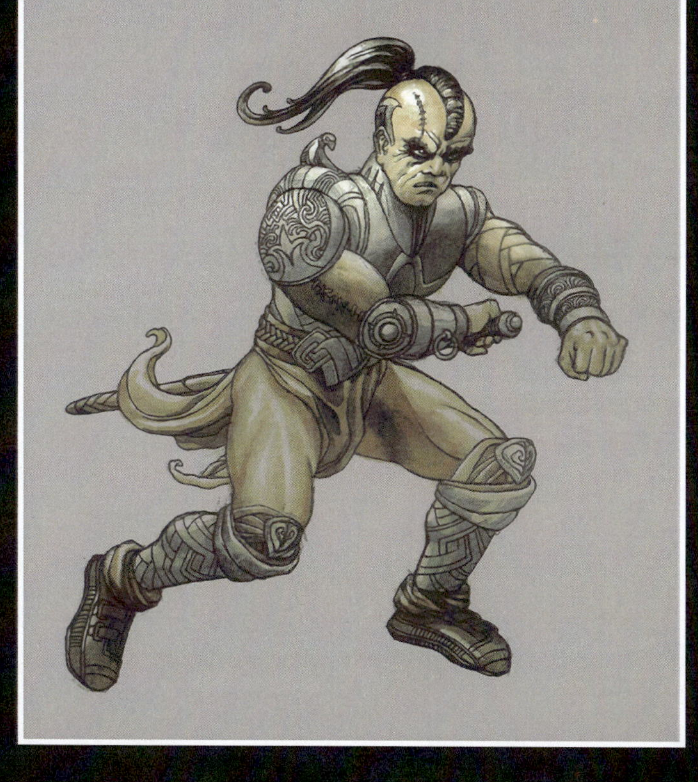

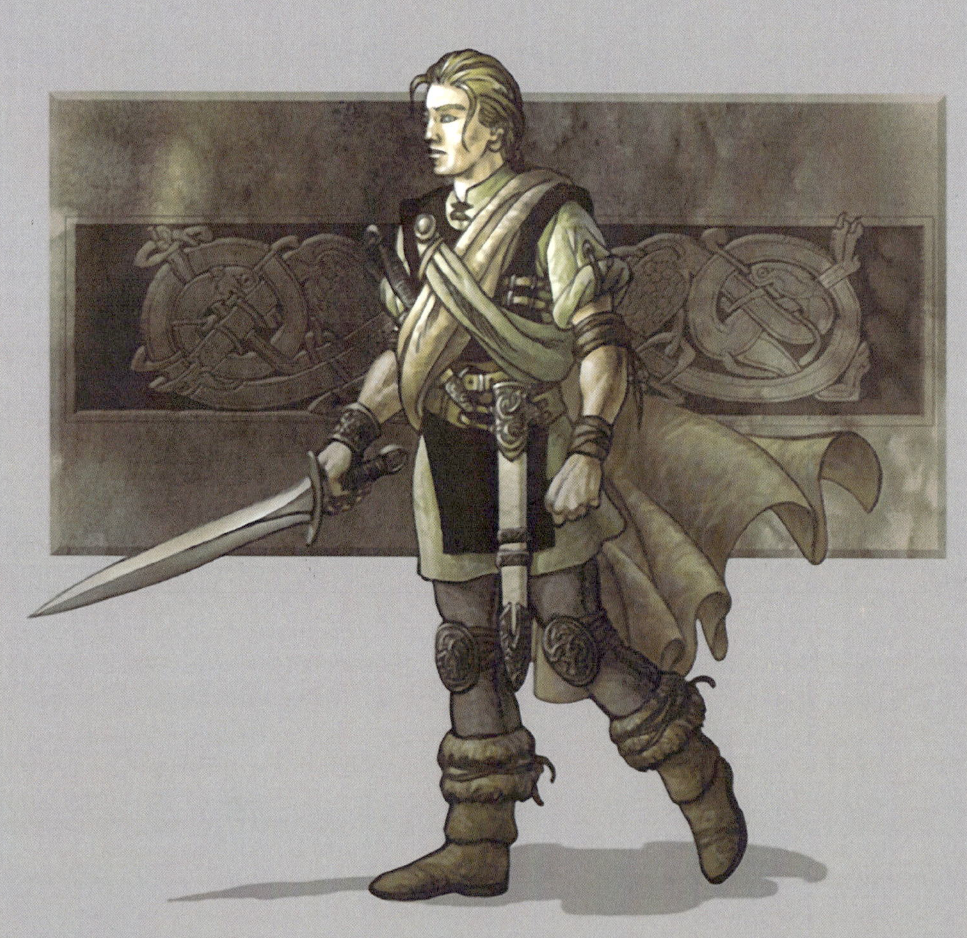

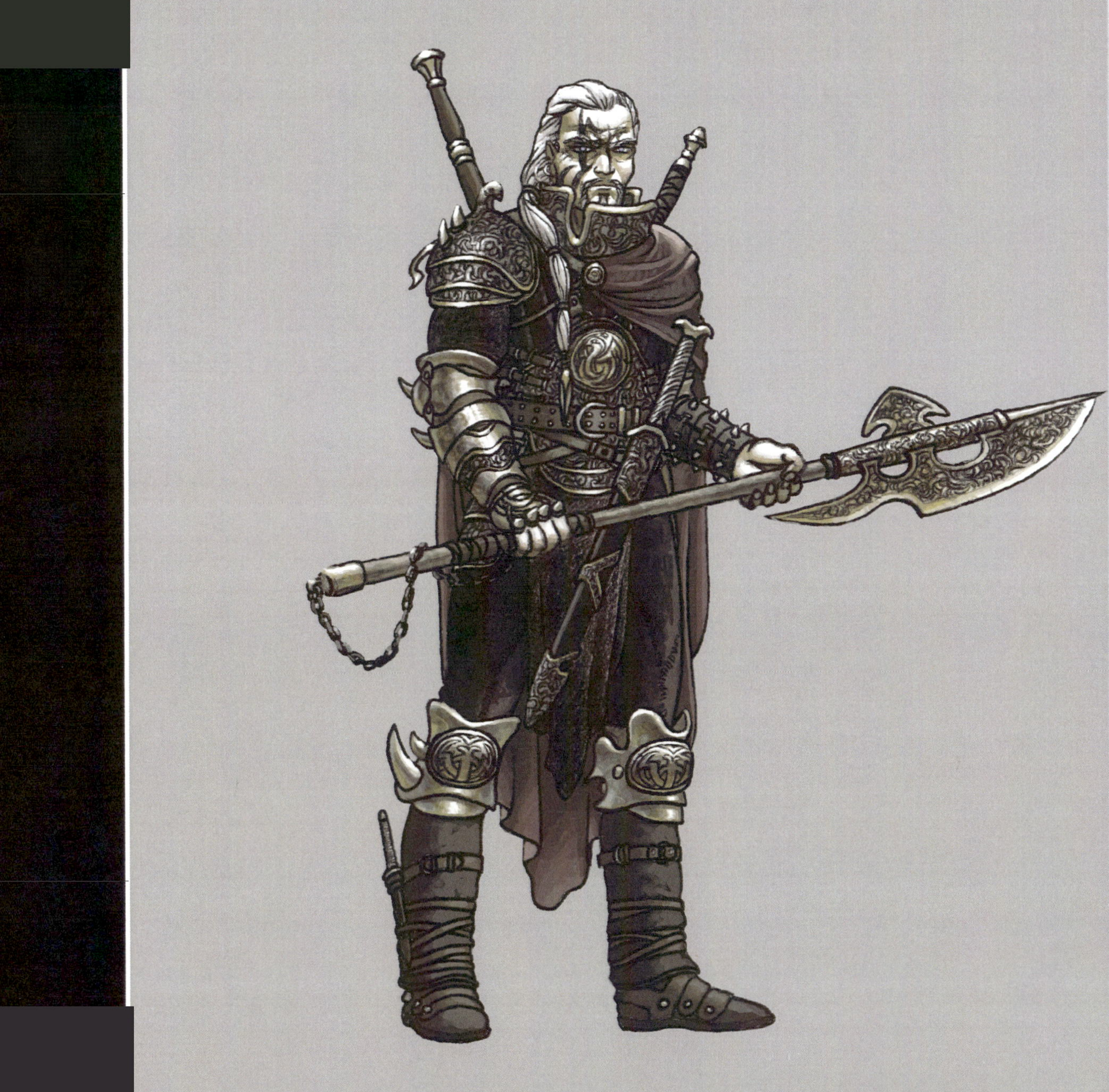

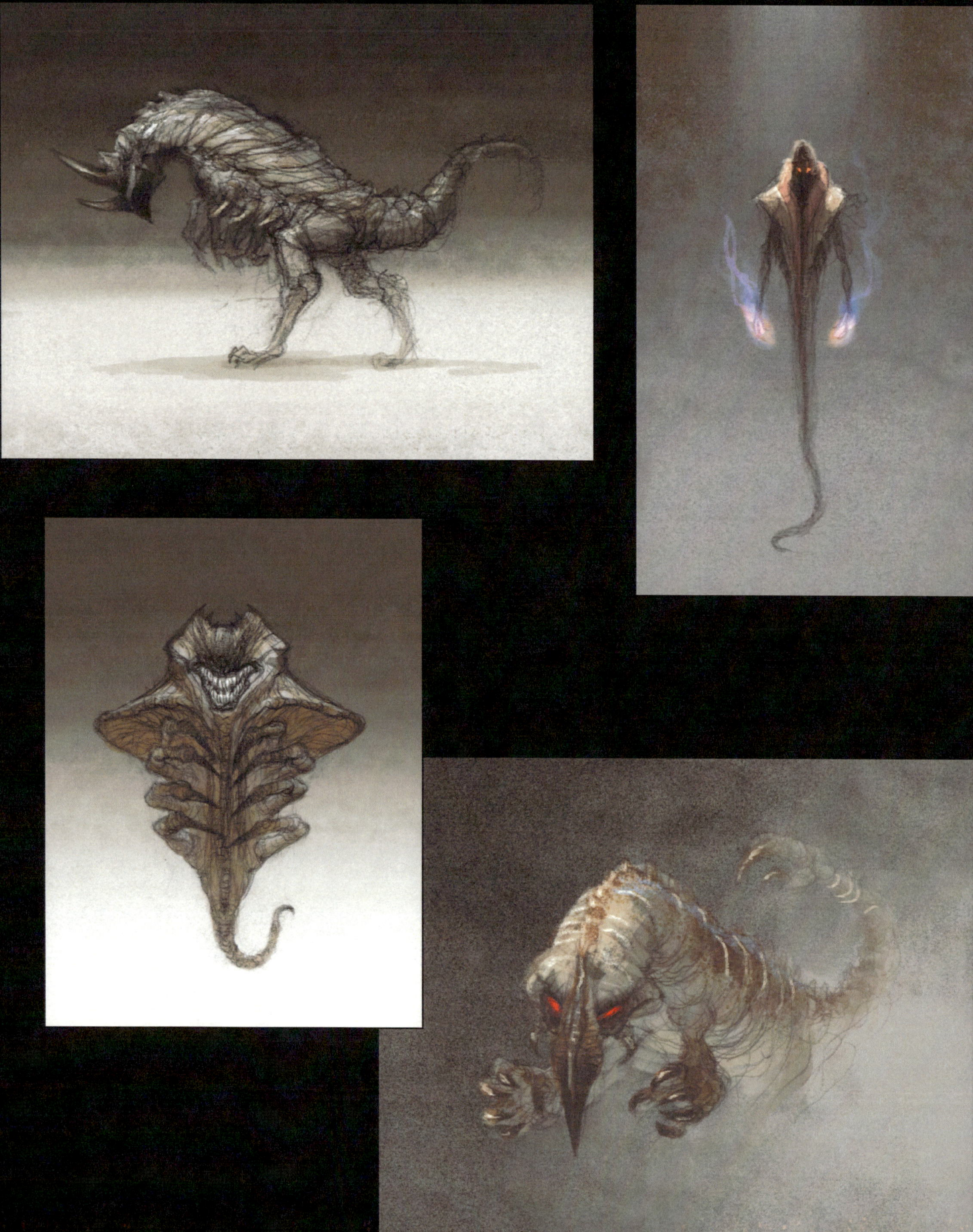

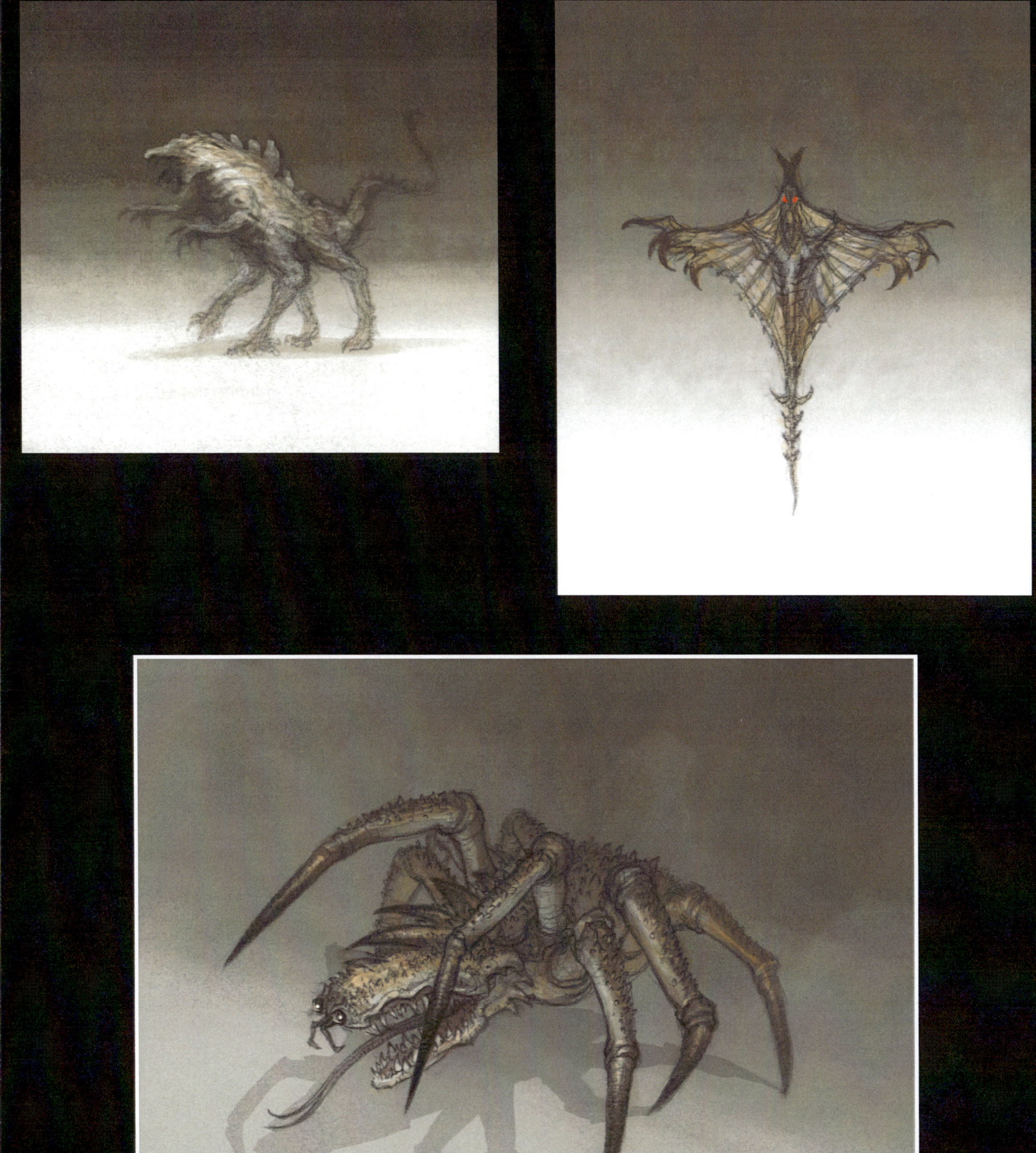

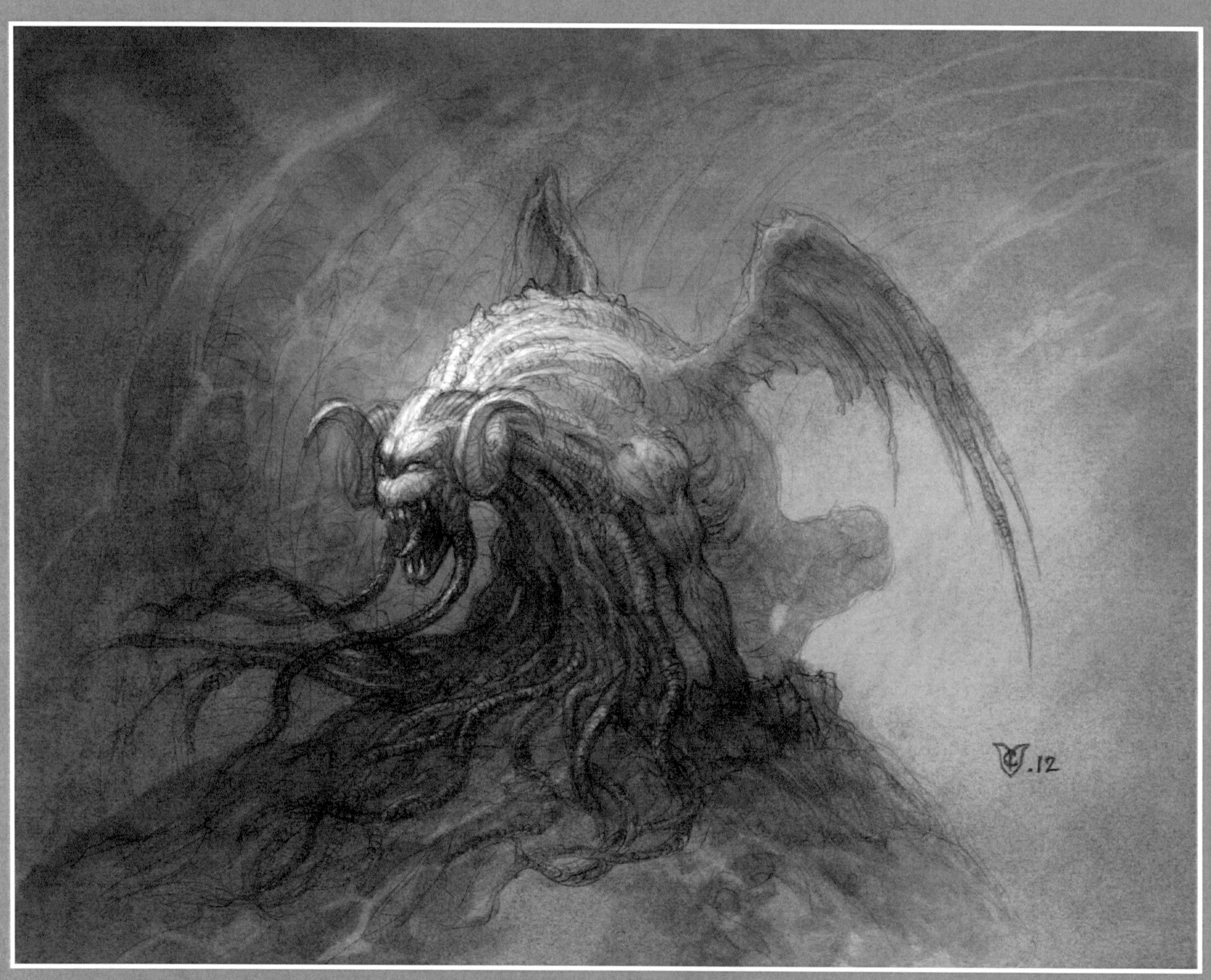

Lovecraft's Cthulhu creature
Pencil and Photoshop

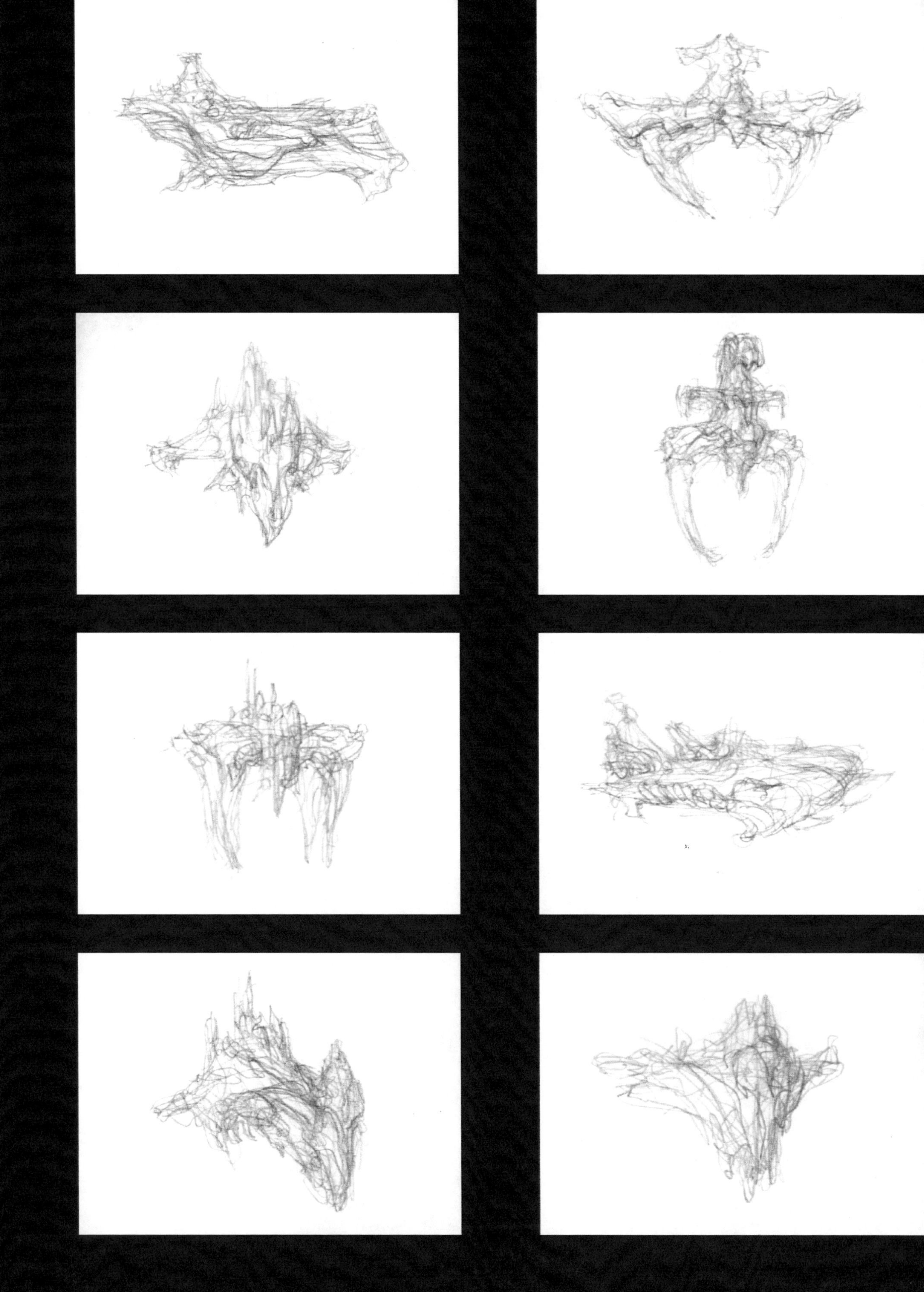

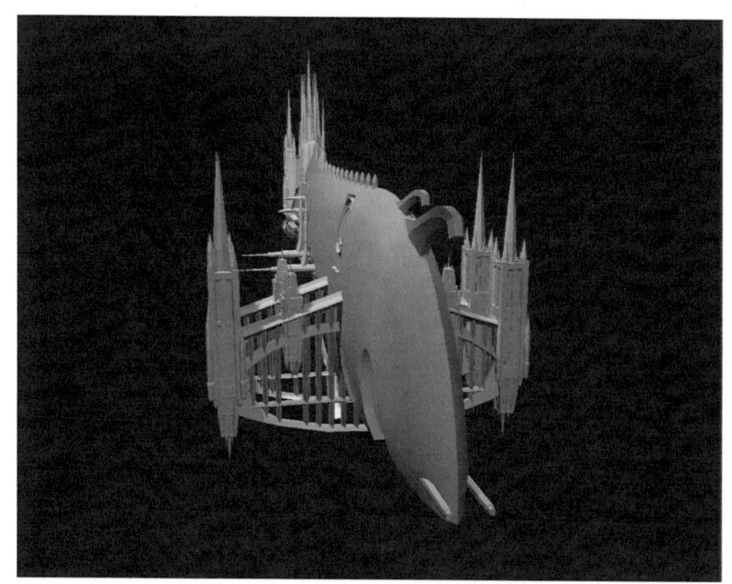

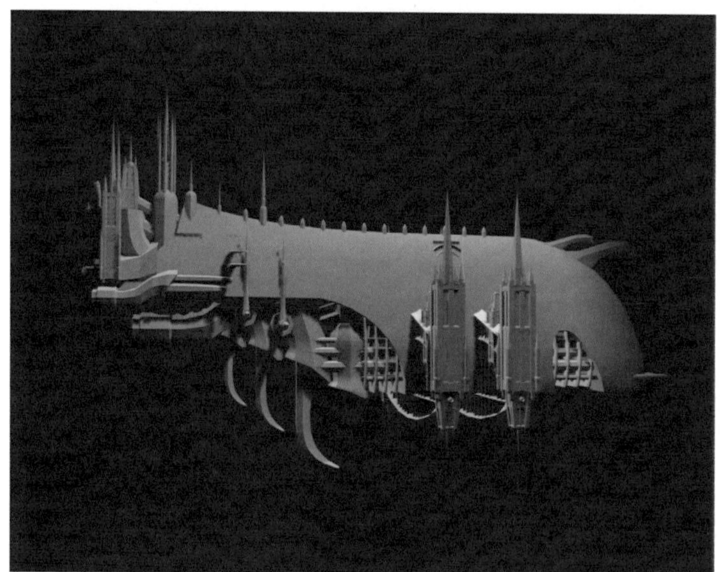

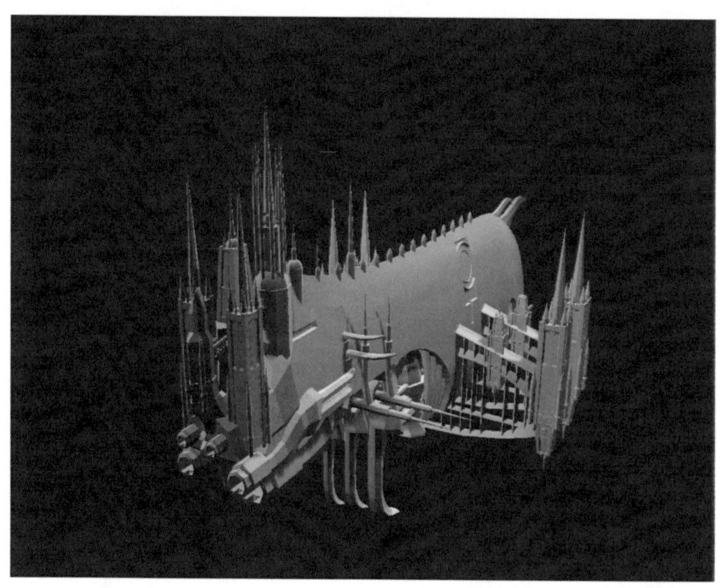

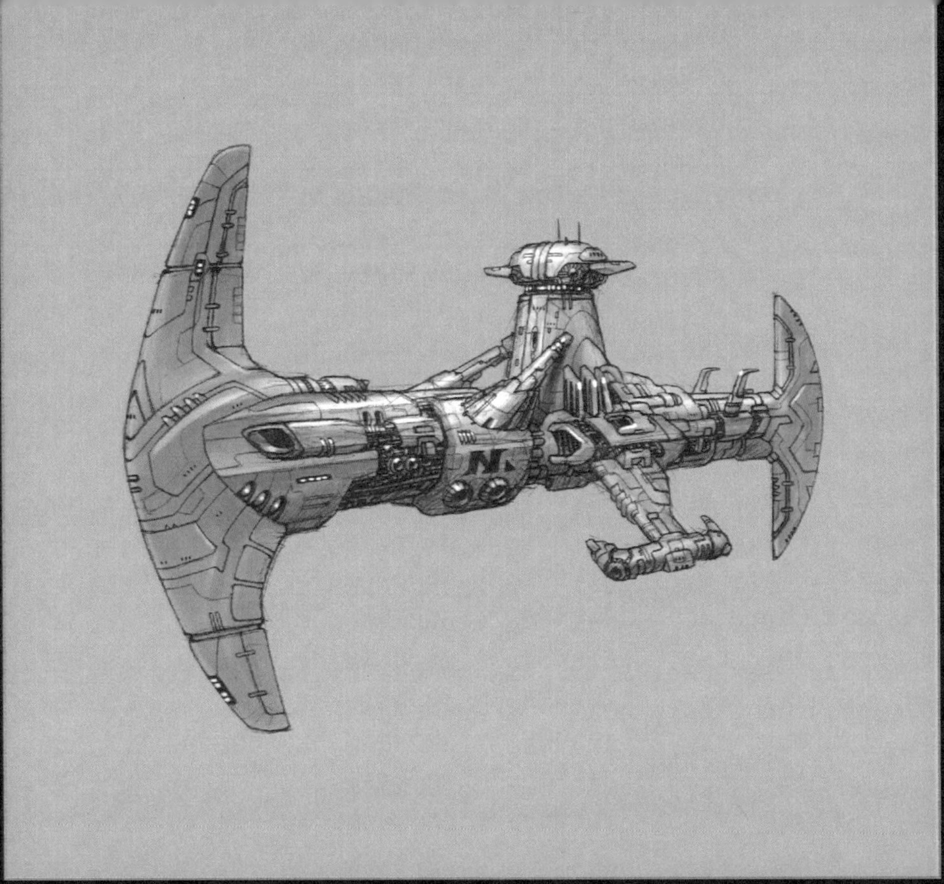

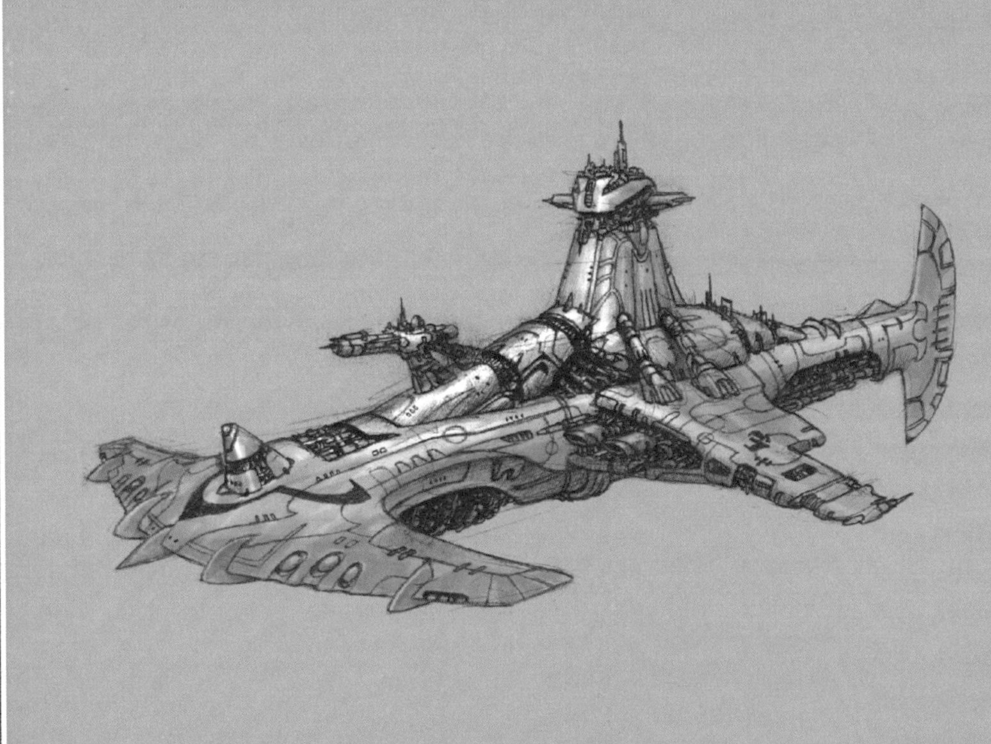

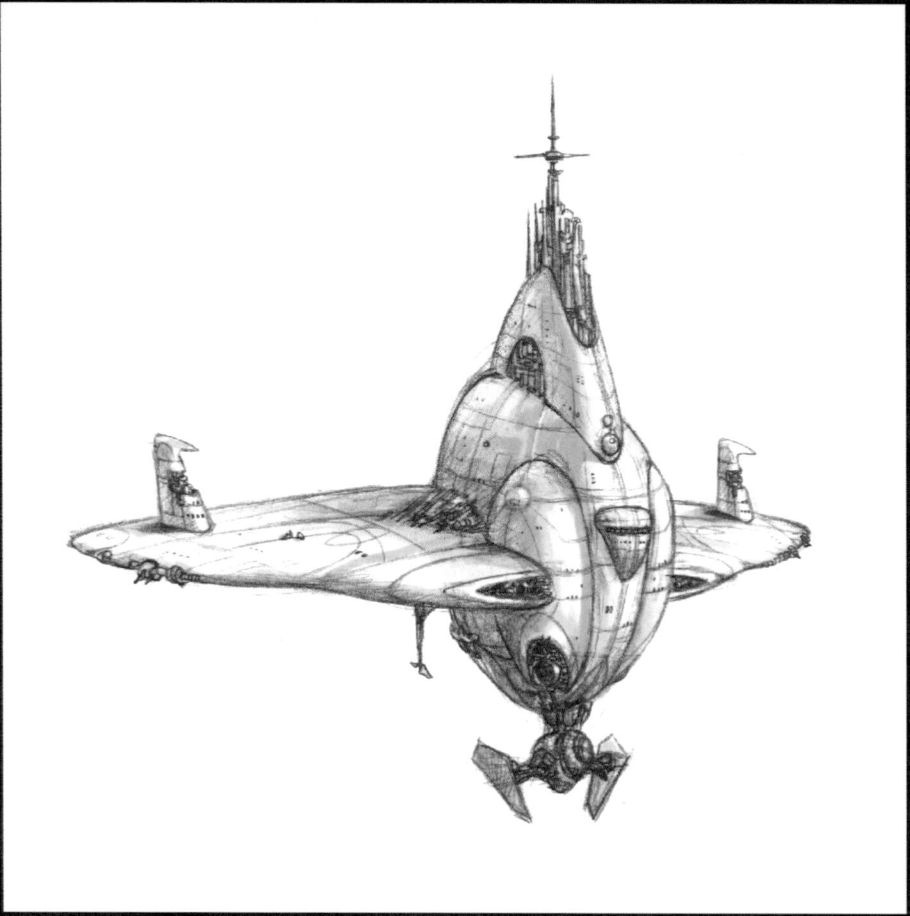

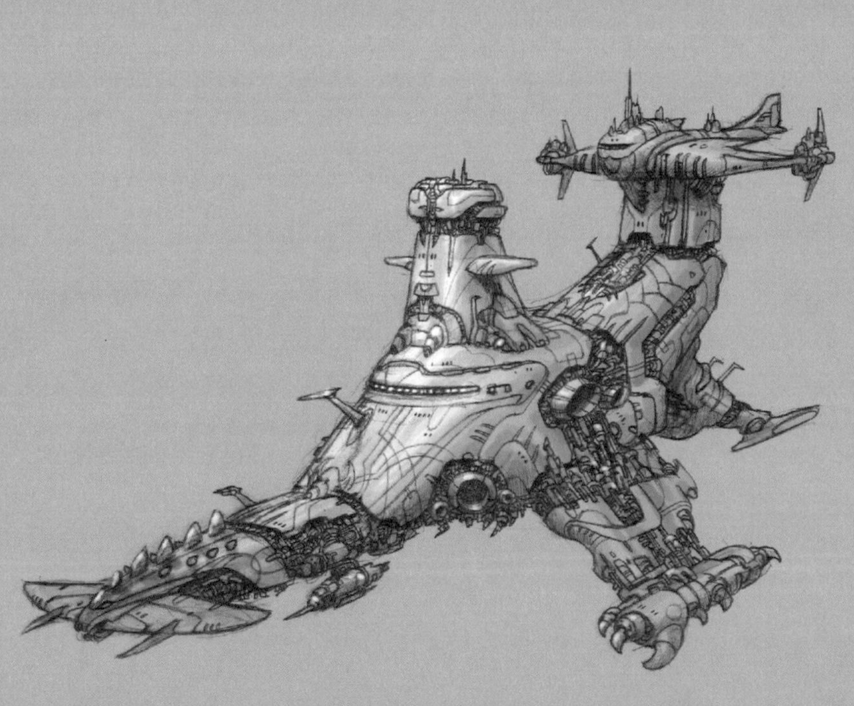

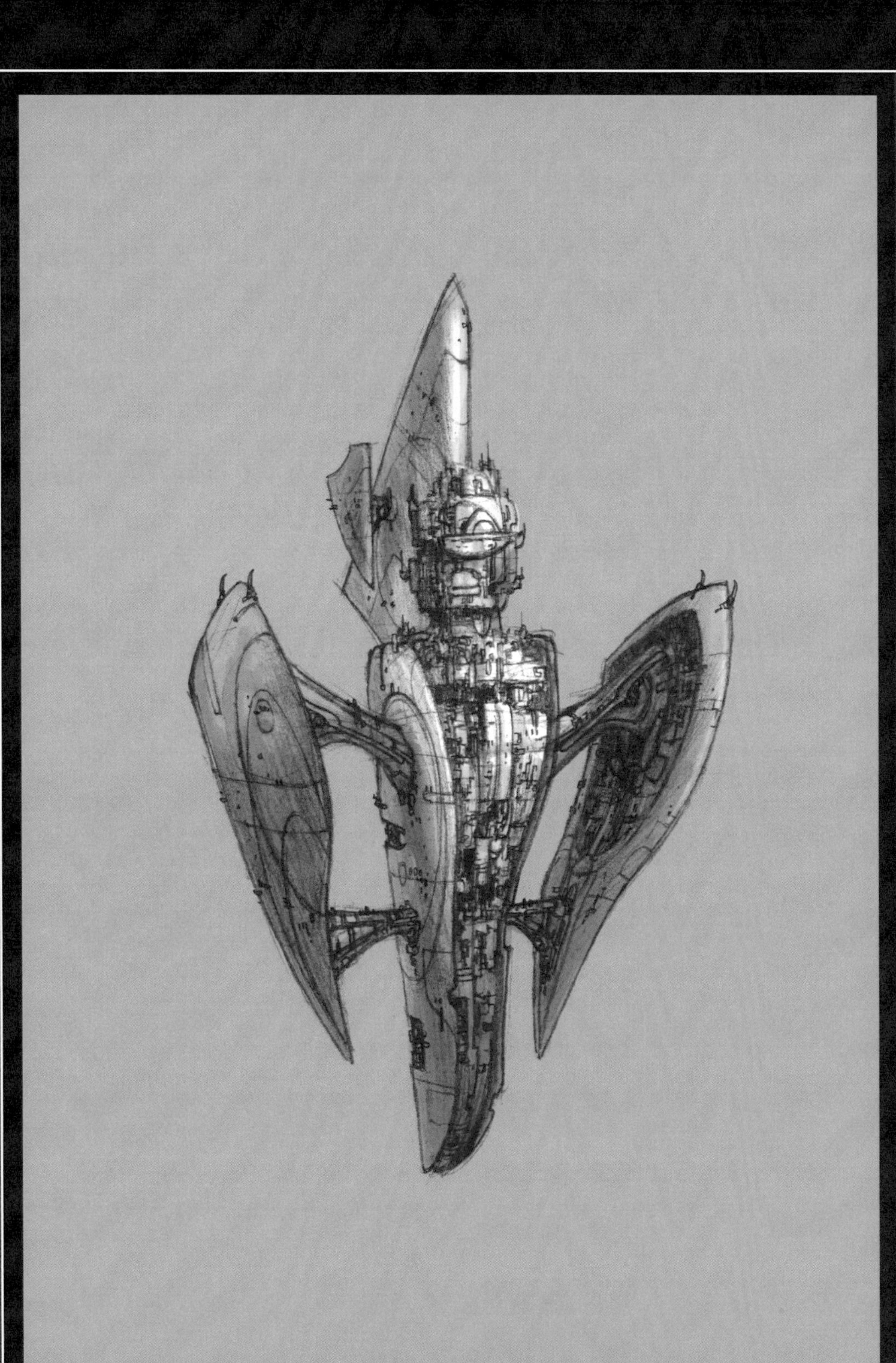

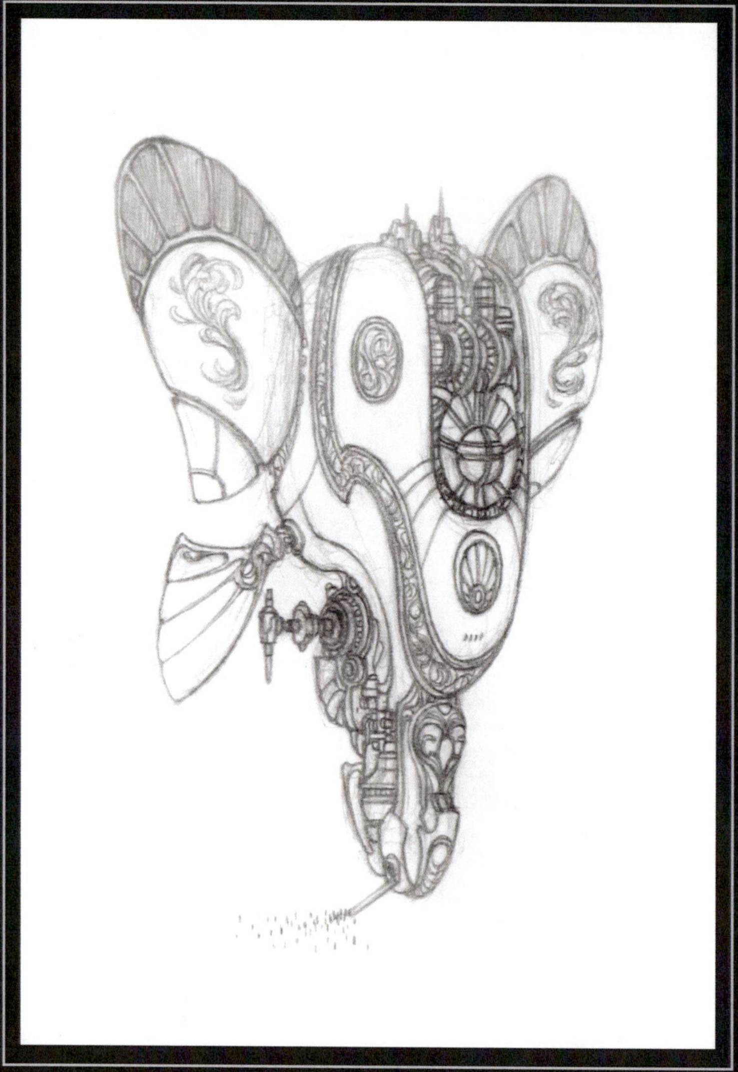

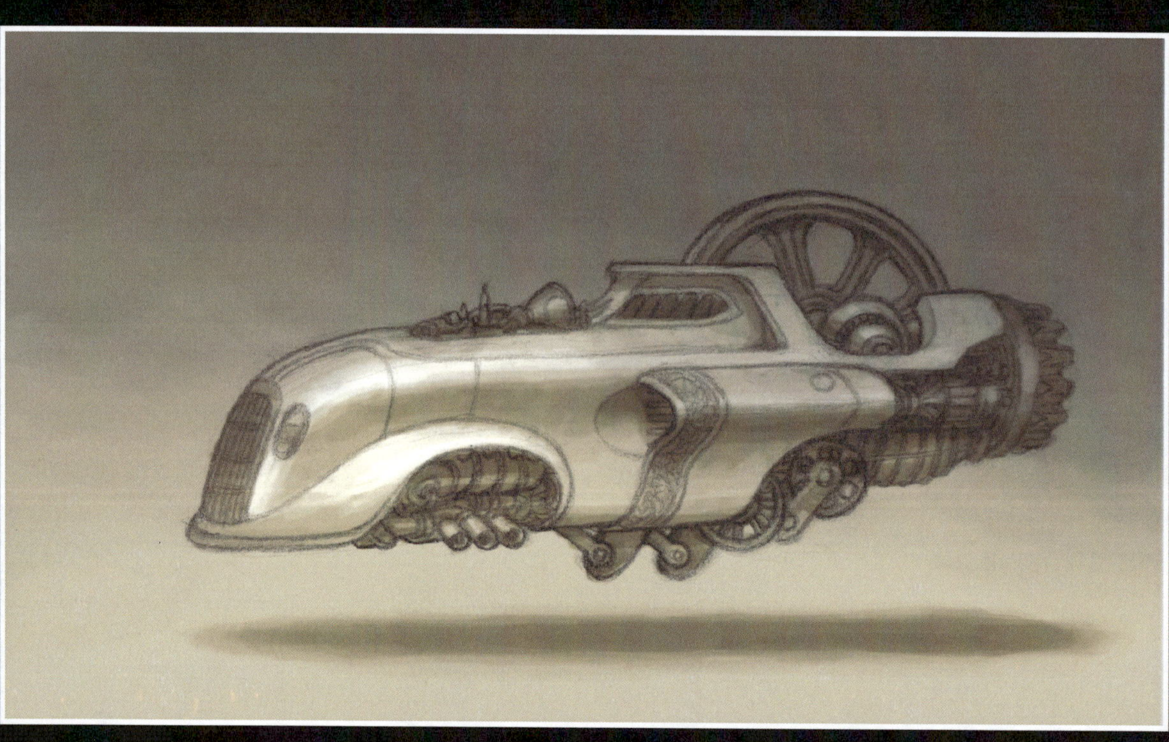

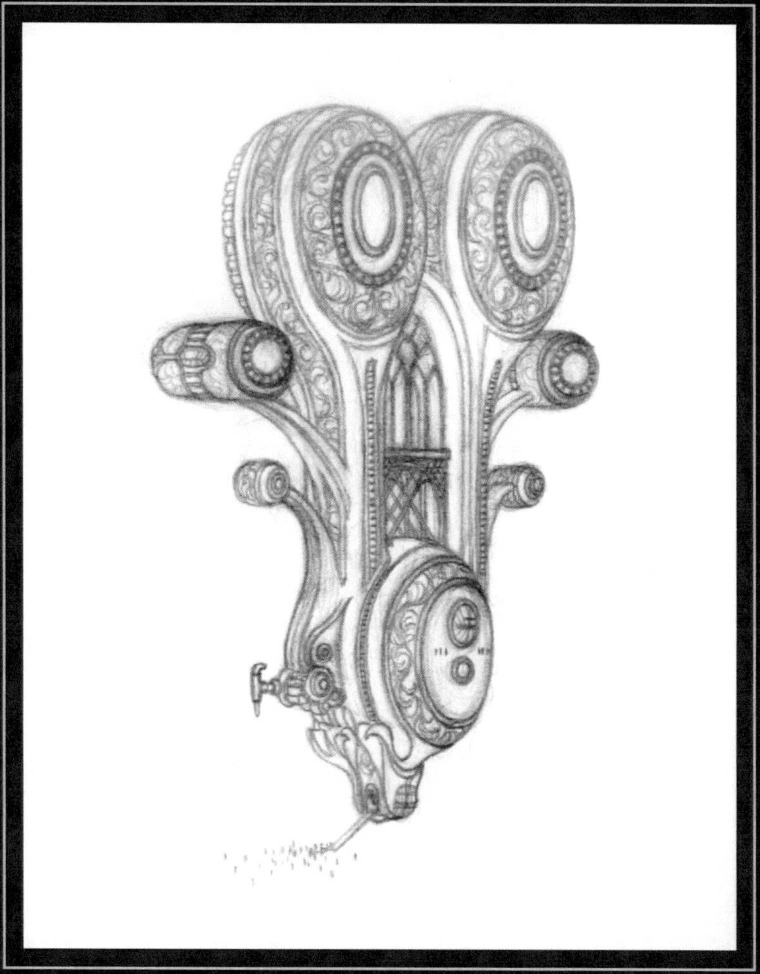

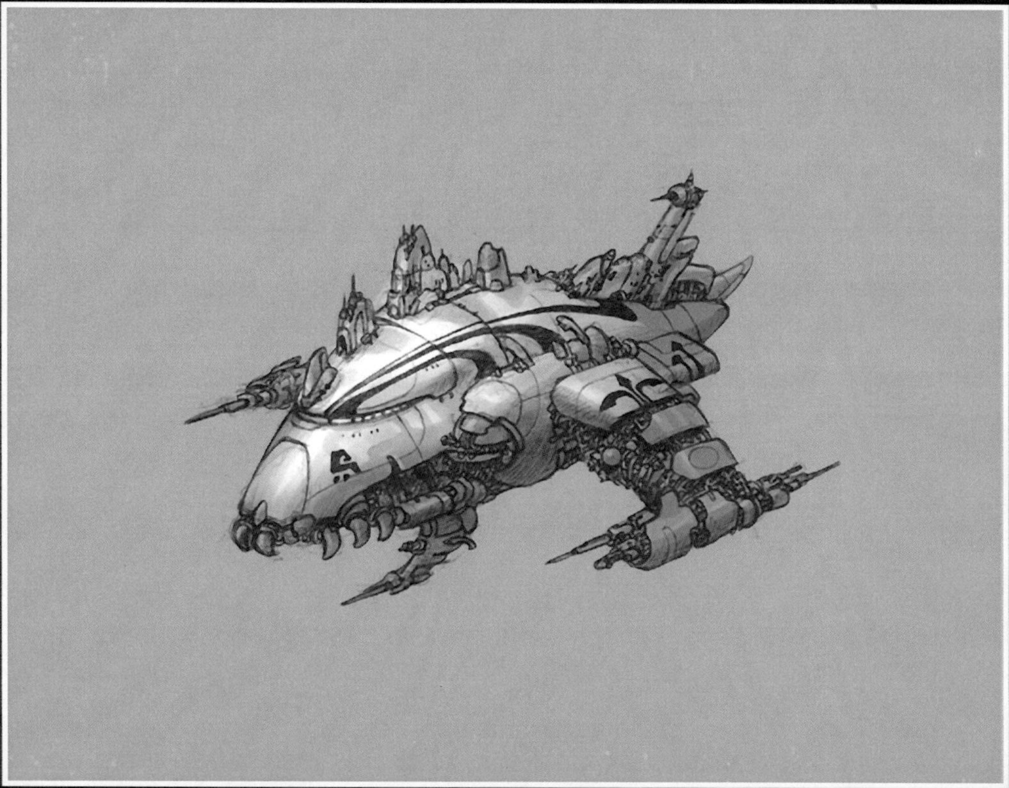

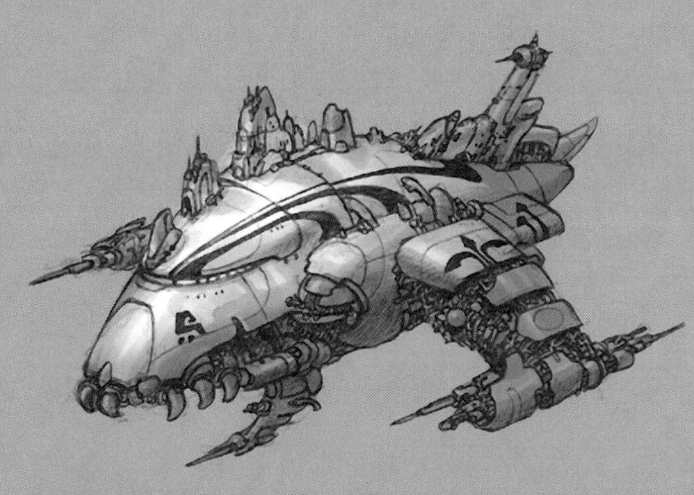

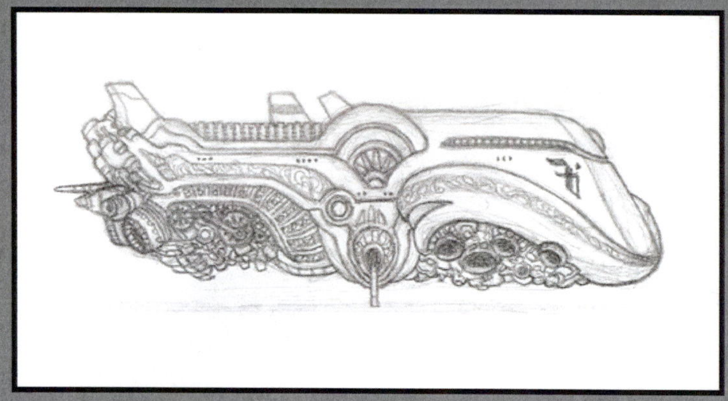

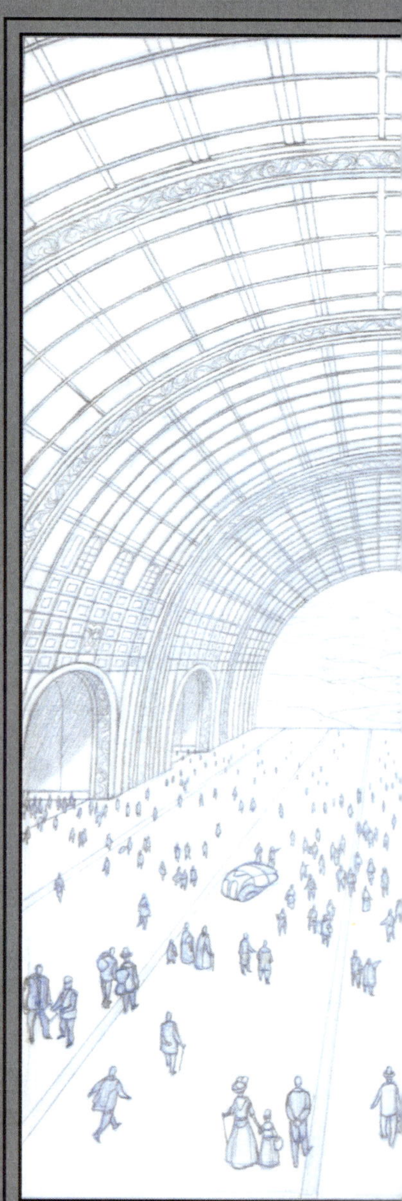

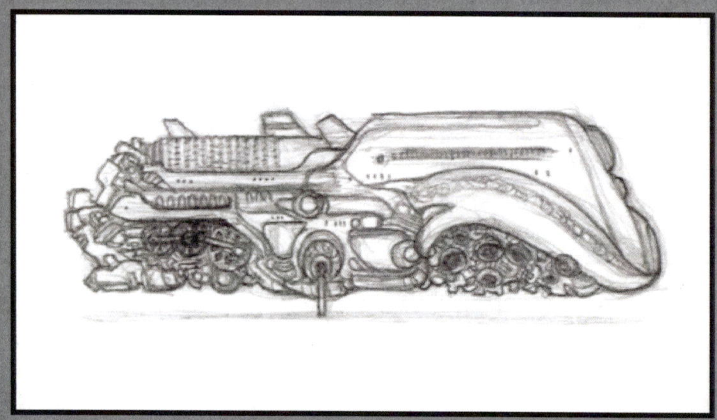

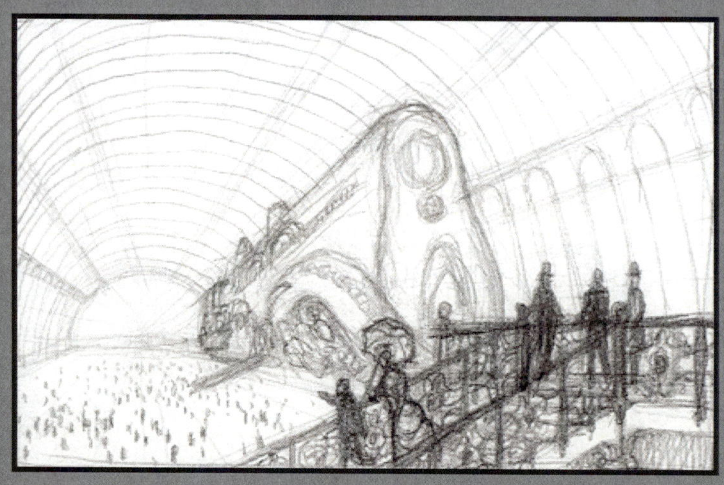

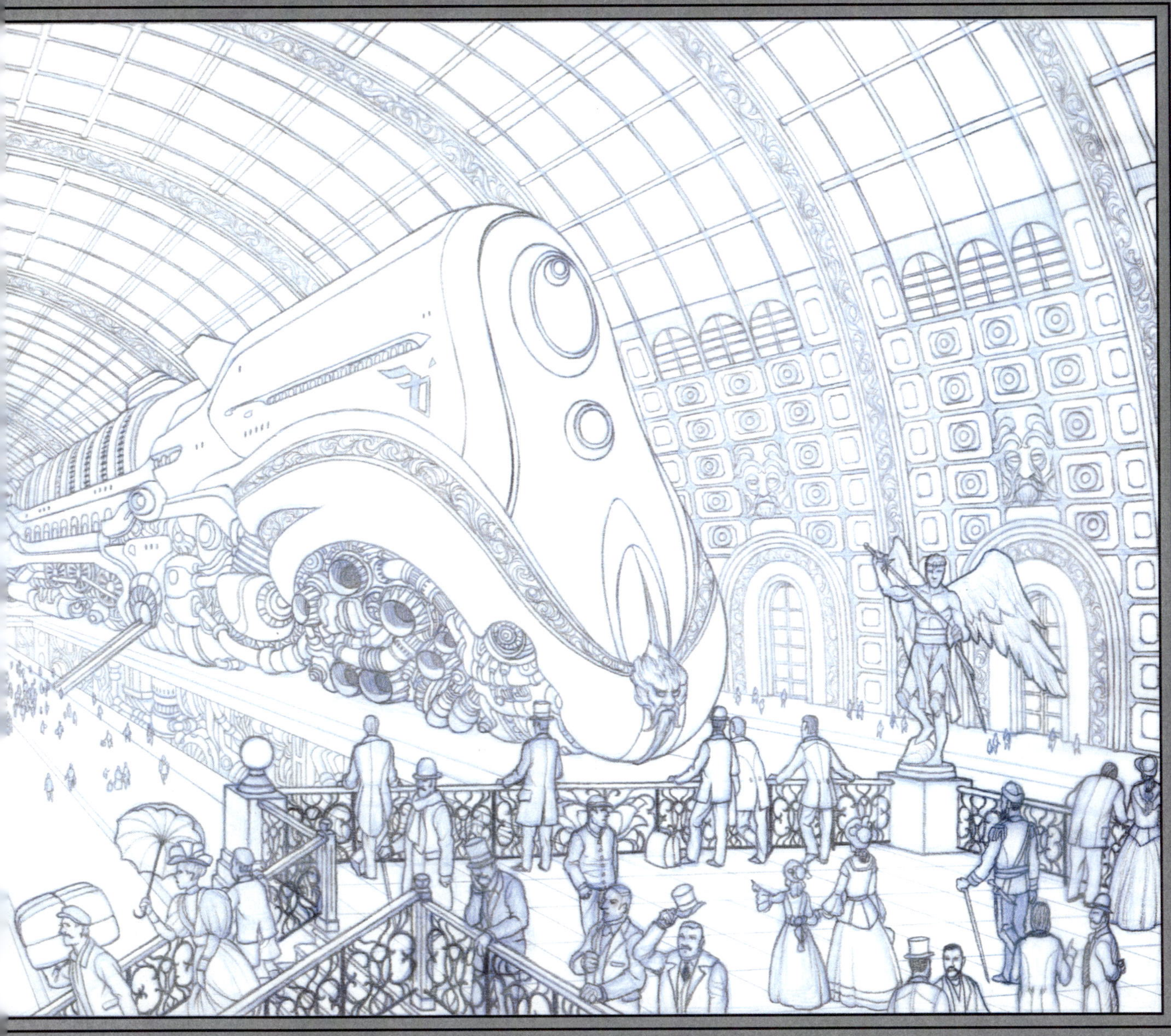

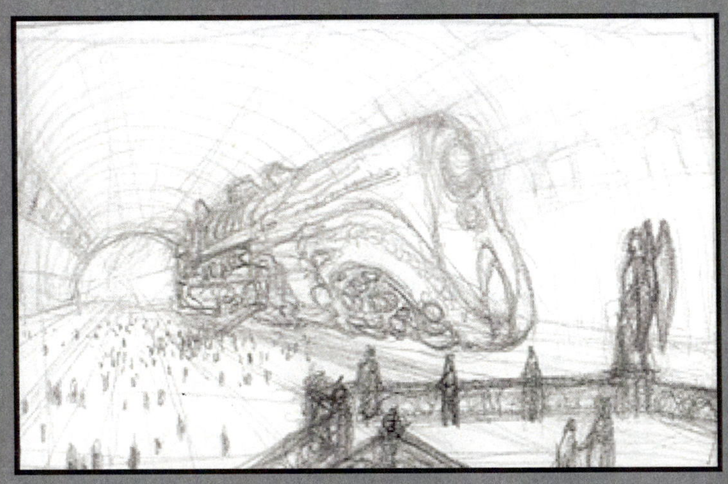

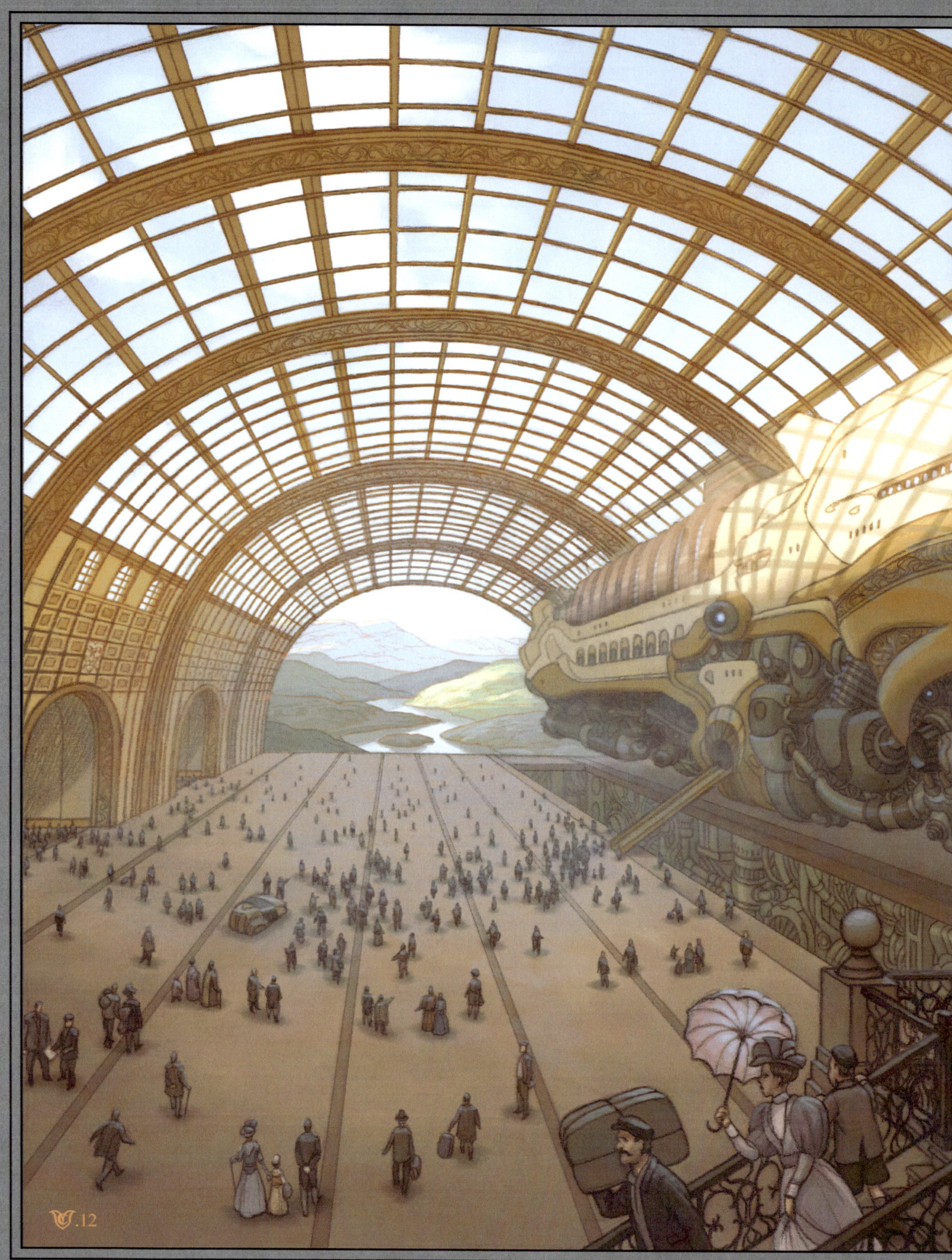

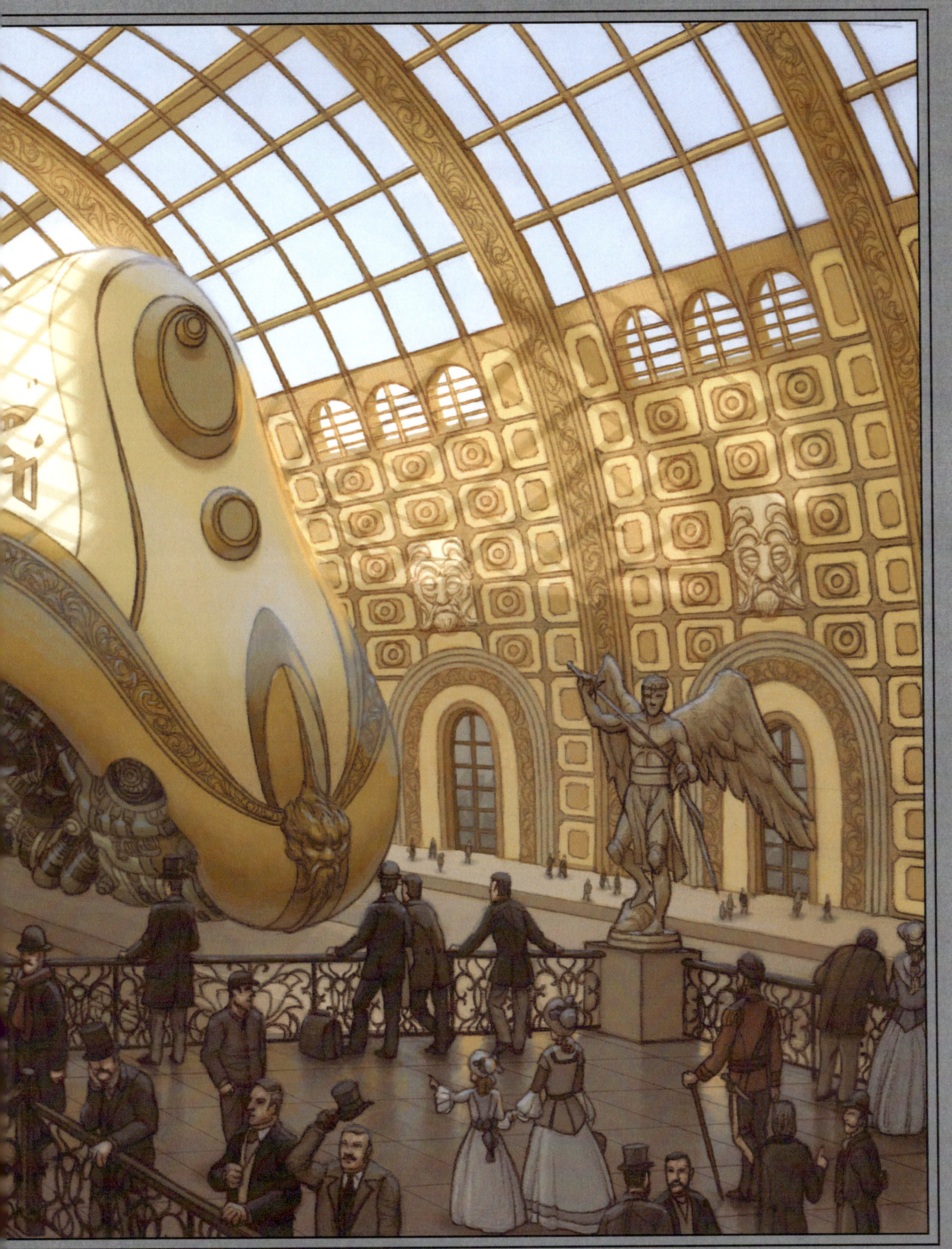

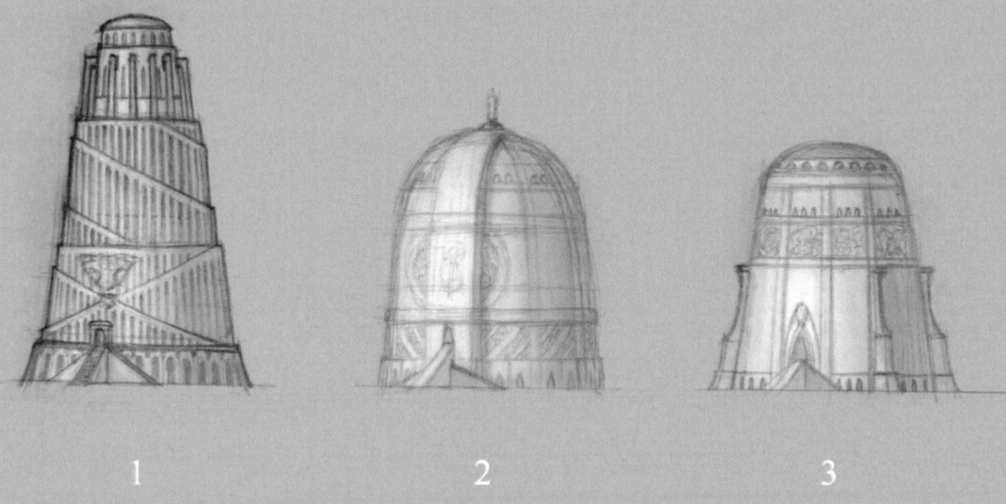
1
2
3

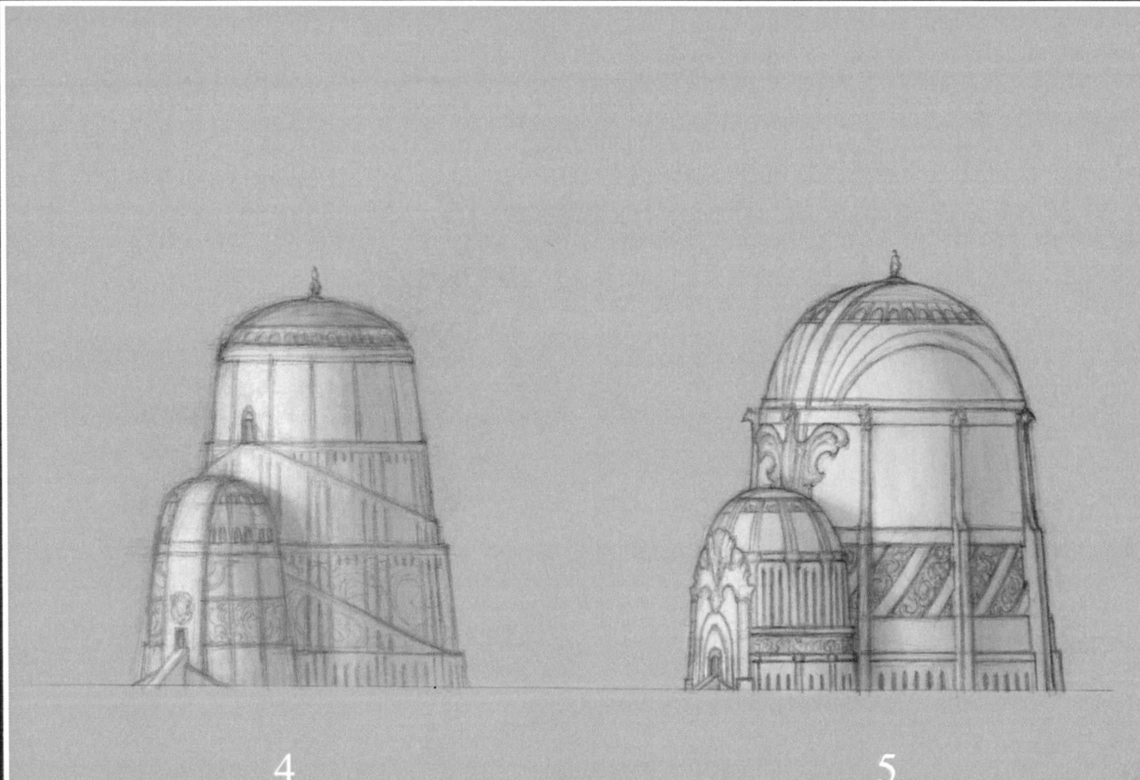
4
5

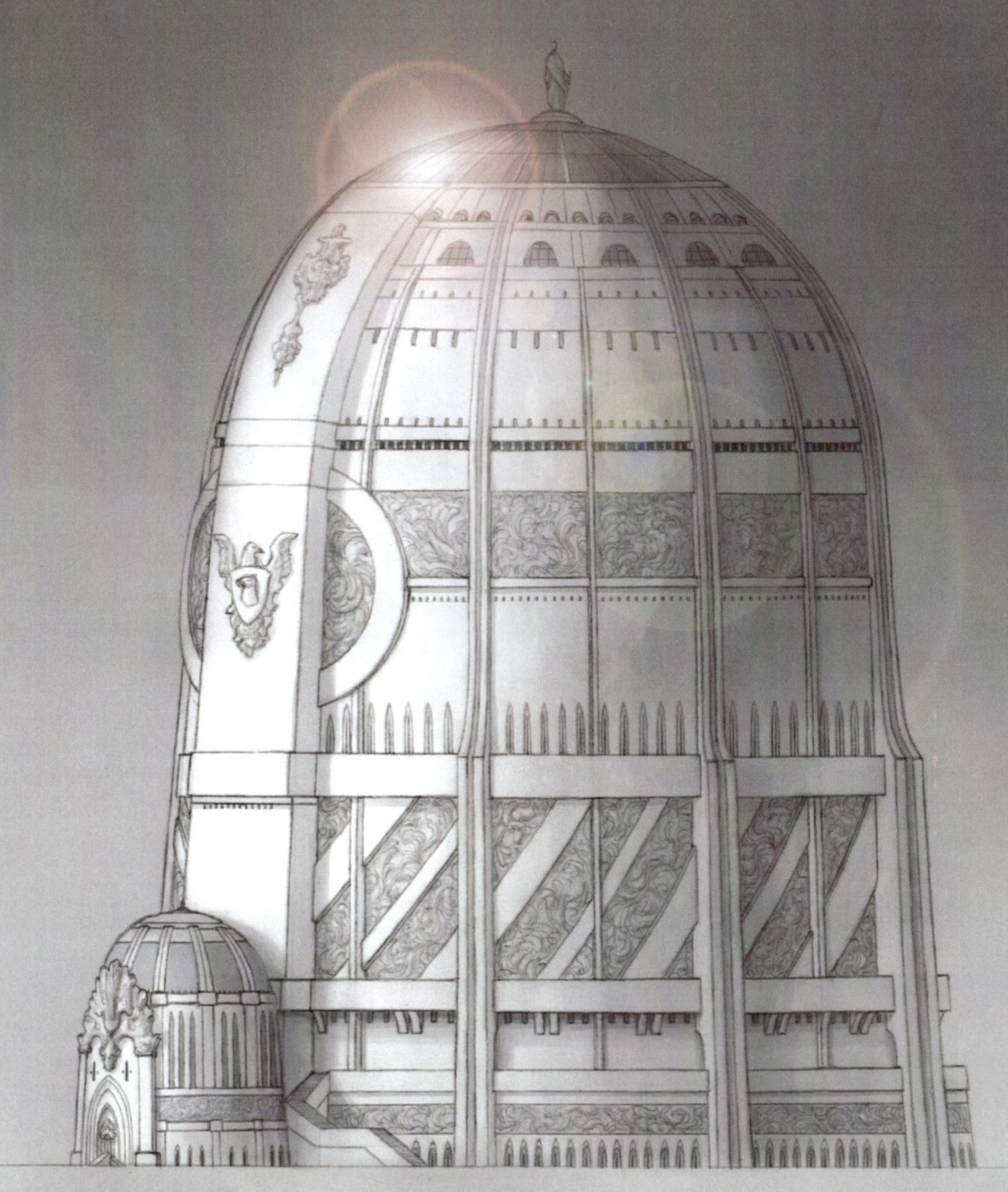

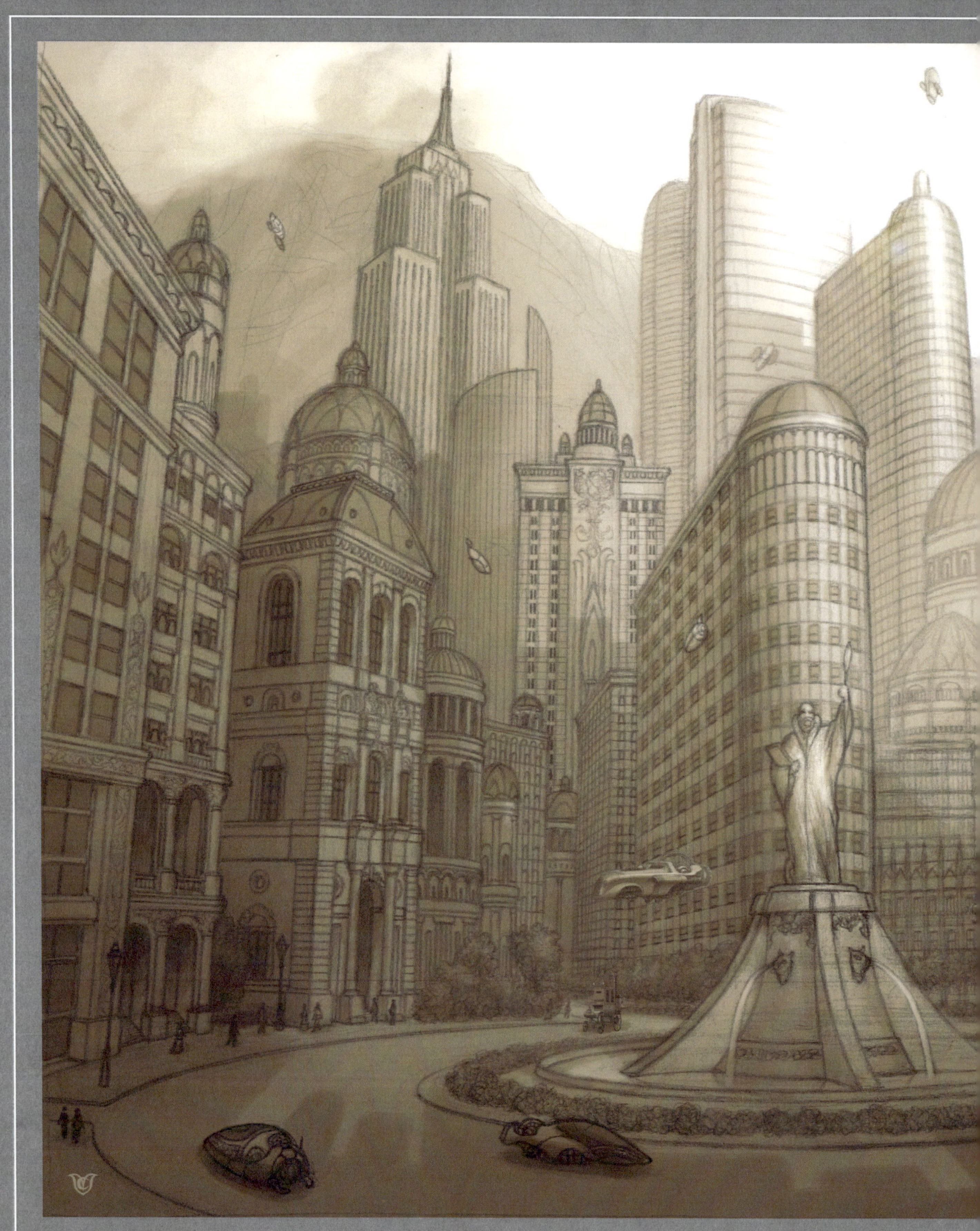

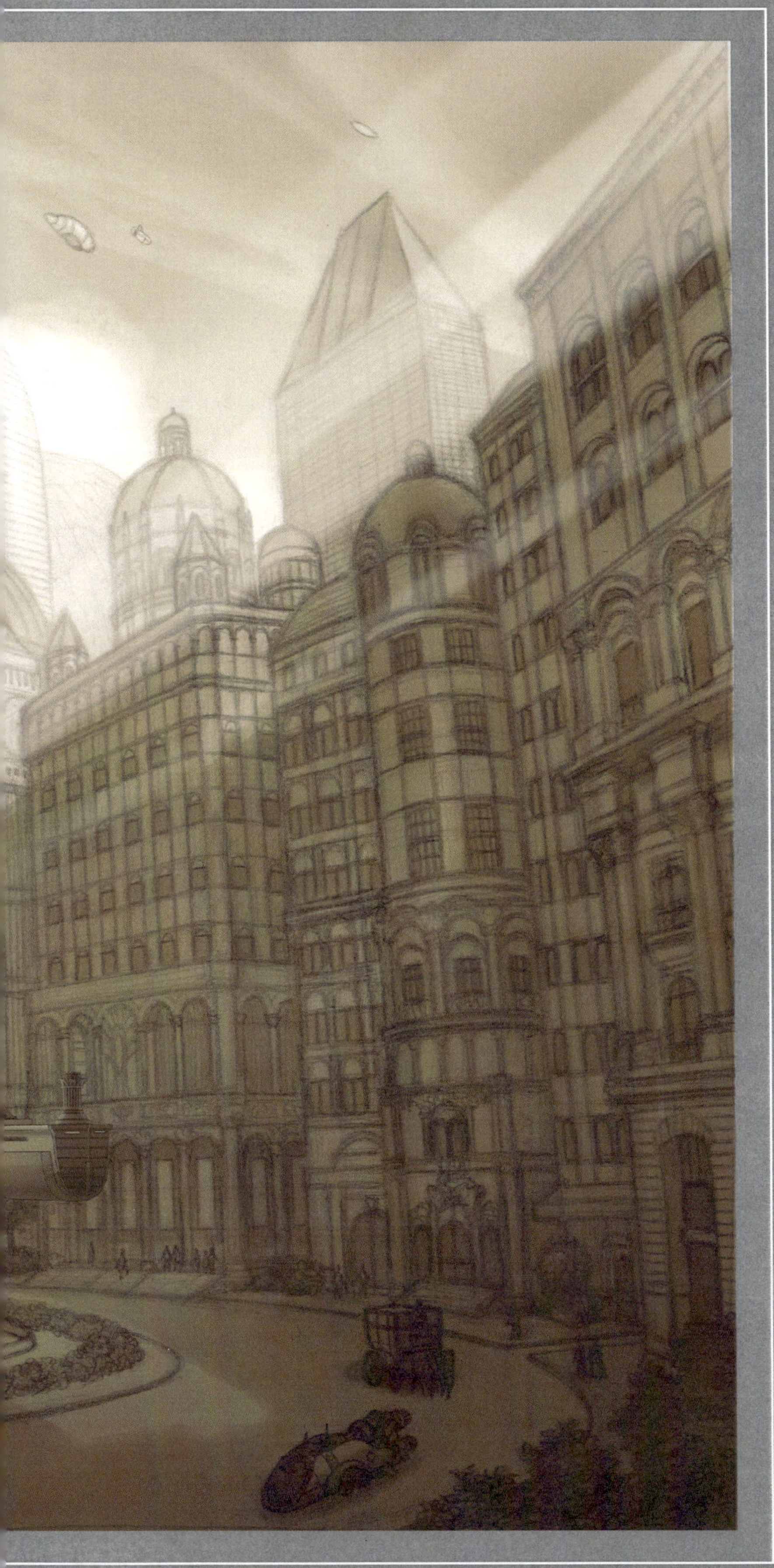

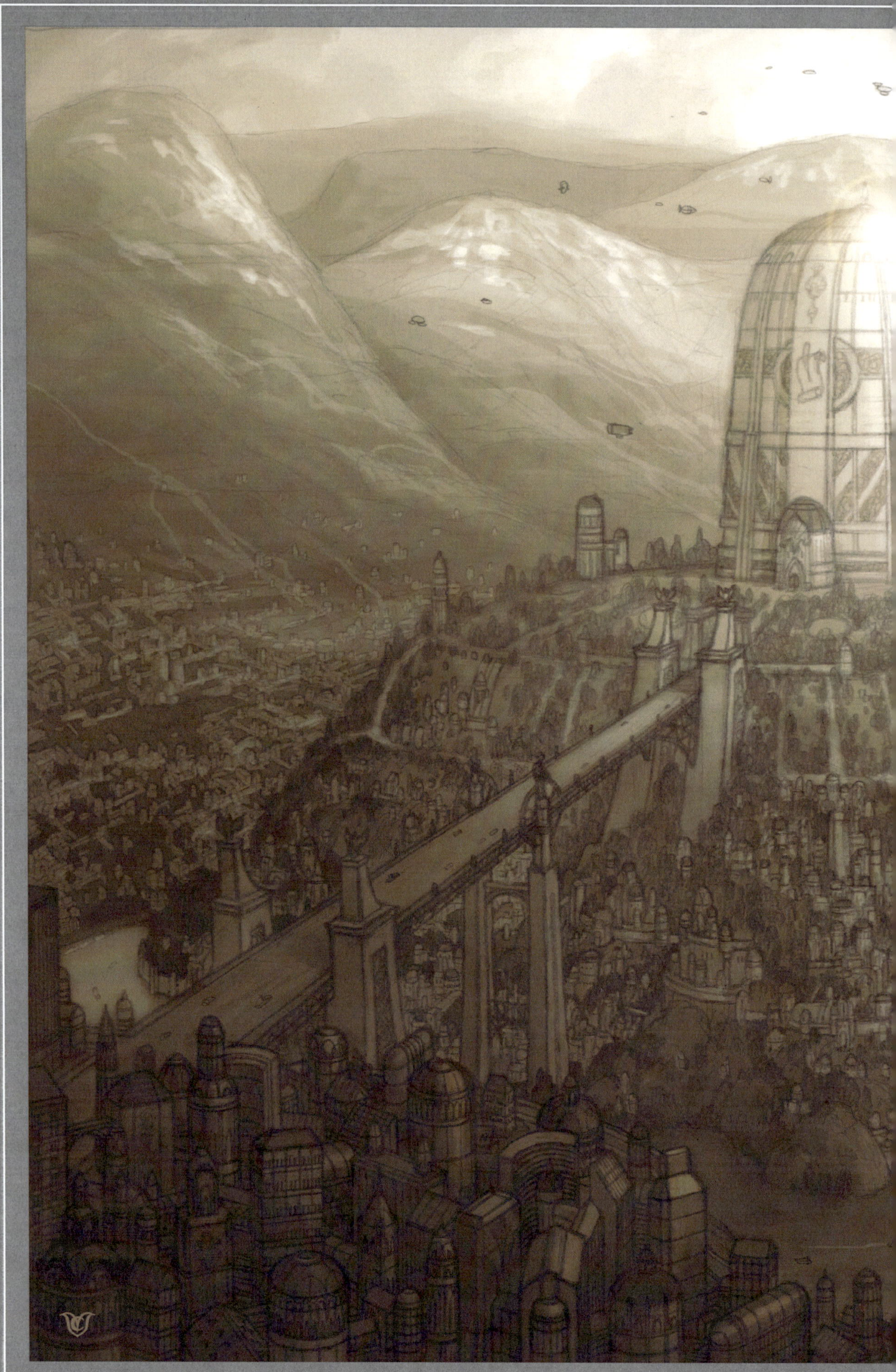

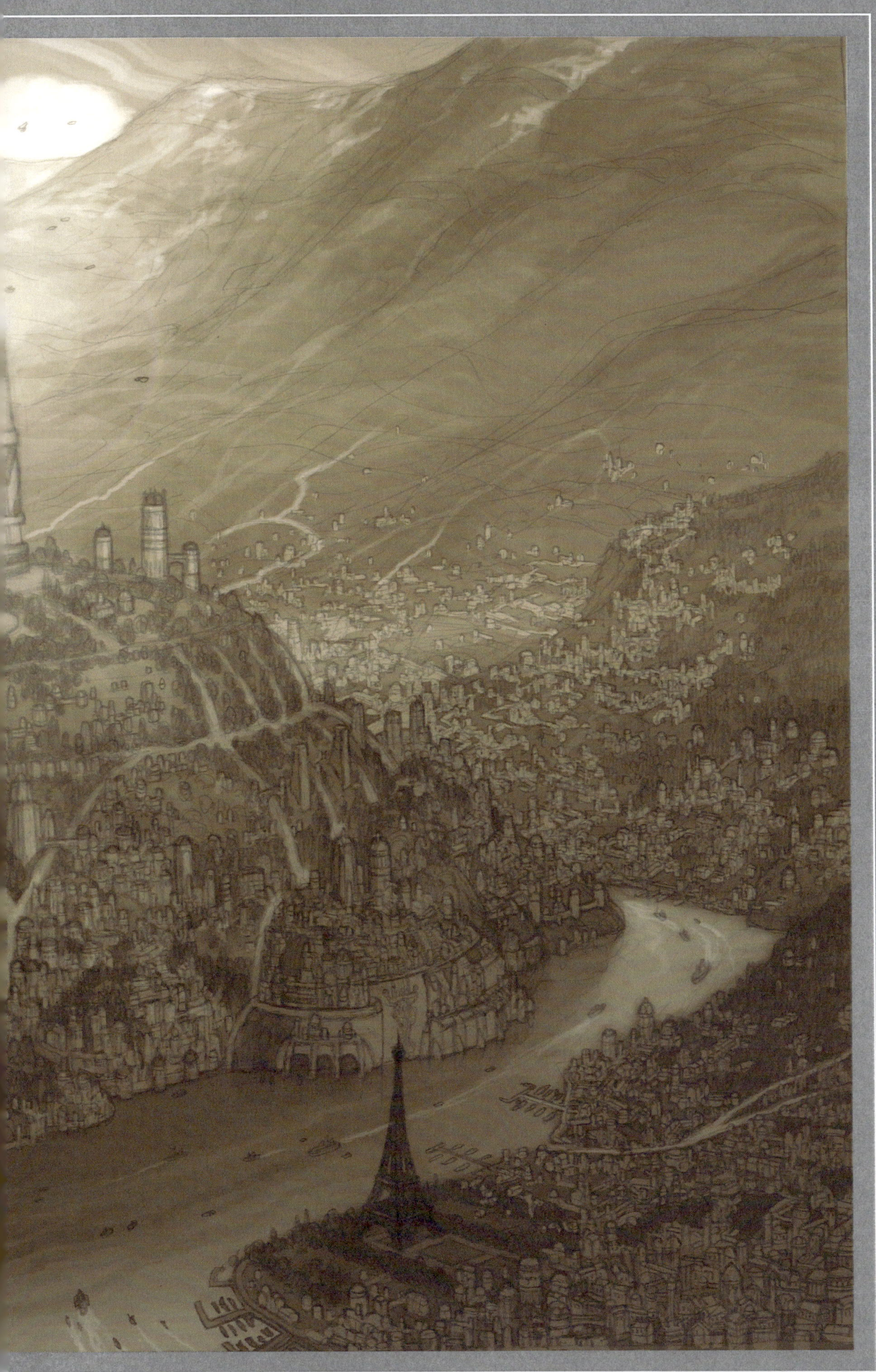

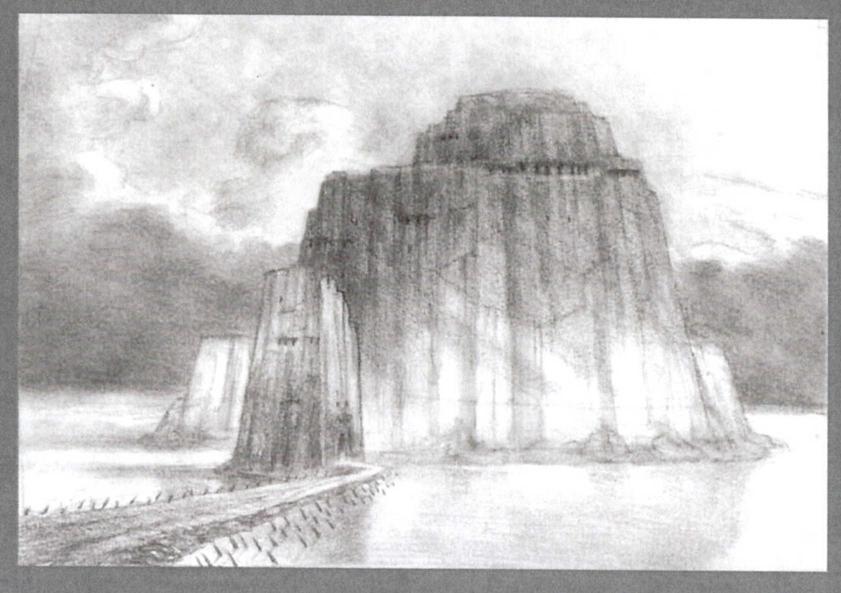

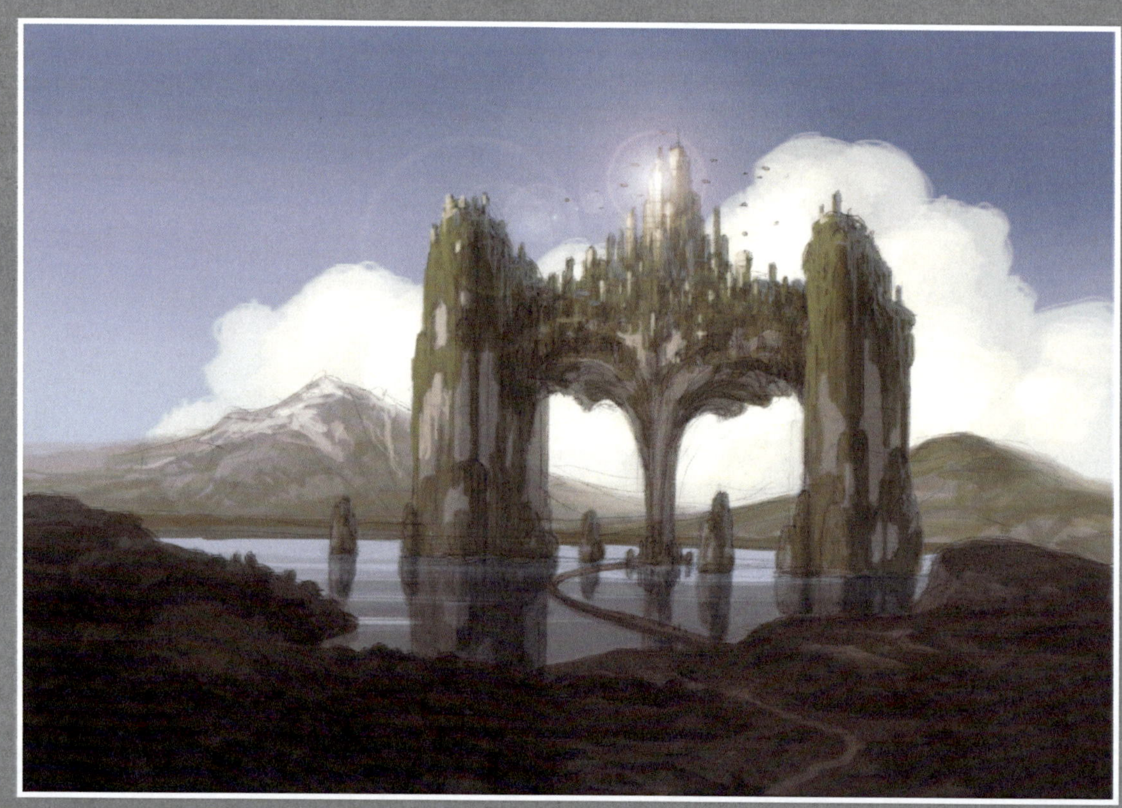

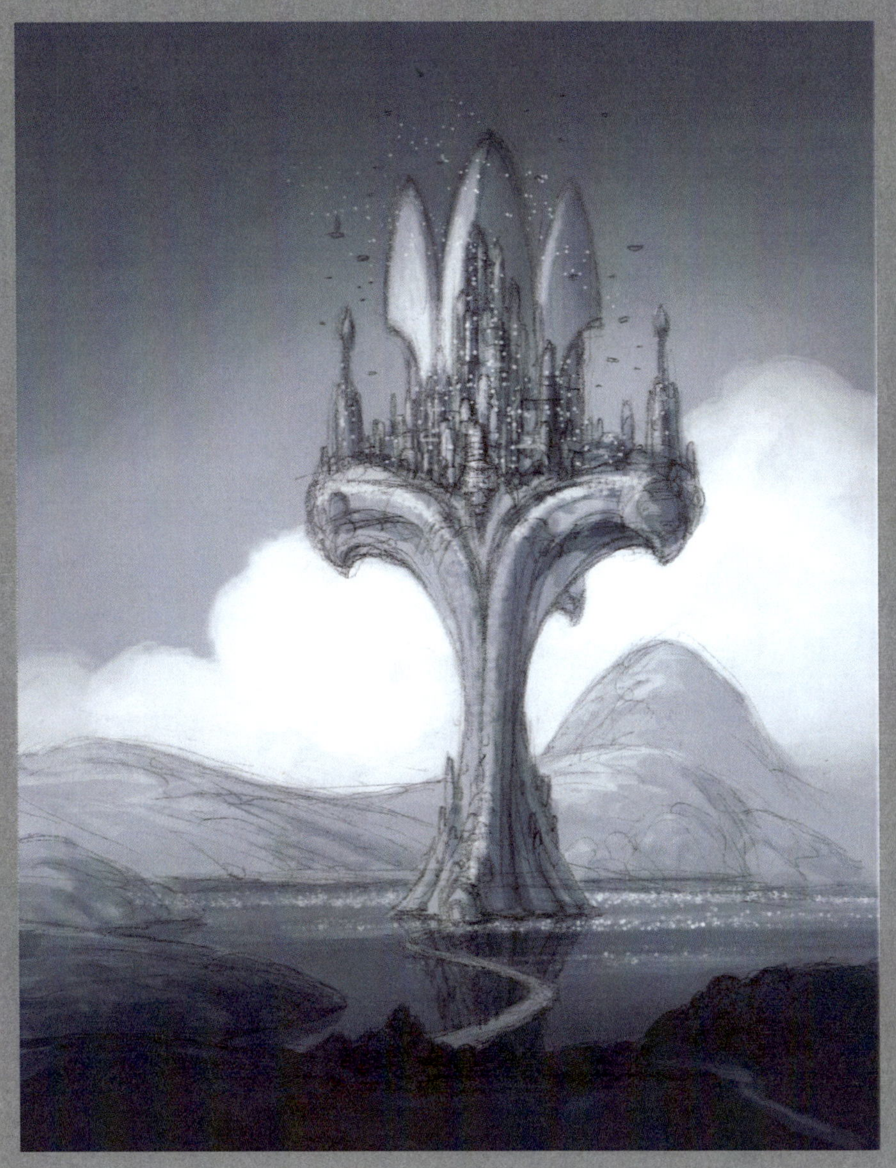

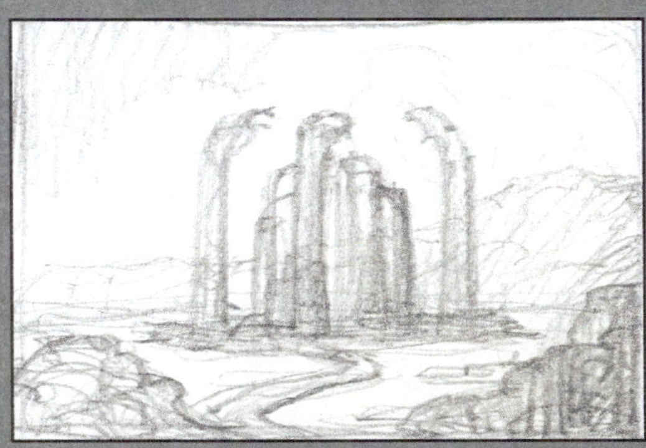

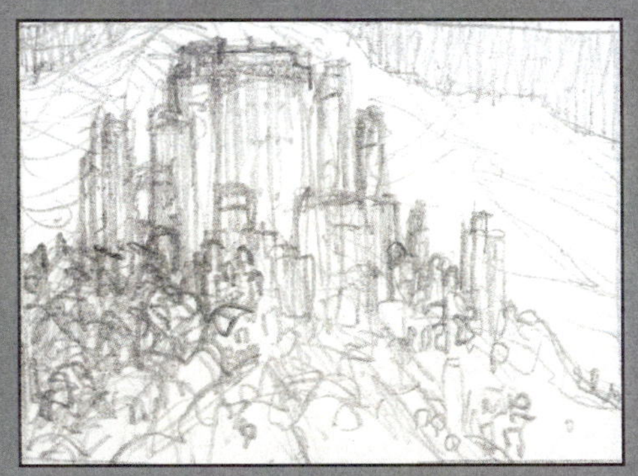

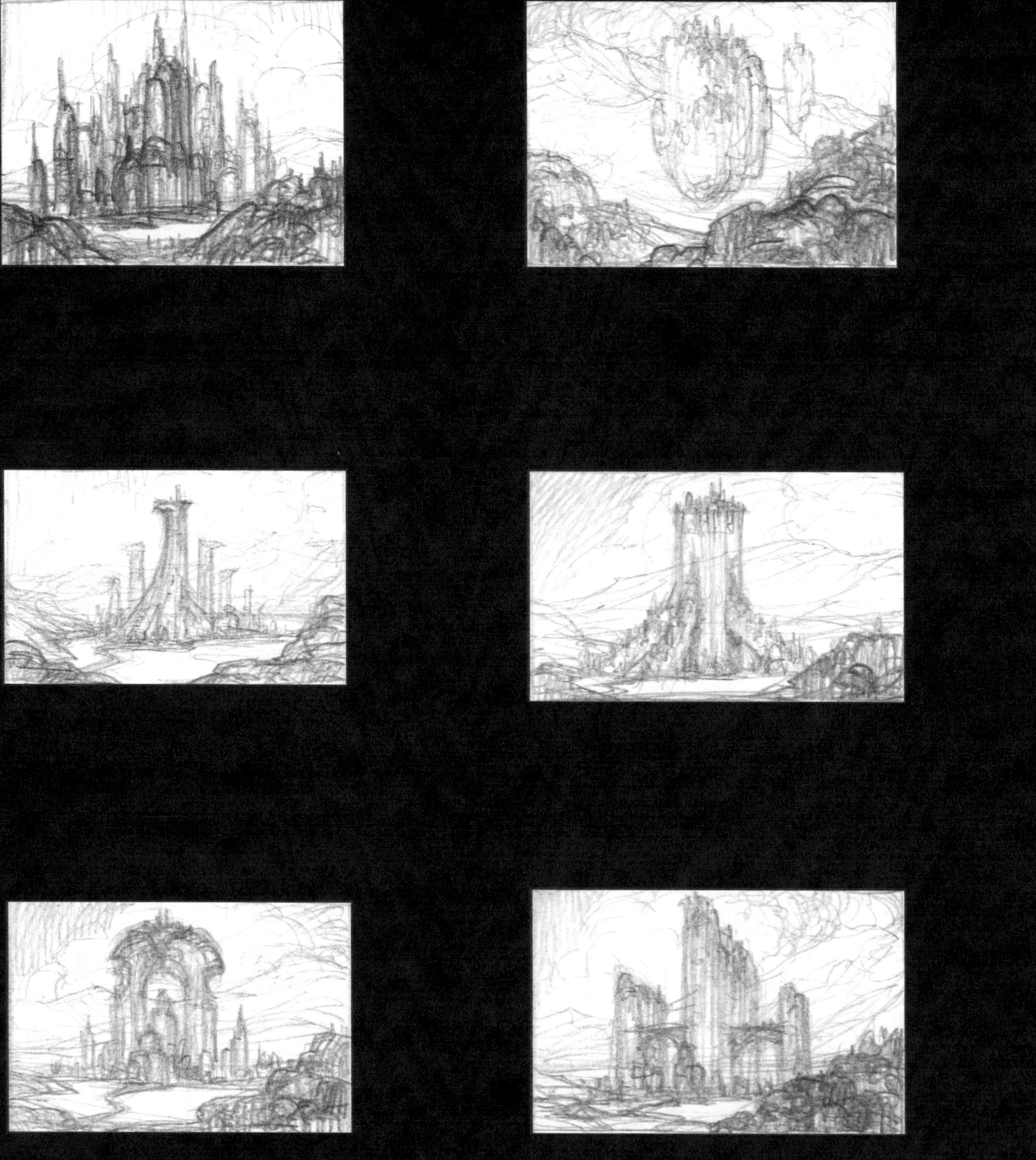

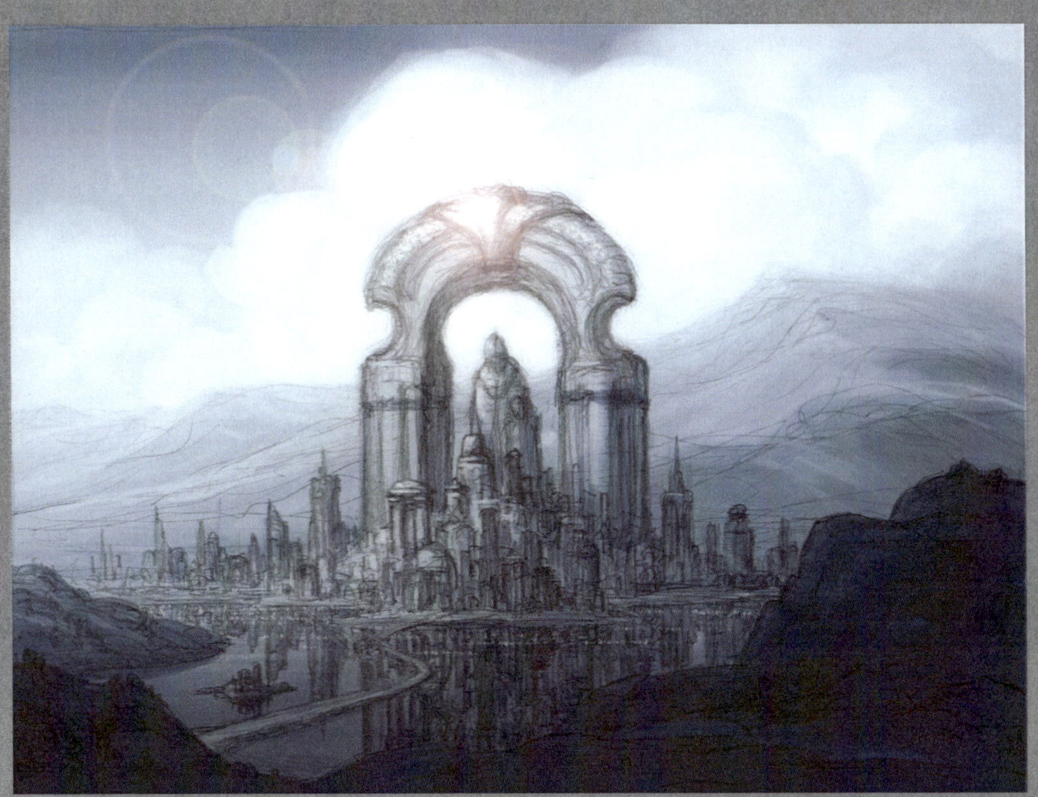

Final sketch with values

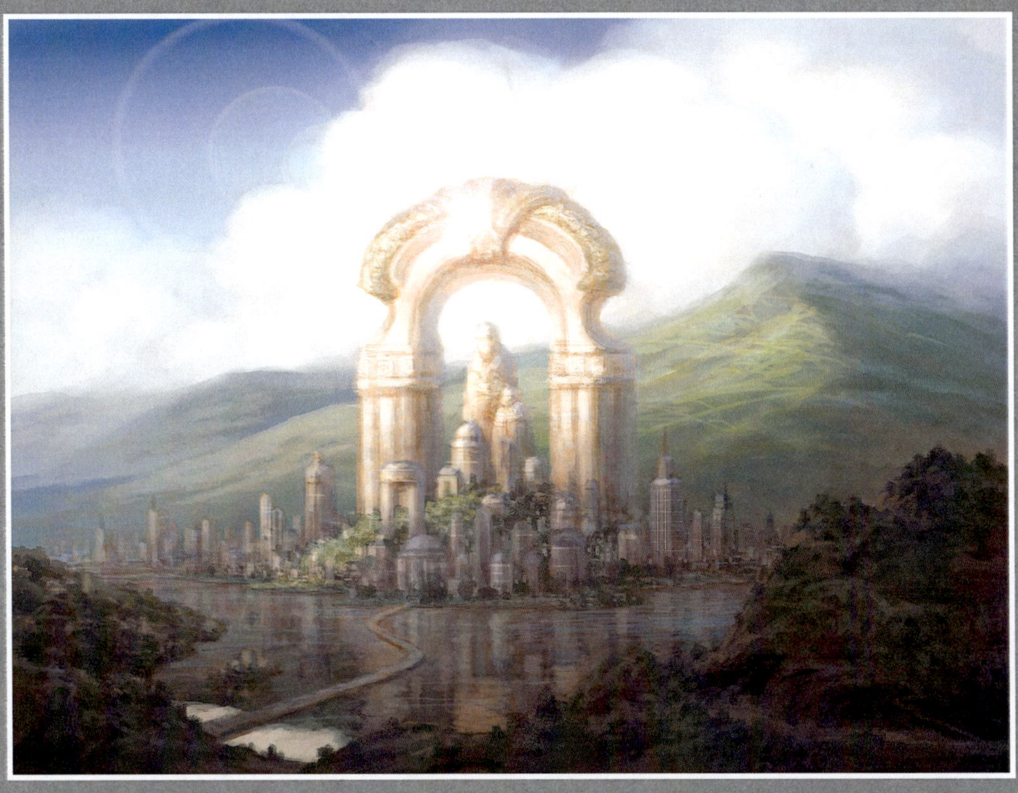

Color key (Photoshop painting)

"Trust in dreams, for in them is hidden the gate to eternity."

"Croyez en vos rêves, car en eux est cachée la porte vers l'éternité."

相信你们的梦吧，因为其中隐藏着通往永恒的大门。

纪伯伦

Khalil Gibran

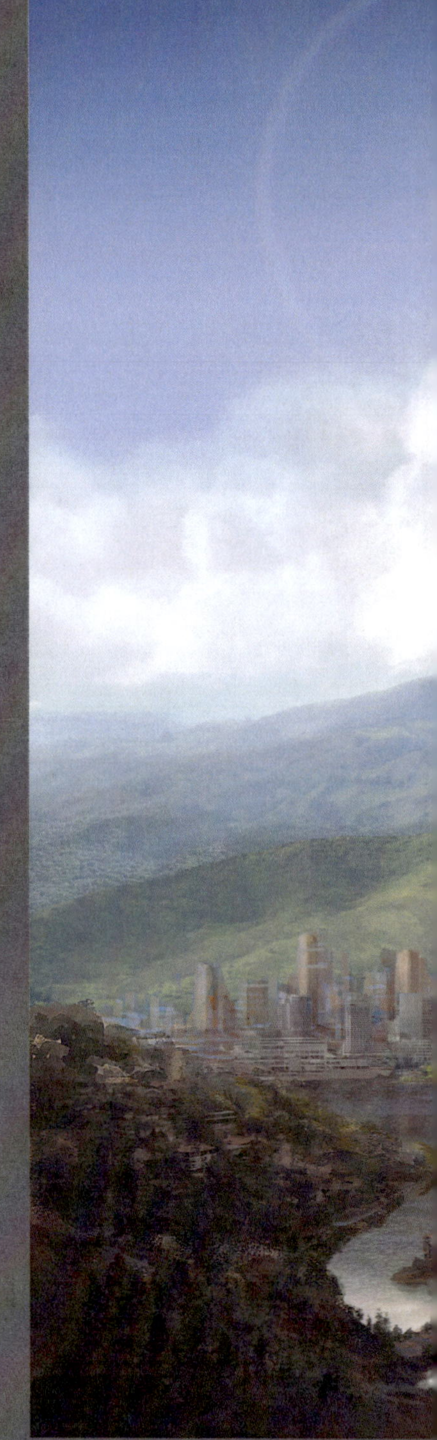

Final concept (Photoshop painting)

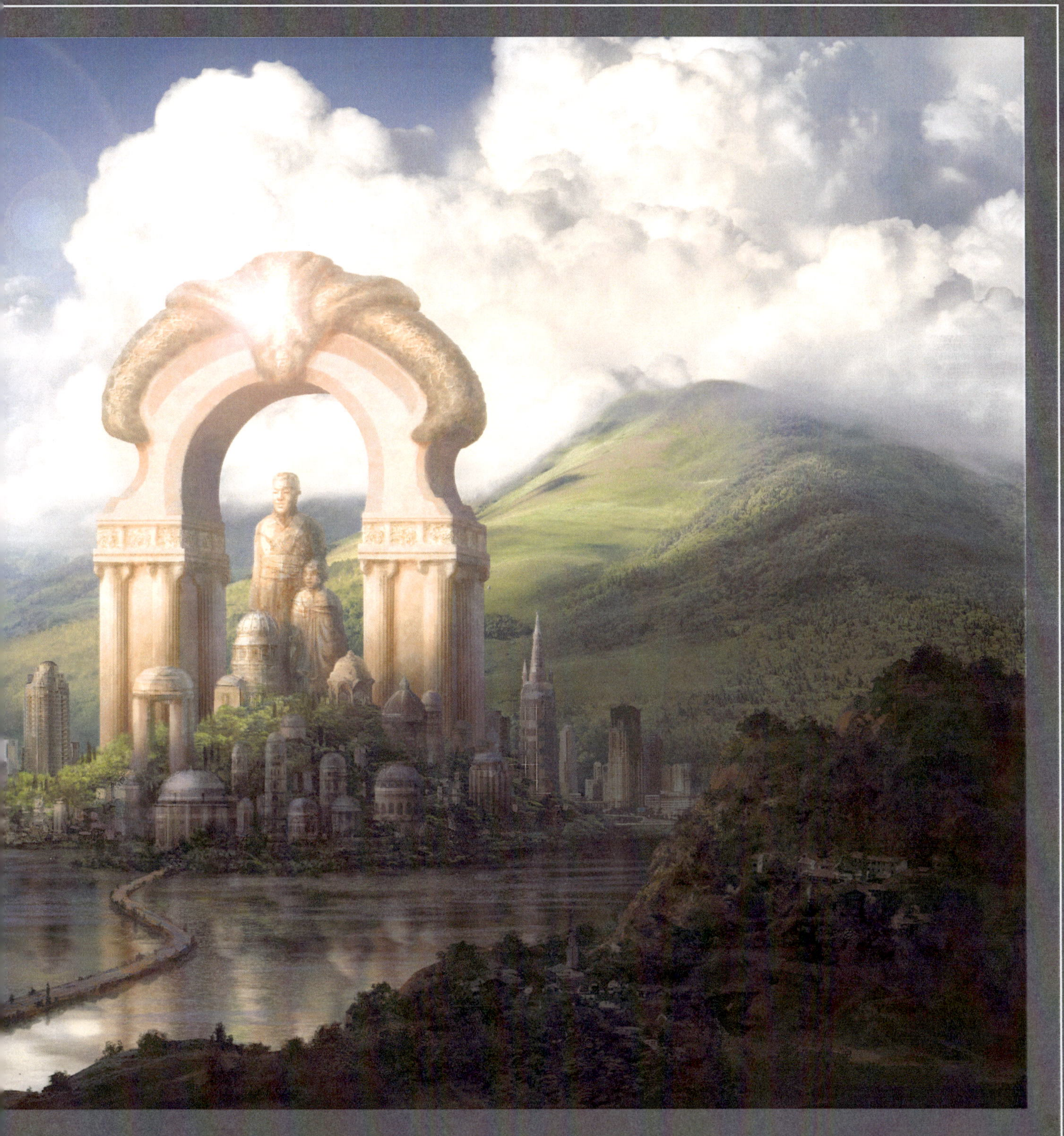

Stay tuned for Volume 2 of "The Art of Christophe Vacher," and DVDs of instructional tutorials coming out in the future.

Restez à l'écoute pour le volume 2 de «The Art of Christophe Vacher», et les DVDs de tutoriels éducatifs qui sortiront prochainement.

敬请关注卷二《克里斯托•瓦谢的艺术》以及未来教学DVD的出版。

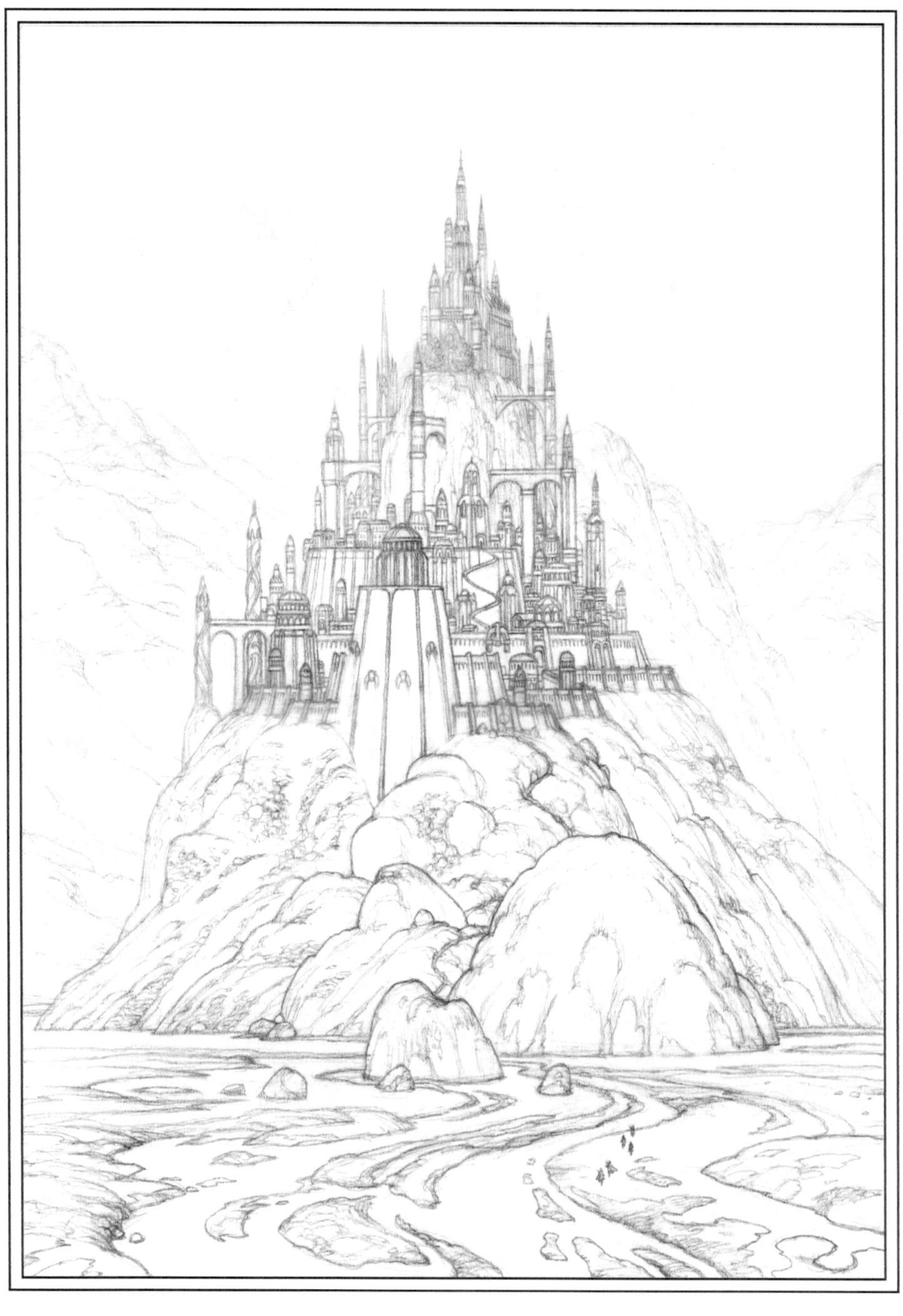

To see more of Christophe's artwork, visit: www.vacher.com
Christophe Vacher can be reached at: cvacher@gmx.com